KB059377

중국,
마오타이와
알리바바의 나라

중국, 마오타이와 알리바바의 나라

초판 1쇄 인쇄 2023년 2월 27일
초판 1쇄 발행 2023년 3월 10일

지은이 한재현
펴낸이 이범상
펴낸곳 (주)비전비엔피 · 비전코리아

기획편집 이경원 차재호 김승희 김연희 고연경 박성아 최유진 김태은 박승연
디자인 최원영 한우리 이설
마케팅 이성호 이병준
전자책 김성화 김희정
관리 이다정

주소 우)04034 서울시 마포구 잔다리로7길 12 (서교동)
전화 02)338-2411 | **팩스** 02)338-2413
홈페이지 www.visionbp.co.kr
인스타그램 www.instagram.com/visionbnp
포스트 post.naver.com/visioncorea
이메일 visioncorea@naver.com
원고투고 editor@visionbp.co.kr

등록번호 제313-2005-224호

ISBN 978-89-6322-201-1 03320

도서에 대한 소식과 콘텐츠를
받아보고 싶으신가요?

시진핑 3기, 중국을 이해하는 첫걸음
20개의 키워드로 읽는 중국경제

중국, 마오타이와 알리바바의 나라

한재현 지음

비전코리아

어린 시절 최고의 외식 장소는 단연 중국집이었습니다. 늘 짬뽕이냐 짜장면이냐 하는 최대 난제 앞에서 고뇌하며 눈물을 머금고 하나를 선택했지요. 마침내 나온 짜장면은 어쩌면 그렇게도 게 눈 감추듯 빨리 없어지는지, 저에게 중국은 음식을 통해 처음 접한 나라입니다. 중학교 시절에는 한문을 배우면서, 성인이 되어서는 중국어를 배우면서 중국의 문자와 언어, 그리고 역사와 문화를 알게 되었습니다. 석박사 논문을 쓰면서, 또 직장에서 관련 업무를 하면서 중국경제를 조금 더 이해하게 되었지요.

중국의 역사나 문화를 다룬 책은 무수히 많습니다. 주제, 소재, 수준도 다양합니다. 중국경제에 대한 책도 물론 많지요. 그러나 상대적으로 그 범위가 매우 제한적입니다. 일단 사람들은 '경제'라는 말을 듣는 순간 어렵다고 느끼는 데다 우리와 체제가 다른 '중국경제'라고 하면 더

볼 것도 없이 덮어버리는 경향이 강합니다. 이런 이유로 '중국경제론'과 비슷한 제목을 달고 나온 일련의 책들은 전공 학생이나 연구자들이 주요 독자층일 수밖에 없습니다. 중국어를 직역하면서 어색해진 경제 용어와 도표가 난무하는 책도 많습니다. 그러다 보면 일반인들이 더더욱 읽기 어려워지죠.

그러나 이것은 그냥 무시하고 넘어갈 문제가 아닙니다. 우리나라 언론에는 단 하루도 중국경제 관련 뉴스가 빠지지 않습니다. 그만큼 중국경제가 우리 경제는 물론 일상생활에까지 밀접한 영향을 줍니다. 중국경제 관련 기사를 잘 읽어내고 해석하기는 쉬운 일이 아닙니다. 중국에 대한 선입견으로 기사를 부정확하게 쓰는 경우도 있고, 아니면 우리를 비롯한 자본주의 체제와는 다른 중국 경제체제의 특성을 몰라서 오해할 수도 있습니다.

이 책은 중국경제의 기초를 스토리텔링으로 풀어 쓴 입문서입니다. 진짜 생초보를 위한 중국경제 해설서 또는 안내서라고 할 수 있지요. 구체적인 독자는 다음과 같습니다.

첫째, 신문에 보도되는 중국경제 지표의 의미나 그 배경이 무엇인지 궁금한 사람

둘째, 중국에서 사업하고 있거나 중국에 진출할 의향이 있는 기업인 가운데 중국경제에 대한 기초 지식이 필요한 사람

셋째, 중국 주식에 투자하고 싶거나 혹은 현재 투자하고 있는데 앞으로 중국경제가 어떻게 될지 궁금한 사람

넷째, 중국경제가 과연 미국경제를 넘어설 수 있을지 궁금한 사람

다섯째, 새롭게 출범한 시진핑 3기 시대의 중국경제가 앞으로 어떻게 변화할 것이며 우리 경제에는 어떤 영향을 미칠지, 또한 이에 대응해 우리는 무엇을 준비해야 할지 궁금한 사람

마지막으로, 중국경제에 대한 극단적인 비관론이나 낙관론을 들을 때, 이를 현명하게 판단할 수 있는 능력을 키우고 싶은 사람

이쯤에서 이 책 한 권만 읽으면 중국경제에 통달할 것 같은 느낌이 드시나요? 그러나 당연히 그렇지는 않을 겁니다. 중국경제와 관련된 궁금증에 대해 조금이라도 힌트를 드리는 것이 저의 목표이지만 이 책은 단지 시작일 뿐입니다. 어떤 방향으로 가면 될 것이라는 손짓을 하는 게 제 임무라면 그다음 열심히 그 길을 가는 것은 독자 여러분들 몫입니다. 어떤 주제에 대해 누구나 이해하기 쉽게 이야기할 수 없다면 제대로 알지 못하는 것이라는 말이 있습니다. 중국경제를 나름 꽤 오랫동안 공부해왔음에도 제 이야기가 얼마나 쉽게 다가갈 수 있을지 두려움이 앞섭니다. 이 책에서 조금 전문적인 내용이나 어렵다고 생각되는 부분과 인용한 자료들은 책의 맨 뒤에 미주(尾註)로 정리했으니 참고로 읽어보면 좋을 듯합니다. 물론 내용을 이해하는 데는 본문을 읽는 것만으로 충분할 것입니다.

요즘 우리나라는 혐중, 반중 정서가 심각한 상황입니다. 가장 근본적인 원인이 우리가 중국에 대해 잘 모르기 때문이라고 생각합니다. 너무나도 잘 아는 것 같지만 사실은 잘 모르는 것이 중국, 중국인, 그리고 중국경제입니다. 이 책이 중국경제를 이해하는 데 조금이나마 도움이 되

고 또 관심을 가지는 계기가 되기를 바랍니다.

　우선 이 책의 제목에 대해 설명드려야 할 것 같습니다. 얼핏 보면 자본주의 국가인 것 같으면서도 본질적으로는 사회주의 국가인 중국! 이 두 성격을 각각 대변하는 단어가 바로 '알리바바(Alibaba)'와 '마오타이(Maotai)'입니다. 알리바바는 풍운아 마윈(馬雲)이 1999년 설립한 IT 기업으로 20년이 조금 넘는 짧은 기간에 중국의 대표적인 거대 기업으로 성장하였습니다. 국유기업이 득시글거리는 중국에서 민간자본으로 설립된 기업이 이렇게 단기간에 급성장했다는 것은 중국경제가 얼마나 역동적이며 혁신에 대해 열린 마음과 제도를 지니고 있는지를 잘 보여줍니다.

　그러나 동시에 2020년의 설화 사건을 계기로 알리바바가 중국공산당의 눈 밖에 나게 되면서 창업주가 은퇴하고 대규모 벌금을 납부하는 등의 수난을 겪기도 한 것을 보면 중국경제가 자본이나 법의 논리가 아니라 공산당이나 정치의 논리로 움직이고 있다는 점도 명확하게 알 수 있습니다. 소위 국가자본주의 성격이 강하다는 의미입니다. 이를 상징하는 단어 중 하나가 바로 마오타이로, 술에 조금 관심이 있다 하는 사람들은 너무나 잘 알고 있는 중국의 명주(名酒)입니다.

　마오타이를 생산하는 귀주마오타이는 대표적인 국유기업인데요, 2023년 1월 기준으로 중국 주식시장에서 시가총액 1위의 기업이기도 합니다. 이처럼 중국경제에는 각 방면에서 상당한 영향력을 지닌 국유기업이 많다는 점에서 국유기업이 중국경제를 지배하는 진정한 실세라고도 할 수 있습니다. 예를 들어 〈포춘(Fortune)〉이 매출액을 기준으로 매년 선정하여 발표하는 글로벌 500대 기업의 2022년 순위에 중국 기업 136개가 이름을 올렸는데, 이 중 국유기업이 86개에 달했습니다. 민간과 국가 간의 조화와 긴장, 협력과 갈등을 이해하고 해석하는 것이 중국경제를 이해하고 분석하는 첫걸음입니다.

이 책은 중국경제를 대표하는 20개 키워드를 중심으로 구성되어 있습니다. 우선 중국경제가 어떤 성격과 특징을 지니며 또 어떻게 운영되는지, 왜 중국경제가 우리를 비롯한 여타 자본주의 국가와는 다른 시스템을 가질 수밖에 없는지에 대해 '중국공산당', '사회주의 시장경제' 등의 키워드를 중심으로 풀어냈습니다. 또한 중국과 미국 간의 경쟁 관계를 중심으로 중국경제의 부상이 주변 국가들에게는 어떤 위협과 기회의 장이 되는지에 대해서는 '미·중 패권경쟁', '일국양제'에서 이야기하고 있습니다. 한편 '중국인민은행', '디지털위안화' 등의 항목에서 중국 금융시장을, '토지사용권판매수입', '상하이종합주가지수' 등에서 중국 부동산 및 주식 시장을 간략하게 소개했습니다. 중국의 금융 및 실물 시장에 대한 개괄적인 스케치라 할 수 있습니다.

이외에도 현재 중국경제가 당면하고 있는 주요한 과제들은 무엇인지, 앞으로 중국경제가 어떤 방향으로 나아갈지 그리고 그 과정에서 우리가 주의해야 할 것은 무엇인지 등을 '경제 성장률', '피그플레이션', '회색코뿔소', '중국기회론과 중국위협론' 등에서 소개했습니다. 각 키워드는 독립적이므로 어디부터 읽어도 상관없지만 순서대로 읽는 게 중국경제의 전체적인 체계를 파악하는 데 도움이 될 것입니다.

감사드릴 분들이 많습니다. 우선 압도적인 천재가 아니고서야 독창적인 사고와 창의적인 글을 쓰는 것은 어려운 일입니다. 둔재인 저로서는 당연히 대부분의 내용을 수많은 다른 저자들의 저서, 논문, 기사, 이야기 등에 빚지고 있습니다. 그 모든 분들께 감사합니다. 저에게 중국 유학의 기회와 함께 중국경제 관련 업무를 수행할 수 있는 자리를 마련해준 한국은행 선후배님들께도 감사드립니다. 제가 한국은행, 나아가 한국경제를 위해 어떤 기여를 할 수 있는지를 다시 한 번 생각해봅니다. 또한 베이징에서 함께 공부했던 재찬 내외에게도 고맙다는 말을 전합니다.

책을 좋아하는 품성을 물려주시고 늘 기도로 응원해주시는 부모님과 장모님께 특별히 감사드립니다. 표현이 부족한 아들 겸 사위인 것 같아 항상 죄송합니다. 누님 내외분과 동생 내외에게도 감사합니다. 늘 받기만 하는 동생이면서 정작 동생은 잘 챙기지 못하는 부족한 형입니다.

마지막으로 사랑하는 아내 문선에게 맥스 루케이도 목사님의 표현을 빌려 이 말을 꼭 하고 싶습니다. '당신을 만난 건 내 인생 최고의 행운이었어요.'

2023년 3월

한 재 현

차례

─────── 3부 ───────
앞으로 중국경제는 어떻게 변할 것인가?

한·중 경제 관계

1부

중국경제
이해의
필요성

중국경제를 위한 첫걸음

중국의 자금성(紫禁城, 현재 이름 고궁(故宮)) 야경

명·청 시대에 황제의 거처 및 집무실로 사용된 자금성은 궁궐로는 세계 최대의 면적을 자랑한다. 72헥타르(72만m²)나 된다. 그런데 놀라운 것은 우리의 경복궁(景福宮) 면적도 43헥타르(43만m²)나 된다는 것이다. 자금성이 겨우 1.7배 클 뿐이다. 한편 자금(紫禁)은 원래 도교 문화에서 천상의 임금이 머무는 곳이라는 뜻이다.

◆ 중국경제의 규모 ◆

우선 가장 기본적인 질문부터 해보겠습니다.

우리는 왜 중국경제를 알아야 할까요? 왜 그렇게 많은 사람들이 발음도 어려울 뿐만 아니라 띄어쓰기도 하지 않는 중국어 자료를 눈 빠지게 보면서 중국경제 현황을 파악하고 미래를 전망하려고 할까요?

답은 간단합니다. 우리에게 필요하기 때문입니다. 너무 맥 빠지는 답변이라구요? 그러나 단순함에 진실이 숨어 있는 경우가 많습니다. 중국은 우리와 가장 가까운 나라인 동시에 크고 강한 나라입니다. 세계 최강대국인 미국이 가장 견제하는 나라이기도 하지요. 이런 중요한 나라의 경제 상황이나 경제적 사건은 이웃 나라 혹은 전 세계 다른 나라에도 필연적으로 영향을 미칩니다. 이를 조금 전문적인 말로는 전이효과(spillover effect)라고 부릅니다. 전이효과의 사례는 많습니다. 지난 2022년 3월 중국의 코로나19 방역조치 강화로 상하이(上海)는 강력한 도시봉쇄 정책을 폈습니다. 그런데 상하이의 업체로부터 자동차부품 와이어링 하네스(wiring harness, 전기 배선망의 일종)를 공급받지 못한 한국의 현대자동차는 자동차 생산 및 수출을 하지 못하는 상황에 처하게 되었습니다. 그로 인해 우리 자동차를 수입하는 나라에까지 영향을 미쳤습니다.

2021년 하반기 중국에서 요소수를 수입하지 못한 사태도 마찬가지입니다. 이렇게 중국경제의 어느 한 부분이 제대로 기능하지 못하면 필연적으로 관련된 다수의 국가들에게 후폭풍이 불어닥칩니다. 특히 우리나라처럼 중국과 밀접한 정치적, 경제적 관계를 맺고 있는 국가는 더할 나위 없겠지요. 결국 중국경제를 이해하는 것은 우리 경제, 더 나아가 글

자동차 부품 와이어링 하네스의 공급 부족으로 어려움에 처했던 현대자동차
2022년 3월 코로나19 방역 조치로 상하이가 봉쇄되었다. 당시 상하이의 부품업체로부터 와이어링 하네스를 공급받지 못한 현대자동차는 자동차 생산 및 수출을 하지 못하게 되어 큰 어려움에 처한 바 있다.

로벌 경제의 흐름을 파악하는 데 필수입니다.

중국의 경제 규모가 어느 정도이기에 글로벌 경제에 미치는 영향력이 그렇게 크다고 하는지 구체적인 숫자로 한번 확인해볼까요? 2021년 기준으로 중국의 경제 규모는 17.8조 달러였습니다. 원화로 환산하면[1] 우리가 쉽게 볼 수 없는 경(京) 단위에 이릅니다. 2경 원이 넘습니다. 경은 조(兆)의 1만 배입니다. 참고로 우리나라 경제 규모가 약 1.8조 달러이니 10배 정도 크다는 이야기입니다. 이처럼 거대한 중국경제가 글로벌 경제 전체에서 차지하는 비중은 18% 정도입니다. 미국의 70% 수준이죠. 과거 어느 국가도 미국에 이만큼 가까운 수준까지 따라온 경우가 없었습니다. 1980년대 일본경제가 한창 잘나가던 때도 미국의 60% 수준이었습니다. 심지어 무역 규모에서는 중국이 미국을 제치고 글로벌 1위 국가입니다. 2021년 기준으로 중국이 6.1조 달러, 미국이 5.8조 달러 정도였습니다. 참고로 우리나라는 약 1.3조 달러로 중국의 20%가 조금 넘습니다. 우리나라가 경제 규모에 비해 무역 규모가 상대적으로 큰 것을 보면 얼마나 무역 중심 국가인지 알 수 있습니다.

◆ 위안화의 위상 ◆

이렇게 중국의 경제와 무역 규모가 커지면 필연적으로 따라오는 결과 중의 하나가 무엇일까요? 바로 중국 위안화의 가치가 올라간다는 것입니다. 물론 아직까지 위안화는 달러나 유로 등에 비해 국제적 위상이 높지 않은 상황입니다. 국제무역이나 투자 활동에서 위안화는 그렇게 많이 쓰이지 않고 있지요. 예를 들어 여러분이 지금 당장 가까운 은행에 가서 달러를 사거나 판다고 해봅시다. 큰 문제없을 겁니다. 사는 가격과 파는 가격도 그리 큰 차이가 나지 않죠. 그러나 위안화는 그렇지 않습니다. 일단 위안화를 사고팔기가 쉽지 않습니다. 가능하다고 해도 사는 가격과 파는 가격의 차이가 큽니다. 2022년 11월 15일 기준으로 위안화는 살 때와 팔 때의 가격 변동 폭이 달러의 약 3배에 이릅니다.[2] 왜 그럴까요? 사는 가격과 파는 가격의 차이는 여러 가지를 감안해서 결정되는데, 쉽게 생각할 수 있는 것이 유동성입니다.

유동성이란 자산이 지니고 있는 원래 가치의 손실 없이 현금화할 수 있는 정도를 말합니다. 여기서는 그 외화가 얼마나 빨리 회전되느냐, 즉 사고파는 행위가 자주 일어나느냐를 의미한다고 보면 됩니다. 위안화의 유동성은 달러보다 적은데요, 은행이 위안화를 고객에게 산다고 해도 이를 다시 되사가는 고객이 적다는 의미입니다. 또 위안화를 이용한

중국의 1위안 지폐 및 동전
1위안은 지폐와 동전이 모두 있다. 위는 마오쩌둥이 그려진 현재 지폐, 아래는 중국의 소수민족이 그려진
이전(1988년 발행) 지폐다.

투자도 쉽지 않습니다. 따라서 은행은 위안화를 고객에게 구입하더라도
그냥 금고에 보관할 가능성이 높습니다. 그러니 은행은 이런 비용을 감
안해서 위안화를 산 가격보다 훨씬 비싸게 팔 수밖에 없는 것이지요. 결
국 고객은 비싸게 사서 싸게 팔아야 한다는 말입니다.

물론 위안화의 국제적 위상은 조금씩 올라가고 있습니다. 대표적인
사례가 위안화가 IMF 특별인출권(SDR, Special Drawing Rights) 구성통화
에 편입된 것입니다. 자, 또 어려운 말이 나왔습니다. 간단히 말해 SDR
이라는 것은 IMF가 바스켓 통화로 만든 국제준비자산이라 할 수 있습
니다.3) 그래도 무슨 말인지 모르겠다구요? 쉬운 말로 표현한다면 IMF가
몇 개의 주요 통화로 구성되는 가상의 바구니를 만들고 이를 하나의 단
위로 새로운 국제통화를 만든 겁니다. 국제적인 유동성 부족 문제 등이
발생하면 회원국들이 사용할 수 있도록 이 국제통화를 출자액 등에 비
례하여 나눠줍니다. 다만 사용 주체는 제한적이지요.4) 이 SDR은 외환보

유액으로 인정됩니다.

SDR을 구성하는 바스켓 통화가 기존에는 달러, 유로, 엔, 파운드 4가지였습니다. 이 바스켓에 2016년부터 위안화가 포함된 것입니다. 더구나 당초 10.92%의 비중으로 포함되었던 위안화는 2022년 8월부터 12.28%로 비중이 상향 조정되었습니다. 2022년 말 기준 이 바스켓을 구성하는 통화와 비중은 달러 43.38%, 유로 29.31%, 위안 12.28%, 엔 7.59%, 파운드 7.44%입니다.

조금 거칠게 말하면 이 5가지 통화가 글로벌 경제의 가장 핵심적인 통화이고 구성 비중은 경제적인 중요성 내지 위상을 대변합니다. 2022년 8월 이후 달러와 위안화의 비중이 종전보다 증가했다[5]는 것은 글로벌 경제가 미국과 중국 중심의 양극화 상태로 나아가고 있음을 시사합니다. 한편 이 비중은 2027년까지 적용될 예정인데, 이후에 위안화 비중은 더 늘어날 것이 확실합니다.

◆ 우리 경제에 대한 영향 ◆

중국경제의 규모가 커지고 있고 중국 돈의 가치도 올라가고 있으며 우리 경제에 미치는 영향도 증대되고 있다는 것을 살펴보았습니다. 그런데 그걸 왜 알아야 하나구요?

무엇보다 우리의 이익을 위해서입니다. 예를 들어 무역입니다. 중국에 대한 우리나라의 교역 의존도가 높은 것이 논의의 핵심입니다. 2021년 우리나라 전체 수출품에서 중국의 비중은 25.3%에 이릅니다. 홍콩에 수출한 것까지 포함하면 30%가 넘습니다. 우리 수출품 10개 중

3개가 중국으로 가는 것입니다. 전통적 우방국이라는 미국과 가깝고도 먼 이웃 일본으로 가는 수출품을 모두 합한 것보다 훨씬 큰 규모입니다.[6]

수입도 마찬가지입니다. 중국에서 수입하는 상품의 비중은 우리나라 전체 수입의 22.5%에 이릅니다. 특히 2021년 기준 한국의 전체 중간재 수입에서 중국이 차지하는 비중은 30.7%에 달해 미국(10.9%)이나 아세안(10.0%)의 수입 비중보다 월등히 큰 것으로 나타났습니다. 중간재는 생산 과정에 투입하는 가공생산품을 말합니다. 우리가 가공해서 수출하기 위해 필요한 상당 부분의 반제품을 중국에서 들여와야 한다는 뜻이죠.

2022년 한국은행의 추정에 의하면 중국의 경제 성장률이 1%p 하락하면 우리 수출은 0.34%p 하락하며, 우리 경제 성장률도 0.1~0.15%p 하락하는 것으로 나타났습니다.[7]

여기에 나오는 퍼센트포인트(%p, Percentage Point)는 두 백분율의 차이를 나타냅니다. 예를 들어 성장률이 5%에서 4%로 하락했다면, 20% 하락 또는 1%p 하락했다고 표현하는 것입니다. 퍼센트와 퍼센트포인트는 헷갈릴 수 있으니 경제기사 등을 읽을 때 주의가 필요합니다.

말 그대로 중국경제에 어떤 문제가 생겼을 때 원인은 무엇인지, 영향은 무엇인지, 앞으로 어떻게 전개될지 등을 파악하여 적절하게 대응하지 않는다면 우리나라의 무역과 경제에 불리한 결과가 발생할 것입니다. 중국의 경제 성장률, 물가, 수출입 상황, 정치적·경제적 이벤트 등을 예의주시하며 면밀하게 모니터링해야 하는 이유가 바로 여기에 있습니다.

◆ 중국경제를 보는 균형 잡힌 시각의 필요성 ◆

또 한 가지 중국 및 중국경제를 들여다보고 많은 자료를 읽고 들으면서 느꼈던 아쉬움이 있습니다. 우리나라에서 중국경제를 제대로 이해하기 쉽지 않다는 사실입니다.

중국경제 관련 자료의 원천을 보면 크게 2가지를 들 수 있습니다. 우선 영어로 된 미국 중심의 자료들입니다. 대표적으로 골드만삭스나 J. P. 모건 등 대형 글로벌 투자기관들의 자료들이지요. 〈월스트리트저널〉이나 〈파이낸셜타임스〉 등의 언론뿐만 아니라 IMF 및 OECD 등 국제기구에서 발간하는 자료도 여기에 포함됩니다. 방대한 인원과 자금력을 동원한 치밀한 분석이 많고 분석 속도도 빠릅니다. 어떻게 이런 사실을 다 조사했을까 싶은 자료가 많습니다. 그런데 다분히 미국 내지 월스트리트의 시각입니다. 중국경제에 대한 비판적인 시각이 기본 전제라는 의미입니다. 소위 '중국이 문제'라는 자유주의 프레임이나 '중국도 문제'라는 이상주의 프레임의 자료와 분석들이 많습니다.[8] 우리 언론의 중국경제 관련 보도는 대부분 이 시각에서 벗어나지 않습니다. 일본인도 중국인의 언동에 대해 위화감과 불쾌감을 느끼는 경우가 적지 않은데, 이는 중국을 대할 때 서구의 견해가 일종의 고정관념으로 박혀 있어서 이질적인 존재로 파악하기 때문이라는 지적이 있습니다.[9] 우리의 판단 기준도 서구 특히 미국의 잣대와 같은 것이죠.

다른 하나는 중국어로 된 중국 시각 중심의 자료들입니다. 중국 정부의 공식 발표 자료, 중국 언론이나 학자들의 분석 등을 들 수 있습니다. 당연히 중국 중심이며 자화자찬이나 억지 해석으로 볼 수 있는 여지가 많습니다. 계속 발표하던 경제지표를 수치가 악화되었다는 이유로 갑자기 공개를 중단한다든지 두루뭉술하게 언급하는 경우가 대표적입니다. 예를 들어 대기환경의 질이 매우 개선되었다고 하면서 미세먼지 (PM2.5) 수치가 전년 대비 몇 % 감소했다는 기사를 중국 언론에서 흔히 볼 수 있습니다. 문제는 이 수치가 얼마에서 얼마로 감소했는지를 표시하지 않는다는 것입니다. $100\mu g/m^3$(세제곱미터당 마이크로그램)에서 $80\mu g/m^3$로 감소하는 경우와 $20\mu g/m^3$에서 $18\mu g/m^3$으로 감소하는 경우[10] 전자는 20% 감소, 후자는 10% 감소한 겁니다. 그렇다고 해서 전자의 대기오염 상태가 후자보다 더 좋다고 할 수는 없겠지요. 다만 중국은 불완전한 강대국이지만 미국이라는 기존 제국에 대항할 수 있는 권력으로 본다면 참고할 수 있는 부분도 분명 있습니다.[11] 서구의 잣대로만 중국을 판단해서는 안 된다는 것이죠.

우리의 중국경제 관련 시각이 서구 중심으로 치우친 데는 여러 가지 이유가 있습니다. 우리와 체제가 다를 뿐만 아니라 한국전쟁에서 적국으로 싸운 경험, 자유주의 시각과 미국 유학파가 사회의 주류를 이룬 현실, 갈수록 확산되는 한국 사회의 반중 정서 등이 대표적인 요인입니다. 하지만 우리 경제와 중국경제의 상호 의존 관계나 공동의 번영을 도외시한 일부 몰지각한 주장이나 편파적인 보도와 분석 등을 접할 때는 안타까운 마음이 듭니다. 특히 어떤 주장에 대해 합리적인 근거가 무엇인지, 그 주장을 하는 사람이 어떤 이익을 얻을 수 있는지를 생각하지 않는 경우가 많습니다. 특히 중국경제에 대한 주장이나 예측이 그렇습니다.

저는 기본적으로 중국경제에 대한 이해나 해석을 할 때 미국 대형 투자기관의 해설 자료와 중국 정부의 공식 발표 및 설명 자료를 양극단에 놓고 판단합니다. 대개의 경우 진실은 그 중간 어디쯤에 있는 경우가 많습니다. 특히 하나의 경제적 사실이나 정책에 대한 판단이 다른 경우가 종종 있습니다. 이럴 때는 이전의 비슷한 사례나 여타 자료를 가지고 나름대로 분석하고 판단합니다. 예를 하나 들어보겠습니다.

2022년 6월 4일자 〈로이터통신〉은 세계은행 자료를 인용해 저소득 신흥국이 2022년에 상환해야 할 외채가 350억 달러에 달하고 이 중 40% 이상이 중국에 갚아야 할 돈이라고 보도했습니다. 그러면서 중국이 경제 위기에 처한 저소득 신흥국의 부채 조정에 불확실한 태도를 보이고 있다고 분석했습니다. 이 기사를 많은 한국 언론들이 인용하면서 중국이 신흥국을 착취, 약탈하고 있다고 맹렬히 비판했습니다. 한술 더 떠 중국의 세력 확장 전략인 일대일로(一帶一路)[12]를 통해 제공한 차관을 갚지 못하면 해당 신흥국 인프라의 소유권이 중국으로 넘어가게 되므로 예전 서구 열강의 식민지 침탈과 다를 바 없다는 탄식도 덧붙입니다.

이것을 한번 꼼꼼하게 따져봅시다. 신흥국들이 인프라 개발을 위해 돈을 빌리려 해도 선진국들은 빌려주지 않습니다. 수익성이 없기 때문이지요. 중국은 리스크를 감수하고 빌려주었습니다.[13] 경제적 이익뿐만 아니라 그 나라의 자원, 정치적 지원, 인프라 공사 과정에서 중국 인력 및 물자 수출 등을 감안한 것입니다. 그런데 코로나19 대유행과 러시아-우크라이나 전쟁으로 글로벌 경제에 위기가 찾아오자 신흥국들은 빚 갚을 여력이 없습니다. 그러니 지금 가장 큰 채권자인 중국이 적극적으로 이 빚을 탕감해줘야 한다는 주장이 미국을 중심으로 하는 서양의 논리입니다.

우선 당사자도 아닌 제3자 국가들이 이런 주장을 할 권한이 있을까요? 채권국과 채무국이 합의를 통해 일부 빚을 탕감해주거나 상환을 연기한다면 모를까, 제3자가 이래라 저래라 할 수 없습니다. 학자들의 연구에 의하면14) 2000~2019년 채권국들의 비공식 모임인 파리클럽(Paris Club)15)에서 신흥국들의 빚을 일부 탕감해준 비율은 70%가 넘었습니다. 채무 탕감을 통해 채무국의 부담을 줄여주는 것이 상환 능력 회복에 도움이 된다는 논리입니다. 반면 중국은 20%가 채 되지 않았습니다. 그러나 반전이 있습니다. 파리클럽도 1975~1999년의 자료를 보면 그렇지 않습니다. 채무탕감 비율은 5%도 되지 않고 나머지는 상환기한 연장입니다. 파리클럽은 과거 경험을 통해 배운 것입니다. 이제 채권국으로서 초창기를 지나고 있는 중국이 그와 같을 수는 없겠지요. 이는 마치 경제개발과 환경오염의 단계를 이미 거쳐온 선진국들이, 이제 한창 경제개발을 하면서 공해 물질 배출이 높아지고 있는 신흥국들에게 환경보호라는 명분을 들이대면서 경제 성장을 자제하라고 요구하는 것과 비슷합니다.

한편 빚을 갚지 못하면 해당국 인프라 소유권이 중국으로 넘어간다는 주장도 사실이 아닙니다. 원리금을 상환받지 못하는 대신 일정 기간 해당 인프라에 대한 사용권을 취득한 사례16)를 확대 해석한 것입니다. 물론 이런 사례는 경제 문제뿐만이 아닙니다. 지난 2017년 중국이 아프리카의 지부티(Djibouti)에 사상 처음으로 해외 해군기지를 설립했을 때도 언론은 시끄러웠습니다. 중국의 군사적 야욕이 노골적으로 드러났다, 북아프리카 지역이 중국의 영향력 아래 직접적으로 들어갈 것이다 등등. 물론 과장입니다. 미국은 진작부터 지부티에 해군기지를 두고 있

지부티 항구에 입항하는 미국 해군
지부티 서쪽 5km에 위치한 도라레 항구에 입항하는 미국 해군의 모습이다. 이 항구에 있는 15개의 정박
지 중 한 곳을 중국 해군이 사용하고 있다.

었습니다.[17] 그 외에 일본, 프랑스, 이탈리아 등이 이곳에 부대를 파견하고 있을 뿐만 아니라 러시아, 카타르, 아랍에미리트, 튀르키예 등 이곳에 관심을 갖고 있는 나라들도 지분을 확보하면서 항구 쟁탈전에 가세하고 있는 상황입니다.[18] 즉, 홍해 연안이라는 지리적 격전지에 중국이 뛰어들었을 뿐인데 언론은 그런 상황은 무시하거나 중국의 사례만을 강조하는 경우가 많습니다.

이런 정보 불균형의 상황에서 중국경제를 제대로 이해하기란 생각처럼 쉬운 일이 아닙니다. 이 책이 편견에서 벗어나 중국경제 이해를 위해 한 걸음을 떼는 데 조금이라도 도움되기를 바랍니다.

2부

중국경제를 이해하는 20개의 키워드

1장

중국공산당
무소불위의 최고권력

중국공산당 당기(黨旗)

우리가 아는 현재의 중국은 1949년 10월 건국되었다. 그러나 중국 건국의 핵심 역할을 담당한 중국공산당은 1921년 7월 창당되었다. 국가보다 당이 먼저 생긴 것이다. 현재 중국 군대인 인민해방군도 원래는 당의 군대였다. 중국공산당의 역할과 위상을 파악하는 것은 중국경제 이해의 가장 기초적인 핵심이다.

◆ 중국의 권력구조 ◆

중국경제를 이야기하면서 중국의 권력구조라니, 조금 뜬금없다고 생각할 수 있을 것입니다. 하지만 중국경제를 이해하기 위한 전제조건 중 하나가 중국의 정치제도와 권력구조를 아는 것입니다. 중국은 우리를 비롯한 대부분의 국가와 다른 정치 시스템을 가지고 있으며, 따라서 경제가 운영되는 모습도 많이 다르다는 점을 항상 염두에 두어야 합니다. 이를 이해하지 못하면 낭패당하기 쉽습니다. 아주 쉬운 예를 하나 들어 보겠습니다. 서울시가 베이징시와 경제 협력을 논의하기 위해 최고위급 회담을 한다면 서울시장이 우리나라 대표로 참석할 것입니다. 서울시장은 국무회의에도 참석하는 서울시 최고위 인사이지요.

그럼 서울시장에 상응하는 인물은 베이징 시장일까요? 그렇지 않습니다. 베이징시의 명실상부한 넘버원은 베이징시 서기(書記, Party Secretary)입니다. 여기에서 또 낯선 말이 등장합니다. 서기는 사회주의 국가인 중국에서 공산당의 최고위 직책을 가리키는 용어입니다.[1] 베이징시 서기는 베이징시의 공산당 조직인 베이징시 공산당위원회의 최고 직책입니다. 이 서기 밑에 여러 명의 부서기(副書記)가 있으며 통상 이 중 한 명이 시장(市長, Mayor)을 맡습니다. 결국 베이징시의 핵심 의사 결정은 베이징시 공산당위원회에서 담당하고 그 집행기관이 베이징시 정부입니다. 이처럼 당 조직이 결정하고 정부조직은 이를 집행하는 구조는 중앙 및 지방의 모든 정부조직이나 공공기관도 마찬가지입니다.[2] 이것은 중국이라는 나라가 공산당이 지배하는 국가이기 때문입니다.

중국공산당(CCP, Chinese Communist Party)은 입법, 사법, 행정 모두를

중국공산당 제1차 전국대표대회 개최지
1921년 7월 중국공산당 제1차 전국대표대회가 개최된 상하이에 설치되어 있는 개최지 기념 표지석.

관할하는 절대 권력 기관으로서 어찌 보면 과거의 황제와도 같은 지위를 누린다고 할 수 있습니다. 따라서 중국경제를 이해하는 첫걸음은 중국의 권력구조를 이해하는 것이며, 이는 중국공산당에 대한 이해가 없으면 불가능합니다. 사실 우리나라가 중국과 수교하기 전인 1992년 이전만 해도 우리가 중국을 부르는 호칭은 중공(中共)이었습니다. 중공은 바로 중국공산당의 약칭이지요.

우리나라의 가장 큰 정치 행사가 대통령 선거라면 중국에도 5년마다 한 번씩 개최되는 비슷한 이벤트가 있습니다. 바로 연도 끝자리 수가 2, 7인 해에 개최되는 중국공산당 전국대표대회입니다. 가장 최근은 2022년 10월 16일~22일에 개최되었지요. 1921년 중국공산당 창당 이후 20번째로 개최된 대표대회였습니다.[3] 한마디로 말해 중국공산당의 대표들이 모여 자신들의 지도자를 결정하고 당이 나아가야 할 방향 등을 정하는 회의입니다. 그만큼 9,600만 명이 넘는 중국 공산당원들의 의지를 대변하는 전국 2,300여 명의 대표들이 모이는 이 회의는 매우 중요합니다. 중국은 공산당이 지배하는 국가이기 때문입니다.[4] 이 회의에서 공산당의 집행기관이라 할 수 있는 중앙위원회 위원들을 선출하는데 위원 총수는 약 370여 명입니다. 이들이 사실상 중국을 움직이는 핵심 권력 집단이죠.

이들 중앙위원회 위원들은 투표를 통해 25명의 중앙정치국 위원을 선출하며, 이 중 7명을 중앙정치국 상무위원, 다시 이들 7명 중 1명을 총서기로 뽑습니다. 이상은 모두 공산당 내의 직위입니다. 그러나 이 직위는 곧 입법, 사법, 행정부의 직위와 연결됩니다. 이를 위한 형식적인 행사가 매년 3월 개최되는 전국인민대표대회입니다. 우리나라의 국회에 해당하는 기구이지요. 전국인민대표대회는 헌법[5]상 중국 최고의 권력기구입니다. 국민의 대표가 모여서 국가의 중요 정책을 결정하고, 주요 직위에 대한 임명권을 행사하는 기구이죠. 물론 헌법 및 법률 제정이나 개정도 할 수 있습니다. 그러나 1년에 단 한 번 2주 정도 모일 뿐이고 본질적인 의미에서 입법권을 행사하는 기구가 아니라는 점에서 형식상의 조직이라 할 수 있습니다. 실질적으로는 중국공산당 전국대표대회를 비롯한 공산당 조직에서 결정한 사항을 추인하는 기구에 불과하지요.

공산당 권력 서열 1위인 총서기를 차지한 인물은 전국인민대표대회에서 국가주석으로, 나머지 6명의 중앙정치국 상무위원들은 총리, 전국인민대표대회 의장, 수석부총리 등으로 임명되는 절차를 밟게 됩니다. 한편 상무위원이 아닌 18명의 중앙정치국원들은 부총리, 베이징 및 상하이 서기 등으로 임명됩니다. 또한 370여 명의 중앙위원회 위원들은 각 부처 장관, 지방정부 서기 및 성장, 주요 국유기업 CEO, 군대의 최고

톈안먼 광장을 행진하는 중국인민해방군
중국인민해방군의 모태인 홍군은 원래 중국공산당의 군대였다. 중국은 군대에 대한 당의 절대적인 지배를 매우 중시한다.

위 장성 등의 직위를 담당하게 됩니다.

결국 중국 권력구조의 핵심은 중국공산당입니다. 사실 중국공산당은 1921년에 창당되었고 중국이라는 현대 국가는 1949년에 이르러서야 건국되었습니다. 국가보다 당이 먼저 생긴 것이지요. 현재의 중국 군대인 중국인민해방군의 모태인 홍군(紅軍)은 원래 중국공산당의 군대였습니다.6) 당이 군대를 지배하여 국가를 세운 것이니 중국에서 당·군·국가의 구조가 어떻게 해서 나오게 되었는지 알 수 있습니다. 각 기관의 최고지도자는 각각 공산당 총서기, 중앙군사위원회 주석, 국가주석입니다. 통상 이 세 조직을 한 사람의 지도자가 이끄는 것이 일반적입니다. 명실상부한 최고지도자인 셈이지요. 물론 과거에는 그렇지 않은 경우도 있었습니다.

최고지도자로 불린 덩샤오핑(鄧小平)은 공산당 총서기와 국가주석 자리에 있지 않은 상황에서 중앙군사위원회 주석 자리는 상당히 오랫동안

보유하고 있었지요. 심지어 중국의 국부 마오쩌둥(毛澤東)은 국공내전 시기 내내 그리고 신중국 건국 이후 자신이 죽을 때까지 수십 년간 중앙군사위원회 주석직을 줄곧 유지했습니다. 이는 공산당의 권력 기반이 무력을 보유한 군대의 지배로부터 나온다는 점을 시사합니다. 당에 대한 군의 절대적 충성을 강조하는 배경이기도 합니다. 마오쩌둥은 "우리의 원칙은 당이 총(군대)을 지휘해야 하며, 총(군대)이 당을 지휘하는 일은 절대 용납할 수 없다"고도 했습니다. 이런 맥락에서 덩샤오핑은 "권력은 총구에서 나온다(枪杆子里面出政權)"는 마오쩌둥의 말을 잘 알고 있었습니다. 물론 그는 모든 공식적 직위에서 물러난 1989년 이후에도 1997년 죽을 때까지 실질적으로 최고지도자의 지위를 유지했습니다. 이는 최초 혁명세대의 일원이라는 위상 및 당과 국가의 모든 분야와 맺고 있는 깊은 유대관계 때문이었습니다.[7]

이처럼 당이 절대적인 우위에 있는 체제는 정책 결정 과정이 여타 국가와는 조금 다를 수 있습니다. 예를 들어 우리나라가 중요한 국제기구에 가입하려면 어떤 절차를 밟아야 할까요? 대통령을 정점으로 하는 행정부에서 준비하여 국회의 비준을 거쳐야 합니다. 그러면 중국은 어떻게 할까요? 총리를 정점으로 하는 국무원에서 준비하고 중앙정치국 상무위원회나 중앙정치국에서 상의하여 결정합니다. 당의 기구가 최종결정권을 가지고 있는 것이죠. 여담이지만 통상 중앙정치국에서 토론하고 의결할 때는 과반수 찬성으로 안건이 통과되는데, 2001년 중국의 WTO 가입 시에는 만장일치가 필요했던 것으로 알려져 있습니다.

◆ 중국공산당의 우려와 과제 ◆

중국공산당에서 자신들이 주도하는 국가 운영에 대한 이론적 근거로 드는 것이 소위 중국 특색의 사회주의(Socialism with Chinese Characteristics)입니다. 1970년대 후반 이후의 개혁개방 정책을 총괄하는 의미에서 덩샤오핑이 1984년에 처음 사용한 용어입니다. 서구식 민주주의와 대칭되는 개념으로 사용되고 있으며,[8] 그 배경에는 공산당이 주체가 된 사회주의만이 중국을 구하고 발전시킬 수 있다는 의미가 깔려 있습니다.

공산당의 주도적인 역할을 강조하는 상황에서 공산당 체제를 위협하는 그 어떤 세력도 용납할 수 없음은 당연한 귀결입니다. 중국 정부는 그동안 공산당에 위협이 된다고 판단한 사회단체나 조직에 강력한 탄압을 가하곤 했습니다. 대표적인 것이 파룬궁(法輪功)에 대한 탄압입니다. 파룬궁은 1992년 지린성 출신의 리훙즈(李洪志)에 의해 창시된 기공 수련법으로 처음에는 중국 정부도 적극 지지했습니다. 기공 수련이 국민들의 건강 증진에 도움이 된다고 여겼지요.

그러나 창시자 리훙즈에 대한 신격화 조짐이 보이고 미신적인 색채가 강해진다는 이유로 1996년 파룬궁을 봉건 미신 단체로 규정했습니다. 특히 1998년 4월 파룬궁 추종자 1만여 명이 자금성 서쪽에 위치한 중국 지도부의 집단 거주지 중난하이(中南海) 밖에 운집하여 시위를 벌이자 중국 정부는 경악했습니다. 이는 1989년 톈안먼사건 이후 최대 규모의 반정부 시위였습니다.[9] 결국 중국 정부는 1999년 사교금지법을 발표하면서 파룬궁 활동을 공식적으로 금지하게 됩니다. 그 배경에는 7천

파룬궁 수련 모습
1992년 창시된 파룬궁은 창시자 리훙즈에 대한 신격화 조짐이 보이고 수련자 수가 7천만 명을 넘어서면서 1999년부터 중국 정부의 강력한 탄압 대상이 되었다.

만 명으로 추산되는 파룬궁 수련자 집단이 반공산주의 활동의 거점이 될 수 있다는 두려움이 깔려 있다는 해석입니다.

사실 중국공산당의 이런 우려가 기우라고 할 수 없는 측면이 있습니다. 과거 동한(東漢) 말에 일어난 황건적의 난, 원(元)의 지배에 항거한 홍건적의 난, 19세기 대표적인 반청(反淸) 운동인 태평천국의 난10) 등이 그 시작은 모두 종교 활동이었기 때문입니다. 우스갯소리로 중국에서는 100명 이상 모이는 어떤 모임도 중국 정부의 요주의 관찰 대상이라는 이야기가 있습니다. 이런 말이 완전 헛소리는 아닌 것이 과거 베이징에서 활동하던 여러 한국 교회가 중국 정부에 의해 해산되고 담임목사가 한국으로 강제 출국된 사례가 있습니다. 외국인 교회에 중국인이 참석했다는 것이 그 이유였습니다. 중국 정부가 집회에 얼마나 예민한지, 그리고 공산당을 정점으로 하는 사회 안정에 얼마나 신경 쓰고 있는지를 보여주는 사례입니다. 또한 중국에서 먹고사는 문제와 관련된 항의는 용납되지만, 공산당 조직이나 지도자에 대한 공격이나 항의는 철저하게 금지된다는 점에서도 중국공산당의 위상과 성격을 미루어 짐작할 수 있습니다.

결국 우리가 중국경제를 이해하고 해석할 때는 그 전제가 되는 중국의 권력구조, 중국공산당의 행태와 변화 양상, 그리고 그들의 우선 과제를 면밀히 살펴보아야 합니다. 예를 들어 주택가격이 급등하면서 일반 서민들의 주거 환경이 열악해지고 대형 부동산 기업들에 대한 사회의 불만이 높아진다고 합시다. 이 불만이 어디로 향할까요? 중국 정부로 향할 겁니다. 그런데 중국 정부는 사실 중국공산당의 집행기관에 불과합니다. 결국 사회적 불만이 최종적으로 향하는 곳은 중국공산당입니다. 이를 방치하면 당의 권위를 해치고 집권에도 영향을 미칩니다. 당연히 주택가격 안정 대책을 내놓아야겠지요. 다주택자의 주택 구입을 억제[11]하고, 주택담보대출비율(LTV)을 낮추고 부동산 기업의 부채비율을 규제하는 등 전방위적인 조치가 취해질 겁니다.

이 과정에서 경제적인 충격으로 인해 경기 부진이 발생한다면 어떻게 할까요? 핵심이 여기에 있습니다. 경제 성장에 저해된다 해도 정치적 안정, 즉 공산당 집권의 안정에 도움되는 정책은 계속 유지될 것이라는 점입니다. 중국에서 정치적 안정은 모든 것을 우선하는 지상 과제이니까요. 문화대혁명기에 사용되었던 구호인 '정치괘사(政治挂師)'는 이를 압축한 표현이라 할 수 있습니다. '정치는 모든 것을 지휘하고 지배한다, 우선한다'는 의미로 영어로 표현하면 'Politics in command'입니다.[12] 이것이 경제 정책 분석이나 중국경제 이해의 기초적인 전제가 된다는 점을 항상 유념해야 할 것입니다.

그렇다면 여기에서 한 가지 의문점이 생길 수 있습니다. 일당독재가 그렇게 오랫동안 유지되고 통제 및 감시 장치가 부족하여 부정부패 사건도 수없이 발생하는 중국공산당이, 어떻게 계속해서 집권할 수 있는가 하는 점입니다.13) 여기에는 크게 3가지 이유를 들 수 있습니다.

첫 번째는 많은 민족과 넓은 국토를 효율적으로 관리하고 통일된 국가를 유지하기 위해서는 구심점 역할을 할 정치세력이 필요한데, 공산당 이외에는 다른 대안이 없다는 사실에 많은 사람들이 공감하고 있다는 점입니다. 많은 중국 국민들이 소련의 해체 과정을 지켜보면서 이 점을 다시 한 번 상기시켰습니다. 소련이 붕괴된 주요 이유 중 하나가 소련 공산당이 약해지면서 구심점이 없어지고 통제력이 약화되었기 때문이라고 생각한다는 의미입니다. 즉, 공산당 일당독재는 필요악이라는 것이지요.

두 번째는 공산당이 여러 가지 문제점에도 불구하고 급속한 경제 성장을 통해 경제적 부를 키워오면서 대단한 성과를 보여주었다는 점입니다. 많은 국민들이 절대 빈곤 상태를 벗어나는 과정에서 공산당의 역할과 지도가 중요한 역할을 했다는 점에 공감하는 분위기입니다.

세 번째는 공산당이 중국의 독립과 통일을 통해 19세기 중반 이후 근 150여 년 동안 서양 중심의 외세에 짓눌려 있던 중국인들의 민족적 자부심을 고취시켰다는 역사적 이유입니다. G2로 올라선 지금은 이러한 민족의식이 더욱 높아진 상황이니 공산당의 위상을 흔들기는 쉽지 않을 겁니다. "이론적으로 공산당은 법률 안에서 모든 것을 하는 동시에, 실질적으로는 원한다면 법률 위에서 모든 것을 할 수 있다"14)는 말은 중국에서 공산당의 위상을 직설적으로, 그러나 냉정하게 지적하는 표현 중 하나입니다.

중국공산당은 1949년 신중국 건국 이후 2022년 현재까지 74년 동안 집권하고 있는 장수 정당입니다. 예전 소련 공산당의 75년(1917~1991년) 집권 기록 경신은 확실해 보입니다. 앞으로 중국공산당이 쉽지 않은 과제들에 어떻게 대응해나갈지 지켜봐야 하겠습니다.

◆ 경제 정책 결정 구조 ◆

중국의 경제 정책은 어떤 절차를 거쳐 누구에 의해 결정되고 실행될까요? 중국의 경제 정책을 이해하고 미래를 예측하는 데 큰 도움이 된다는 점에서 중요한 질문입니다. 중국은 공산당이 지배하는 사회라고 말했듯이, 경제 정책 또한 공산당이 결정한다고 보면 됩니다. 당이 모든 것을 결정하고 지배한다는 원칙을 다시 한 번 상기하세요.

우선 앞에서도 언급한 중국공산당 전국대표대회가 중요한 기구입니다. 여기에 모인 2,300여 명의 대표(대의원)들이 향후 5년간 자신들을 대표하여 일할 지도자를 뽑습니다. 이때 어떤 정책 성향이나 이념 지향성을 가진 지도자들을 선출하느냐에 따라 경제 정책 방향도 결정되겠죠. 이 대회에서는 공산당의 헌법이라 할 수 있는 당정(黨程)을 수정할 수 있는데, 여기에 장래 추구할 경제 정책 목표 등과 관련된 조항이 삽입될 수 있습니다.

가장 핵심적인 경제 정책 기구는 중국공산당 전국대표대회 대표들이 뽑은 370여 명의 위원들로 구성된 중앙위원회입니다. 중국의 정치·경제·사회·문화 등 각계각층을 대표하는 핵심적인 인물로 구성된 권력

중국공산당 입당 선서문
2022년 현재 중국공산당의 당원 수는 9,600만 명을 넘어섰다. 입당 선서문에는 "당의 규율을 준수하고 당에 충성하며 당과 인민을 위해 언제라도 모든 것을 희생할 준비가 되어 있다"는 내용 등이 포함되어 있다.

의 중추입니다. 경제 정책뿐만 아니라 중국의 모든 정책을 이들이 결정한다고 보면 됩니다. 중국공산당이 공식적인 대내외 문서를 발표하면서 그 발표 주체로서 흔히 명기하는 '중공중앙(中共中央)'이란 바로 이 중국공산당 중앙위원회를 말합니다. 다만 이들이 수시로 모이기 어려운 점을 감안하여 다시 자신들의 대표로 뽑은 것이 25명의 위원으로 구성되는 중앙정치국이며, 여기에서 다시 7명의 최고지도부를 구성하는 것이 중앙정치국 상무위원회입니다. 다시 말해 일상적인 경제 정책 관련 업무는 중앙정치국 상무위원회에서, 조금 더 깊은 논의가 필요한 업무는 중앙정치국에서, 매우 중요하고 핵심적인 업무는 중앙위원회에서 논의가 이루어지고 결정됩니다. 다만 중앙정치국 상무위원회는 중앙위원회 폐회 기간 중 중앙위원회의 권한을 행사하며 독자적으로 정책을 결정하는 소수정예 최고 엘리트 집단이라는 점에서15) 실질적으로 대부분의 국가 중요 정책은 이들에 의해 좌우된다고 할 수 있습니다.

공산당 관련 기구들이 큰 틀에서 경제 정책 방향을 결정한다면 세부 계획을 세우고 집행하는 것은 중국의 행정부 또는 내각이라 할 수 있는 국무원입니다. 물론 국무원 총리는 중앙정치국 상무위원 중 한 명이 맡고, 국무원 산하 각 부처 장관을 통솔하는 4명 내외의 부총리는 중앙정치국 상무위원 및 중앙정치국원이 맡습니다. 각 부처 장관들은 통상 중앙위원회 위원이고요. 결국 공산당 직위와 국무원 직책이 병행된다고 보면 됩니다.

실질적으로는 경제 정책 수립과 집행이 공산당과 국무원으로 끝나지만 형식적인 절차가 하나 더 남아 있습니다. 바로 매년 3월 개최되는 전국인민대표대회(전인대)입니다. 앞에서 이야기했듯이 전인대는 다른 국가의 국회에 해당합니다. 형식상으로는 중국 헌법상 최고의사결정기구입니다. 국무원 총리는 전인대에서 매년 '정부업무보고(政府工作報告)'라는 것을 합니다. 직전 연도의 주요 경제 실적을 정리하고 새해의 중점 경제 정책 방향 및 핵심 경제지표 목표들을 보고하는 것이지요. 목표로 하는 GDP 성장률, 취업자 수, 물가상승률, 실업률, 국제수지, 식량 생산량 등 구체적인 숫자들이 이때 발표됩니다.

여기까지 설명한 내용을 구체적인 예로 들어보겠습니다. 중국은 중장기 경제 발전의 청사진이라 할 수 있는 경제사회발전 5개년계획을 5년 주기로 작성하고 있습니다.[16] 2021년부터 적용된 제14차 5개년계획은 다음과 같은 과정을 거쳐 확정되었습니다. 먼저 중공중앙이 '국민경제사회발전 제14차 5개년계획 및 2035년 중장기 목표에 대한 건의'를 2020년 10월에 의결하여 발표했습니다. 이 건의를 바탕으로 국무원은 내용을 보완하고 수정안을 만들었습니다. 그리고 이 안은 2021년 3월 전인대에서 표결을 거쳐 최종 확정되었습니다. 중공중앙의 건의안과 전인대 표결을 거친 최종안은 거의 차이가 없었습니다. 이는 결국 중공중앙이 의제 선정 및 목표, 방향 등 경제 정책의 모든 내용을 결정하는 핵심 기관이라는 의미입니다. 다시 말해 중국의 경제 정책은 형식상으로는 공산당(중공중앙)-행정부(국무원)-의회(전인대)의 절차를 거치지만, 국무원은 실무적인 역할만을, 전인대는 형식적인 거수기 역할만을 하는 것입니다.

한편 중공중앙의 중장기 경제 정책 방향에 비춰 매년 경제 상황을 평가하는 중요한 회의가 하나 더 있습니다. 매년 12월에 개최되는 중앙경제공작회의(中央經濟工作會議)17)가 바로 그것입니다. 이는 중국공산당이 주도하여 비공개로 개최되는 최고위 경제 정책 결정 회의로 당, 국무원, 군, 지방정부 및 주요 국유기업 대표 등이 참석하는 자리입니다. 그해의 경제 실적을 점검하고 다음 해의 경제 정책 방향 및 전략을 수립합니다. 회의는 비공개이지만 향후 주요 정책 방향이나 중점 과제 등은 공표됩니다. 예를 들어 2021년 12월에 개최된 중앙경제공작회의에서는 2022년의 핵심 경제 정책 과제로 '안정을 최우선으로 하는 경제발전'을 강조한 바 있습니다. 다만 세부적인 경제 정책 목표 등은 그다음 해 3월에 열리는 전인대에서 공개됩니다.

이를 요약한다면, 정부가 정책의 주도권을 쥐고 이를 국회가 지원 내지 견제하는 우리나라와 달리 중국은 공산당이 주도하여 정책을 수립하고 행정부인 국무원은 이를 집행하는 시스템입니다. 장기적인 정책 수립과 신속한 집행이 가능하다는 점은 중국 시스템의 장점입니다. 그러나 입법부나 사법부의 견제가 거의 없다는 점에서 공산당이 폭주할 경우 통제가 어렵다는 것은 가장 큰 취약점이라 할 수 있습니다.

2장

사회주의 시장경제
자본주의와의 이상한 동거

만리장성(The Great Wall)

중국인들이 자신들의 상징으로 흔히 내세우는 만리장성은 대표적인 유네스코(UNESCO) 세계문화유산 중 하나이다. 현재 중국의 국가(國歌)인 '의용군 행진곡'의 가사에는 "우리 혈육으로 새로운 만리장성을 세우자(把我們的血肉 , 筑成我們新的長城)"라는 표현이 있을 정도이다.

◆ 중국은 자본주의 국가? ◆

"중국은 사회주의 국가라고 하는데, 시장경제를 유지한다는 것이 이념상 맞지 않는 것 같은데요? 중국은 실질적으로 자본주의 국가 아닌가요?" 중국경제에 대해 자주 받는 질문 중 하나입니다.

결론부터 말하자면 중국은 자본주의 국가와 매우 유사하지만, 본질적으로 자본주의 국가는 아닙니다. 사유재산이 인정되고,[1] 상품 가격이 기본적으로 시장에서 결정되며 직업 선택의 자유가 보장된다는 점 등에서 자본주의 시장경제 시스템을 상당 부분 채택하고 있습니다. 그러나 사유재산에 대한 제한이나 통제가 강하고, 시장의 가격 결정에 정부가 강력하게 개입하며, 거주 이전의 자유가 제한되는 동시에 국유기업의 영향력이 크다는 점에서 사회주의 국가라고 할 수 있습니다.

흔히 중국의 경제 모델을 '사회주의 시장경제'라고 부릅니다. 사회주의 시장경제란 사회주의, 자본주의, 민족주의 요소를 두루 포함하는 동시에 유가 및 법가의 가치관도 혼합된 다층적인 의미를 지닌 개념입니다.[2] 한마디로 사회주의에 시장화 개혁을 도입하기 위해 창안한 개념입니다. 즉, 계획과 시장은 사회주의와 자본주의를 구분하는 기준이 아니며, 선택할 수 있는 수단일 뿐이라는 것입니다.[3] 이와 같은 성격 때문에 중국형 경제발전 모델을 레닌주의 체제[4] 내지 전통시대부터 내려온 촘촘한 사회관리가 자본주의 시스템과 결합한 것으로 해석하기도 합니다.[5]

자본, 즉 돈과 시장이 지배하는 것이 자본주의라고 한다면, 중국은 그 자본의 지위를 국가 내지 공산당이 차지하고 있습니다. 중국이 채택하고 있는 사회주의 시장경제의 다양한 모습을 구체적으로 살펴보겠습니다.

◆ 사유재산권 ◆

우선 사유재산권입니다. 노동자와 농민을 지지 기반으로 탄생한 중국은 기존 지주들의 토지를 몰수하는 국유화 내지 공유화 조치를 취했습니다.[6] 토지의 국유화는 지금도 중국경제의 기본 토대 중 하나입니다. 이는 개인이 땅을 소유할 수 없다는 말입니다. 한 가지 재미있는 사실은 1950년 토지개혁법을 통해 국유화된 토지를 분배할 때 가장인 남성 앞으로 토지를 분배한 것이 아니라 가족의 수에 따라 토지를 분배한 것입니다. 이는 여성도 가족 구성원으로서 자기 몫의 토지를 분배받았다는 의미로 신중국에서 남녀평등을 앞당기는 기폭제가 되었다는 지적입니다.[7]

중국은 1949년 건국 이후 1980년대 중반까지 부동산 매매거래 관련 제도 자체가 없었습니다. 당시는 국가에서 살 집과 일할 직장을 정해 주었습니다. 그러나 비효율성이 많았지요. 결국 중국 정부는 1980년대 후반부터 개인 간의 부동산 매매를 허용하게 됩니다. 아, 잠깐만요? 국가가 토지를 소유하고 있는데 어떻게 개인 간에 사고팔 수 있냐구요? 엄밀하게 말하면 부동산 소유권이 아니라 부동산 사용권을 매매하는 것입니다. 제도 시행 초기에 정부는 부동산 소유권과 별개로 부동산 사용권을 이미 그곳에 살고 있던 입주자들에게 저렴하게 공급하고, 이후 그 입주자는 자신이 보유한 사용권을 다른 사람들에게 팔 수 있도록 한 것입니다.

소유권과 사용권의 분리라는 개념이 우리에게는 낯설어 보이지만 중국 토지 이용의 역사에서 보면 새로운 것이 아닙니다. 송(宋)대 이후 특히 중국 강남 지역에서 발달한 토지 이용의 관행 중에 전저권(田底權, 밭 아래의 권리)과 전면권(田面權, 밭 위의 권리)이 있습니다. 전저권은 토지의 소유권, 전면권은 토지의 사용권·경작권을 의미합니다. 소작인은 소작지의 개간이나 생산성 유지와 향상, 기타 여러 가지 투자와 노동을 이유로 소작지에 대한 일정한 권리를 주장하고 토지의 소유권자가 바뀌더라도 그것을 유지할 수 있는 권리를 가지게 되었는데 이것이 바로 전면권입니다.8) 이 전면권의 현대적인 변용이 오늘날의 중국 부동산 사용권이라고 할 수 있습니다.

예를 들어보겠습니다. 현재 중국에서 개인이 신규 아파트를 구입하여 입주한다고 할 때 절차는 대략 다음과 같습니다. 우선 지방정부는 아파트를 건설할 일정 지역의 토지를 대상으로 그 사용권에 대해 부동산 건설업자들을 대상으로 경매에 부칩니다. 사용권 기간은 어떤 용도의 건물을 짓느냐 등에 따라 통상 20~70년으로 다양합니다.9) 지방정부는 가장 높은 경매금액을 써낸 건설업자에게 그 토지의 사용권을 넘깁니다. 이 사용권 판매금액이 '토지사용권 판매수입'10)으로 지방정부의 가장 핵심적인 재정수입원입니다.

낙찰받은 건설업자는 아파트 건설 계획을 수립하고 개인에게 선분양(presale)을 합니다.11) 보통 30% 정도의 계약금을 받는 것으로 알려져 있습니다. 그리고 낙찰받은 땅에 아파트를 짓기 시작합니다. 분양받은 매수자들은 중도금 납부 등을 위해 은행에서 주택담보대출을 받고 이후 매월 일정 금액의 중도금을 건설업자에게 납부합니다.12) 한편 건설업자는 분양대금과 금융권의 대출금 등을 자금원으로 하여 아파트 건설 공사를 완료합니다. 그런데 이 아파트는 기본적인 외관과 골조 정도만 짓는 기초적인 수준인 경우가 많습니다. 최종적으로 아파트를 넘겨받은 각 개인들은 인테리어와 마무리 공사 등을 직접 합니다. 각자의 취향대로 하다 보니 비용이나 디자인이 정말 다양할 수 있지요.

이처럼 사용권의 매매라고는 하지만 실질적으로는 소유권 매매와 큰 차이가 없습니다. 그러면 이런 질문이 다시 나올 수 있을 겁니다. "사용권 만기가 돌아오면 어떻게 되나요? 그 부동산은 다시 국가로 귀속되는 것인가요? 아니면 사용권이 자동으로 연장되나요?" 중국에서 이 문제가 한창 사회적 이슈가 되었던 적이 있습니다. 1980년대 후반에 처음으로 사용권이 매매되었던 일부 주택들의 사용권 만기가 돌아왔을 때였지요. 결과는 아주 적은 금액을 정부에 명목상 납부하면서 사용권이 자동 연장되는 형태로 마무리되었습니다. 이런 조치가 없었다면 일반 국민들의 동요가 매우 심했을 것입니다. 사실상 전 재산이나 다름없는 부동산 사용권이 몰수되는 것이나 마찬가지일 테니까요. 결국 2021년부터 시행 중인 민법전(民法典)에서는 토지사용권의 만기 도래 시 사용권은 자동으로 연장된다고 규정하여 이러한 불확실성을 없앴습니다.13)

◆ 시장가격 결정 ◆

두 번째로 살펴볼 것은 시장의 가격 결정입니다. 우리나라도 그렇지만 독과점 성격을 지닌 공기업이 제공하는 공공요금 등의 서비스 가격은 국가가 강력하게 통제하는 것이 일반적입니다. 이 점에서는 중국도 마찬가지입니다. 문제는 국가에서 통제하는 품목의 범위가 훨씬 넓고 규제도 심하다는 겁니다. 예를 들어 택시와 버스 요금을 비교해볼까요? 우리나라는 2023년 2월 현재 서울 기준으로 택시는 4,800원(기본요금)이고 버스는 1,300원(현금 승차 시)이니 가격 차이가 3배 정도 됩니다. 그러면 베이징은 어떨까요? 각각 14위안(약 2,700원)과 2위안(400원)으로 약 7배입니다. 왜 이렇게 큰 차이가 있을까요? 앞에서도 잠깐 언급했듯이 사회주의국가인 중국 권력의 기반은 노동자와 농민이라는 점에서 프롤레타리아[14] 민중에 대한 의식이 전제되어 있기 때문입니다.

프롤레타리아 서민 계층이 주로 사용하는 물품의 가격은 매우 낮게 유지해서 기본적인 삶을 영위할 수 있게 해줘야 한다는 사고가 바탕에 깔려 있습니다. 버스, 쌀, 돼지고기 등이 대표적인 품목들이지요. 이에 반해 택시는 경제적으로 조금 더 풍족한 사람들이 사용하는 품목으로 필수품이 아니라는 점에서 성격이 다릅니다. 가격 인상이 훨씬 쉽다는 의미입니다. 그런데 이렇게 낮은 버스 요금을 부과하는 버스 회사는 정상적인 운영을 할 수 없습니다. 막대한 적자가 불가피하기 때문이죠. 이런 이유로 중국 정부는 버스 회사에 매년 막대한 재정 보조금을 지급하는 것으로 알려져 있습니다.[15] 가격 결정에 대한 중국 정부의 간섭은 이 뿐만이 아닙니다. 뭐 이런 것까지 정부가 다 간섭할까 하는 부분도 있습니다. 국유기업 임원과 일반 직원의 임금 격차 비율을 정하는 것은 물론이고, 심지어 연예인 출연료까지 규정을 정해 관리하고 있습니다.[16] 우리로서는 이해하기 어려운 현실이지요.

◆ 거주 이전의 자유 ◆

세 번째는 거주 이전의 자유입니다. 중국에는 일명 후코우(戶口) 제도라고 불리는 호적제도(household registration system)가 있습니다. 1951년에 시작된 이 제도는 출생 시 부모의 후코우에 의해 결정된 자신의 후코우가 기본적으로 유지되는 것을 전제로 합니다. 예를 들어 산둥성의 가난한 농촌에서 태어난 아이는 농촌 후코우를 가지게 되고 이는 이 아이가 어느 대학, 어느 직장에 들어가든 기본적으로 변하지 않습니다. 이게 왜 중요한가 하면 어느 지역 후코우를 가지고 있느냐에 따라 누릴 수 있는 혜택이 너무 다르기 때문입니다.

예를 들어 베이징 후코우를 가지고 있다고 합시다. 그러면 베이징에서 학교에 입학하거나 집을 살 때 훨씬 많은 혜택을 누리게 됩니다. 베이징에서 제공하는 각종 사회보장 혜택의 수혜도 물론 베이징 후코우를 지닌 사람들로 한정되구요. 베이징의 초중고등학교는 기본적으로 베이징 후코우를 가진 사람들이 들어갈 수 있습니다. 다른 지역 사람이 들어가려면 막대한 후원금을 내야 합니다. 대학도 비슷합니다. 베이징대학교나 칭화대학교처럼 베이징에 있는 대학들은 입학 정원을 정할 때 베이징 후코우를 가진 학생들에 대한 할당 비율을 가장 높게 배정합니다.

예를 들어 베이징대학교 입학 정원이 4천 명이라면 그중 500명은 베이징 지역 학생들에게 배정하고 나머지를 전국 지역별로 배정하는 방식입니다. 그 결과 각 지역의 수험생 대비 베이징대학교 합격률은 현저하게 차이가 날 수밖에 없습니다.[17] 예를 들어 베이징 지역 수험생이 베이징대학교나 칭화대학교에 합격하는 비율은 수험생 100명당 1명이었던

후코우 등록 기관
중국에는 일명 후코우로 불리는 호적제도가 있다. 사진은 쓰촨성의 바오타이전(寶台鎭) 지역에 있는 후코
우 사무 담당 등록 기관의 모습이다. 이 제도는 현대의 카스트제도로 불리며 많은 비판을 받고 있다.

데 반해, 수험생이 많은 광둥성의 수험생이 이 두 대학에 합격할 확률은
수험생 2,500명당 1명에 그쳤습니다. 베이징 후코우를 가지고 있다는
이유만으로 최고 명문으로 꼽히는 베이징대학교나 칭화대학교에 입학
하기가 훨씬 수월하다는 의미입니다. 대학입시에 민감한 우리나라에서
는 상상도 할 수 없는 일입니다.18)

거주 이전의 자유를 현저하게 제한하는 이 후코우 제도는 현대판 카
스트제도로 비판받고 있습니다. 도시와 농촌 간의 거대한 불평등은 세
계 많은 나라에 존재하지만, 특히 중국은 후코우 제도를 통해 이와 같은
불평등을 법으로 유지하고 강화하는 유일한 나라라는 지적을 받고 있습
니다.19) 물론 현재 이 후코우 제도는 많은 개선이 이루어지고 있지만 쉽
게 없애지 못하는 데에는 이유가 있습니다.

원래 후코우 제도는 마오쩌둥 시절에 식량 조달 및 곡물의 분배를 위

해 생긴 것입니다. 늘어나는 도시민에게 공급할 식량을 확보하면서 수확물을 어떻게 분배할 것인가가 기본적인 경제 과제 중 하나였던 시기입니다. 당시 농민들은 후코우 등록증을 제시하여 자신들에게 배당된 곡물을 배급받고 거주지도 지정되었습니다. 거주지 외의 지역으로 여행하면 그곳에서 배급을 보장받지 못하니 여행도 할 수 없었지요.

결국 후코우 제도는 농민이 토지에 속박당하는 결과를 초래했습니다.[20] 곡물 배급제도 등이 폐지된 현재는 후코우 제도가 농촌 인력들이 과도하게 도시로 몰려드는 것을 예방하는 기능을 하고 있습니다. 대도시로 인력이 과도하게 몰릴 경우 도시 기능이 마비될 수 있기 때문입니다. 어찌 보면 농촌의 희생을 전제로 도시를 발달시키는 정책을 펴온 결과가 바로 현재 후코우 제도의 폐해입니다. 이는 구소련에서 농업 집단화가 이루어지는 동시에 수백만 농민이 도시로 이주하여 산업노동자가 되는 도시화 과정이 동시에 이루어진 것과 다른 모습입니다.[21]

◆ 기업에 대한 통제 ◆

마지막으로 살펴볼 것은 국유기업의 강력한 영향력과 기업에 대한 통제입니다. 중국은 국가 자체가 하나의 거대한 기업과 같은 모습으로 비쳐질 때가 많습니다. 이를 상징하는 것이 수많은 국유기업들이고요. 물론 군사, 에너지 등 안보적인 이유와 국가 기간산업의 독과점적인 성격상 국유기업을 운영하는 나라는 많습니다. 다만 중국은 그 범위가 훨씬 더 넓다는 점이 다릅니다. 통신과 금융처럼 다른 국가에서는 민간 영역인 부문도 중국은 국유기업이 담당합니다. 설령 민간기업이 운영하더

풍운아 마윈
중국 알리바바그룹의 창업주 마윈은 2020년 설화 사건을 일으키면서 큰 고초를 겪은 바 있다. 이후 중국 빅테크 기업들에 대한 중국 정부의 규제가 심화되었다.

라도 이들에 대한 정부의 영향력과 통제력은 절대적입니다.

2020년 하반기 이후 알리바바 등 빅테크 기업들에 대한 중국 정부의 규제 문제가 이슈화된 바 있습니다. 기업 활동에 정부 간섭이 너무 심한 것 아니냐는 비판을 받는 부분인데, 이것이 사회주의 경제의 속성상 불가피한 결과라는 해석이 있습니다. 중국 정부는 원래 알리바바, 텐센트 등 빅테크 기업의 성장을 적극 지원해왔습니다. 아무래도 활력과 기동력이 떨어지는 데다 효율성도 낮은 국유기업들이 제4차 산업혁명을 선도해나가기는 어렵겠지요?

민간기업들이 다양한 혁신과 아이디어를 통해 성장하고 미국 주식시장에 상장하면서 미국 유수의 기업들과 어깨를 나란히 할 정도로 성장하자 중국 정부 입장에서는 기특한 일이었을 겁니다. 그런데 이런 빅테크 기업들이 커져도 너무 커진 겁니다. 엄청난 개인 데이터의 수집에 따른 정보력과 거대한 중국시장을 대상으로 올린 천문학적인 수입 등은 알리바바로 대표되는 빅테크 기업들의 영향력을 급속도로 키워왔습니다. 심지어 정부나 공산당의 말을 허투루 여기는 일까지 발생한 것입니다. 절대 용납할 수 없는 일이었죠. 소위 '테크래시(techlash)' 현상입니다. 이는 기술(technology)과 반발(backlash)의 합성어로, 과도하게 커진 빅테크 기업들의 영향력을 우려하여 국가나 민간 부문에서 이들의 부정적, 독점적 지배를 막기 위해 취하는 일련의 조치 내지 행위를 일컫는 말입니다. 중국은 정부가 이를 강력하게 추진하게 되었습니다.

널리 알려진 알리바바 사건의 전말은 대략 이렇습니다. 알리바바 산하의 금융 자회사 앤트그룹은 2020년 11월 상하이와 홍콩에서 동시에 상장해 약 350억 달러(약 45조 원)의 자금을 확보할 예정이었습니다. 중국 기업 사상 최고의 기업공개(IPO)라며 시장의 기대가 대단했었지요. 그러나 2020년 10월에 알리바바의 마윈 회장이 정부 규제 및 감독 정책을 정면으로 비판한 이른바 설화(舌禍) 사건이 발생한 이후 앤트그룹의 상장은 돌연 취소되었습니다. 물론 이 사건 하나만으로 상장이 취소된 것은 아니었습니다. 정부에 대해 쓴소리를 심심찮게 쏟아내던 마윈 회장의 행적을 예의주시하던 중국 정부가 이를 빌미로 알리바바를 비롯해 빅테크 기업들에 대한 손보기에 들어갔습니다. 빅테크 기업 규제와 관련된 규정들이 대거 쏟아지게 된 배경입니다. 그 후폭풍의 결과는 명확하게 드러났습니다. 2020년 10월 30일 기준 알리바바의 주가는 주당 293홍콩달러(HKD)였으나, 2020년 말 233홍콩달러, 2021년 말 119홍콩달러로 거의 1/3 토막이 났습니다.[22]

✦ 감시자본주의 ✦

산업화의 후발주자였던 중국은 제4차 산업혁명 시대를 선도하는 국가가 되기 위해 많은 노력을 기울이고 있습니다. 인공지능(AI)과 빅데이터 산업에 대한 대규모 투자와 정부 지원이 대표적이지요. 그러나 이 과정에서 보안, 인권, 개인정보보호 문제가 더욱 심각해지고 있습니다. 기술이 발전하면서 전 세계적으로 소위 감시자본주의(Surveillance Capitalism)[23]가 더욱 심화되고 있다는 지적입니다. 이미 권위주의적인 정치·경제 시스템을 가진 중국은 그 정도가 더욱 심해질 수 있다는 우려가 큽니다.

현재 중국 정부가 추진하고 있는 감시자본주의 사회의 모습은 매우 다양하고 범위도 넓습니다. 중국 정부는 기본적으로 첨단 디지털 기술과 플랫폼을 감시와 강압을 위한 물리적 인프라와 상호 결합하려 하고 있습니다. 소위 기술-권위주의 초강대국(techno-authoritarian superpower)을 건설하려는 시진핑(習近平) 주석의 구상입니다.[24] 디지털 기술과 빅테크 업체들을 통제하려는 중국 정부의 노력은 관련 법률을 제정하고 기구를 설치하는 등 다양한 방면에서 이루어지고 있습니다. 2017년에는 '국가정보법(國家情報法)'을 제정하여 시민과 기업에 대한 디지털 데이터를 수집할 수 있는 광범위한 법적 근거를 마련했습니다.[25] 또한 2008년부터 시행한 '반독점법(反壟斷法)'을 14년 만에 개정하면서 디지털 경제 분야 반독점 관련 조사를 명시하고 2022년부터 플랫폼 경제 및 빅테크 업체에 대한 감독을 강화했습니다.[26] 한편 2018년 국무원 직속기구로 설립된 국가시장감독관리총국(國家市場監督管理总局)에서 반독점 업무를 담당하는 부서였던 반독점국을 차관급 조직으로 분리하여 2021년 11월 국가반독점국(国家反壟斷局)을 신설했습니다. 국가반독점국은 특히 반독점법 집행1사(司)와 2사(司)를 두고 업무 내용 중의 하나로 디지털 경제 분야 반독점 관련 조사를 명시했습니다. 디지털 경제 및 플랫폼 경제에 대한 관리감독을 강화하겠다는 의지를 확실히 보여준 것입니다.

중국 정부가 2021년 '플랫폼 경제 반독점 가이드라인'에 따라 부과한 인터넷 분야 반독점 과징금만 217억 위안(약 4조 원)에 이르는 것으로 알려졌습니다.[27] 과징금을 납부한 업체에는 알리바바, 텐센트, 바이두, 디디추싱, 메이톤, 바이트댄스 등 중국 주요 빅테크 기업들이 모두 포함되어 있습니다. 이유도 가격 조작 위반, 덤핑 판매, 기업 인수합병 미신고 등으로 다양합니다.

중국 정부는 전자상거래 및 라이브커머스에 대한 규제도 강화하고 있습니다. 이와 관련해 개인정보 불법 수집 및 거래, 빅데이터를 이용한 가격 차별 등에 대해 엄격한 제재 조치를 실시하고 있습니다. 온라인 방송 진행자의 자격증 소지를 필수로 하고 16세 이하 미성년자의 생방송 진행을 금지한 것은 라이브커머스에 대한 규제 조치의 일환입니다. AI, 안면 인식 시스템, 빅데이터 등을 활용해 전 국민의 얼굴을 3초 안에 식별하는 것이 목표인 감시 프로젝트 '쉐량공정(雪亮工程)'이나 2천만 대이상의 CCTV를 이용하여 신원 파악 및 치안 유지에 활용하는 '톈왕(天網)' 프로젝트도 사회 안정을 이유로 통제를 강화하는 중국 정부의 모습입니다.

자, 어떤가요? 수많은 법률과 기구, 그리고 시스템을 통해 중국 사회가 얼마나 촘촘하게 국민들의 생활을 통제하고 있는지 짐작할 수 있습니다. 이와 같은 강력한 경제·사회적 통제와 다양한 감시자본주의 모습은 바로 사회주의 시장경제의 어두운 측면을 보여주는 대표적인 사례입니다. 다만 AI나 안면 인식 시스템 등에 대한 중국의 인식은 미국을 비롯한 다른 나라와 다를 수 있다는 지적은 경청할 필요가 있습니다. "중국에서 절대적인 기본 전제는 국가가 국민을 안전하게 지켜주기 위해 존재한다는 것이며, 오랫동안 개인이든 기관이든 노골적이고 일상적인 감시체제에서 생활해온 사회이므로 안면 인식 시스템이 미국만큼 논란이 되지 않았다"는 것입니다.[28] 세계관과 사물을 보는 인식의 차이에서 발생하는 현상입니다.

◆ 유념할 부분과 전망 ◆

중국이 계획경제 노선을 포기하면서 '사회주의 시장경제' 실현을 공산당의 강령으로 채택한 것이 1992년이니 어느덧 30년이 지났습니다. 시장과 계획이라는 두 요소를 과연 잘 조화시키고 있는 것일까요?

중국경제는 완전한 자본주의 시장경제에 가까운 듯 보이지만 본질적으로, 그리고 결정적인 순간에 나타나는 행태는 사회주의 시장경제임을 항상 유념해야 합니다. 엄청난 빈부 격차와 철저한 성과 중심주의로 나타나듯이 경제가 완전경쟁 체제로 움직이는 것처럼 보이지만 그 밑바닥에는 토지 국유화, 거대 자본가의 이익에 대한 견제, 프롤레타리아 계급의 이해 등이 숨어 있습니다. 이 부분을 제대로 알지 못하면 중국경제를 해석할 때 오해를 불러일으키기 쉽습니다.

중국공산당 장정
중국공산당 장정(章程)은 줄여서 당정(黨程) 내지 당장(黨章)으로 불린다. 중국공산당의 헌법에 해당한다.

한편 중국의 사회주의 시장경제 시스템에서 공산당의 역할이 절대적이다 보니 일부에서는 중국이 극적으로 변형된 자본주의인 당·정 자본주의(party-state capitalism) 시스템을 채택하고 있다고 지적하기도 합니다. 혹은 국가가 주도하는 국가자본주의(state capitalism)라고도 부릅니다. 이는 군대를 보유한 하나의 혁명 정당이 정부, 군대, 학교, 기업 등국가의 각 부문을 '지도하는' 레닌식 당-국가 체제의 변형이라 할 수 있습니다.[29] 결국 무늬만 자본주의인 것이지요.

이런 경향은 특히 시진핑 주석 집권 이후에 더욱 강화되고 있는 추세입니다. 경제활동에 대한 당·정 체제의 통제 강화를 위한 공산당 조직의 확장이 대표적입니다. 중국 국유기업은 물론 외국 기업을 포함한 민간기업들도 기업 내부에 공식적인 기업의 지배구조 이외에 3명 이상의 공산당원들로 구성된 당조(黨組)라는 기구를 만들어야 한다는 규정이 대표적인 사례입니다.

어찌 되었든 중국의 지도부는 현재처럼 공산당, 그리고 공산당이 지배하는 국가가 주도하는 경제 시스템이 거시경제 리스크 관리와 산업 고도화에 효율적이라는 인식을 가지고 있습니다.

이러한 입장에서 보면 중국이 개혁개방 정책을 실시한 것도 사회주의 계획경제에서 자본주의 시장경제로 전환한 것이 아닙니다. 중국은 체제 전환(Regime Change)을 추구한 것이 아니라 체제 변형(Regime Transformation)을 추구했을 뿐[30]이며, 이는 단순히 체제 내 개혁에 불과하다는 주장이 이러한 시각에서 나옵니다.

미국은 중국의 국가자본주의 시스템이 야기하는 불공정성과 시장 왜곡을 비판하면서 즉시 시정해야 한다는 입장입니다.[31] 이는 미·중 간 경제적 패권을 넘어선 체제 경쟁의 담론 영역이기도 합니다. 실제 저개발 신흥국가에서는 중국식 국가자본주의 체제가 상당한 호소력을 가지고 있습니다. 왜냐하면 상부 구조인 정치체제의 개혁 없이 경제 개방과 성장을 이룩할 수 있는 가능성을 제시하기 때문이지요.

그렇다면 앞으로는 어떻게 전개될까요? 중국이 사회주의 시장경제와 국가자본주의 체제의 성공 신화를 계속 써 내려갈 수 있을까요? 전지전능한 국가 혹은 공산당이 금융정책, 산업정책, 인력정책을 완벽하게 세워 종합적으로 안배하면서 중국이라는 거대 경제 시스템을 무사히 움직여 나갈 수 있을까요? 성공 여부는 누구도 단언할 수 없습니다. 왜냐하면 이렇게 큰 경제 규모와 상이한 경제 시스템을 가진 국가가 이처럼 놀라운 경제 성장을 이룬 사례가 없기 때문입니다.

3장

국유기업
중국경제를 지배하는 실세

중국 최고의 명주(名酒), 마오타이주

마오타이주를 만드는 귀주마오타이는 중국 주식시장에 상장된 국유기업 중 매우 드문 소비재 기업이다. 그럼
에도 불구하고 엄청난 수익성으로 말미암아 시가총액은 늘 1~3위를 차지하는 알짜 기업이다. 2022년 3월 기
준 시가총액이 3,410억 달러로 세계 23위였는데 그 바로 위인 22위가 삼성전자(3,420억 달러)였다.

◆ **마오타이 이야기** ◆

술을 좋아하는 주당(酒黨)들에게 중국 최고의 명주로 꼽히는 술이 마오타이주(茅臺酒)입니다. 진짜를 찾기 어려울 정도로 귀하다는 술입니다. 물론 마오타이주를 만드는 기업인 귀주마오타이(貴州茅臺)는 중국 주식시장에 상장되어 있습니다. 시가총액이 연말 기준으로 2020년 2,292억 달러, 2021년 3,828억 달러에 달하니 엄청난 규모입니다. 중국 전체 상장기업 중 1~3위권이지요.[1] 기업 규모나 매출 등이 상대적으로 크지 않은데도 불구하고 주가가 높은 것은 엄청난 순이익과 이에 따른 풍부한 현금 보유 능력 때문인 것으로 알려져 있습니다.

2021년 귀주마오타이의 순이익은 525억 위안(약 9.2조 원)으로 중국 최대 은행 중국공상은행(3,483억 위안, 약 61.3조 원)의 15% 수준에 달했습니다. 총자산은 0.7%에 불과했는데도 말입니다.[2] 2022년 6월 말 기준으로 귀주마오타이 주식 1주 가격이 2,060위안, 즉 약 36만 원 정도이니, 말 그대로 황제주입니다. 시가총액 기준으로 중국 최대 소비재 기업인 귀주마오타이는 국유기업입니다. 주식시장에 상장된 국유기업 중 소비재 기업이 매우 적다는 점에서 귀주마오타이는 매우 예외적인 사례라고 할 수 있습니다.[3]

흔히 중국은 국유기업 중심의 경제 시스템을 유지하고 있다고 하는데, 그럼 국유기업은 주로 어떤 분야에 있을까요? 바로 에너지, 교통, 통신, 금융 등 산업 가치사슬의 후방산업(업스트림)에 해당하는 부문입니다. 이들 부문에는 국유기업이 많고 소비재 등 전방산업(다운스트림)으로 갈수록 민영기업이 많습니다. 여기에서 전방산업이란 최종 소비자 방향

중국 최대 국유기업 스테이트 그리드
중국 최대 국유기업 스테이트 그리드(State Grid, 国家電網)는 2022년 <포춘> 선정 글로벌 500대 기업 중 3위를 차지한 대형 전력기업이다.

의 산업을 의미하고, 후방산업이란 공급업자 내지 원재료 방향의 산업을 말합니다. 에너지는 100%, 교통 · 운수는 60%, 광업은 30~50% 정도를 국유기업이 차지하고 있습니다.[4] 자본집약적인 장치산업이나 국가기간산업 등에 국유기업이 집중되어 있습니다.

중국경제에서 국유기업이 절대적인 위치를 차지하고 있다는 사실은 국제 비교에서도 잘 나타납니다. 2017년 OECD는 40개국의 국유기업 현황을 조사했습니다.[5] 당시 중국 중앙정부에 소속된 국유기업 수가 총 5만 1천 개, 기업가치는 29.2조 달러, 고용인원은 2,020만 명으로 추산되었습니다. 나머지 39개국 모든 국가의 국유기업을 합한 수가 2,467개, 기업가치가 2.4조 달러, 고용인원은 920만 명으로 추산된 점을 감안할 때 중국 국유기업이 양적인 면에서 얼마나 압도적인지를 잘 알 수 있습니다. 2022년 매출 기준으로 중국 500대 상장기업 중 국유기업이 297개로 59.4%입니다. 심지어 이들 국유기업의 순이익은 전체

순이익의 79.6%에 달했습니다.[6]

여기에서 한 가지 짚고 넘어가야 할 것은 국유기업과 국영기업의 차이입니다. 언론에서는 이 둘을 혼용하고 있습니다. 이전에는 국영기업이라고 했는데, 1993년 헌법 개정을 통해 국유기업(SOE, State Owned Enterprises)으로 명칭을 변경했습니다.[7] 소유와 경영의 분리를 강조하기 위한 의도였지요.

◆ **민영기업의 약진** ◆

중국경제에서 민영기업의 숫자가 증가하고 있는 것은 사실입니다. 2012년에 1,086만 개에서 2021년에 4,458만 개로 증가했으니 불과 10년 만에 4배 이상 늘어난 셈입니다.[8] 그 결과 민영기업의 비중도 2012년 79.4%에서 2021년 92.1%로 늘어났습니다. 다만 그럼에도 불구하고 대출액은 44%[9], 세수 기여율은 50%, 투자는 60%에 그치고 있습니다. 대출을 예로 들면 전체 기업의 단지 7.9%에 불과한 국유기업이 총대출의 56%를 가져가고 있습니다. 민영기업의 양적 증가에 걸맞은 지원이 아직 부족하다는 것을 잘 보여주는 지표들이지요. 다만 민영기업이 눈에 띄게 성장하고 있는 것만은 틀림없습니다.

미국의 경제 전문지 〈포춘〉은 매년 매출액을 기준으로 글로벌 500대 기업을 발표하고 있습니다. 2022년 이 순위에 포함된 중국 기업 136개 중 국유기업이 86개, 민영기업이 50개였습니다. 평균 자산은 각각 4,153억 달러, 2,608억 달러였으며, 평균 매출은 각각 923억 달러, 614억 달러였습니다. 최상위권 기업만을 놓고 보면 민영기업이 적어도 규모 면에서는 국유기업의 60% 정도까지 따라온 수준입니다. 더구나 효율성 측면에서는 민영기업이 국유기업을 크게 앞서고 있습니다. 총자산이익률(ROA)이 국유기업은 0.9%에 그친 데 반해, 민영기업은 그 2배인 1.7%에 달합니다. 경영의 효율성이나 이익 창출 능력 등에서 국유기업이 많이 뒤처지고 있음을 보여주는 수치입니다.

브랜드 가치 면에서는 더욱 그렇습니다. 2022년 글로벌 브랜드 가치 기준 100대 기업에 포함된 중국의 국유기업은 단 하나도 없습니다.[10] 민영기업도 우리에게는 '대륙의 실수'로 유명한 샤오미(84위, 브랜드 가치 73억 달러)와 미국의 대중국 제재의 주된 목표 기업 중 하나였던 화웨이(86위, 66억 달러) 단 2개에 불과했습니다. 중국경제 및 중국 기업들의 규모에 비해 초라한 수치입니다. 이는 상당수 중국 기업들이 거대한 내수 시장을 중심으로 성장하면서 글로벌 경쟁력은 부족하다는 것을 시사합니다. 그에 비해 우리나라 기업들은 훨씬 국제화된 모습을 보여주고 있습니다. 삼성(5위, 877억 달러), 현대(35위, 173억 달러), 기아(87위, 66억 달러) 등이 100대 기업 순위에 들었습니다.

◆ 국진민퇴(國進民退) ◆

중국경제가 성장하면 국유기업의 비중과 역할이 줄어들 것이라는 견해가 많았습니다. 앞에서 본 것처럼 민영기업의 약진으로 실제 그런 경향이 일부 나타나기도 했죠. 그러나 본질적으로는 국유기업의 역할이나 위상은 별로 변하지 않았습니다. 특히 대외적 환경의 불확실성이 높아질 때나 경기 부진 우려가 커질 때면 중국 정부는 국유기업을 중심으로

국가개발은행(China Development Bank)
중국의 대표적인 정책은행으로 국민경제의 발전을 위한 중장기대출을 주로 담당한다. 이 은행은 국유기업의 해외 진출이나 투자 활동 시 핵심적인 역할을 수행한다.

각종 정책을 실시하는 경향이 강합니다. 이런 이유로 인해 1990년대 빠르게 추진되던 국유기업의 민영화는 2004년 이후 사실상 중단된 상태입니다. 특히 2008년 글로벌 금융위기 이후 2010년대에 들어 중국에서는 소위 '국진민퇴(國進民退)11) 현상이 두드러졌습니다. 이는 '국유기업[國]은 나아가고[進] 민영기업[民]은 퇴보[退]한다'는 의미입니다. 국유기업이 오히려 더 비대해지고 영향력이 커지는 현상을 말하죠. 이는 경제활동에 대한 국가의 간여가 더 강해진다는 의미이기도 합니다. 대외 압력의 증대나 리스크 확대에 대응하는 방법으로 통제력이 강한 국유기업을 동원하는 경향이 높아지고 있기 때문입니다.

한편 요즘처럼 대내외 환경의 불확실성이 증가할 경우 취업자들이 공무원이나 국유기업을 선호하는 경향이 더 강해지게 마련입니다. 2022년 중국 대졸자 10명 중 4명은 국유기업을 취업 선호도 제1순위로 꼽았습니다. 이는 1990년대 개혁개방 이후 중국경제가 급성장할 때

외자기업이나 민영기업을 더 선호했던 것과는 비교되는 현상입니다. 재미있는 사실 중 하나는 국유기업을 선호하는 이유가 안정적이며 야근을 덜 하고 급여가 더 많기 때문이라는 것입니다. 앞의 2가지는 우리나라도 마찬가지이지만 마지막 급여 문제는 조금 다른 것 같습니다. 그러나 실제로 중국의 국유기업 임금은 민영기업보다 훨씬 많습니다. 2021년 국유기업의 평균 월급은 약 158만 원, 민영기업은 약 93만 원이었습니다.[12] 민영기업의 임금이 국유기업의 60%가 못 되는 수준입니다. 물론 잘나가는 대형 민영기업은 임금 수준이 훨씬 높겠지만 그렇지 못한 중소 민영기업이 많기 때문입니다.

이처럼 중국의 주요 산업이 국유기업에 의해 지배되는 것에 대해 미국을 비롯한 선진국들은 늘 불만을 표시해왔습니다. 공정한 경쟁 질서를 해친다는 것이죠. 국유기업들에게 국가의 보조금이 집중되고 각종 지원과 특혜가 뒤따른다는 비판입니다. 예를 들어 제3국에서 건설공사 수주를 입찰할 때 중국의 국유기업은 여타 국가 기업들보다 훨씬 더 좋은 조건의 싼 가격으로 입찰하여 계약을 따내는 경우가 종종 있습니다. 이는 해당 국유기업이 설령 그 공사에서는 이익을 보지 못한다 해도 여타 다양한 형태로 정부에서 지원받는 부가적 혜택을 감안하면 결코 손해가 아니기 때문입니다. 낮은 토지 사용료와 저금리 우대 혜택 등이 대표적인 예입니다.

◆ 국유기업 개혁의 한계 ◆

다만 최근에는 중국 국유기업도 조금씩 변화의 조짐을 보이고 있습니다.

　'한계기업' 정리와 과잉설비 해소를 목적으로 국유기업의 구조조정을 유도하는 사례가 대표적입니다. 한계기업이란 영업활동에 따른 현금흐름이 마이너스를 기록하는 등 재무구조가 부실하여 생존에 어려움을 겪는 기업으로 흔히 '좀비기업(zombie company)'으로 불립니다. 국유기업이라 해도 부실한 기업들은 정리하겠다는 의미입니다.

　그 일환으로 2020년 6월에는 종래의 상업형 국유기업을 2가지 종류로 나눈다는 방침도 발표했습니다. 시장경쟁이 활발하고 글로벌 경쟁에도 노출된 상업 1형과, 국가 전략적 목표와 직결되는 핵심 산업을 영위하는 2형으로 나누어 재분류하겠다는 것입니다. 이렇게 되면 1형은 민영기업과 비슷한 위치에서 국가의 간여를 최소화하면서 운영할 수 있을 거라는 기대가 있습니다. 다만 예정대로 이 방침이 잘 준수될지는 지켜봐야 합니다. 왜냐하면 국유기업 개혁은 관련 당사자 간의 갈등과 이해 상충으로 쉽게 해결될 수 있는 문제가 아니기 때문입니다.

　민간의 자율과 창의성이 발휘될 여지가 적은 국유기업은 최대한 줄이고 이들을 민영화하는 것이 옳은가 하는 질문에 쉽게 '그렇다'라고 자신할 수 없습니다. 특히 사회주의 국가인 중국은 더욱 그렇습니다. 우선 쉽게 떠올릴 수 있는 문제가 고용입니다. 효율성 극대화를 위해 인건비를 줄이고 최소한의 인원으로 최대한의 업무를 수행하는 것이 옳은 방법이겠지요. 그러나 그로 인해 일자리를 잃게 되는 수많은 노동자들은 어떻게 해야 할까요? 바로 여기가 경제적 효율성보다 정치적 안정성이 더 중요한 지점입니다. 중국 정부와 중국공산당 입장에서는 국유기업을 민영화해서 효율성을 높이고 추가 이익을 창출하는 것보다, 더 많은 노동자가 고용되어 임금을 받고 정상적인 경제생활을 영위하는 것이 훨씬 중요합니다. 따라서 때로는 잉여 노동력처럼 보이는 노동자의 존재가 정당화될 수 있습니다.

2008년 베이징에서 주재원 생활을 할 때의 이야기입니다. 8월의 베이징 올림픽을 앞두고 각 지하철역에는 엑스레이 소지품 검사대가 생겼습니다. 크기는 작지만 흔히 공항에서 볼 수 있는 바로 그 검사대입니다. 직원 서너 명이 달라붙어서 일하고 있었습니다. 러시아워 시간에는 줄을 좀 서야 했지만 그 외에는 여유가 있었습니다. 직원들도 대부분 별로 하는 일이 없는 것 같았습니다. 그렇다면 올림픽이 끝난 후에는 소지품 검사대가 없어졌을까요? 그렇지 않습니다. 계속 운영되었습니다. 추측건대 이 일을 하던 노동자들의 고용 문제 때문이라고 생각합니다. 명분이야 갖다 붙이면 되는 것이고요. "올림픽이 끝났지만 지하철 안전은 여전히 중요하다. 언제 어떤 수상한 인물이 위험물질을 가지고 지하철을 탈지 알 수 없다. 그러니 계속 소지품 검사를 할 필요가 있다"라는 논리입니다.

중국의 국유기업 개혁이 어려운 또 하나의 이유는 독점적으로 벌어들이는 막대한 이익이 곧 중국공산당 지배력의 원천이라는 점입니다. 막대한 경제적 과실과 분배 결정권을 중국공산당이 가지고 있어야 통치의 안정을 꾀할 수 있습니다. 어느 조직이나 인사권과 예산권이 가장 강력한 권력인 것은 두말할 나위 없습니다. 예를 들어 중국공산당의 인사와 예산을 담당하는 조직부장(組織部長)이 중국의 최고지도자 그룹 25명으로 구성되는 중앙정치국 위원에 포함되는 것을 보면 이를 잘 알 수 있습니다.

그런데 중국의 대형 국유기업 최고경영자(CEO)는 정부 부처의 장·차관과 비슷한 정치적 지위와 배경을 가지고 있는 경우가 많습니다. 충성도 높은 공산당원인 것은 당연합니다. 유능한 공산당원이 중앙정부 부처와 지방행정기관, 국유기업 임원 자리를 옮겨 다니는 것도 흔한 사례입니다. 중국에서 국유기업은 기업의 성격보다 국가기관의 성격이 훨씬 더 크다는 해석이 나오는 배경입니다.

선진국에서 중국 국유기업의 비효율성과 차별적 우대 조치를 아무리 비판해도 본질적인 개혁이 쉽지 않은 이유가 여기에 있습니다. 결국 중국의 국유기업 개혁은 중국공산당의 개혁을 의미하므로 쉽게 이루어질 수 있는 문제가 아닙니다. 물론 국유기업의 비효율성이 중국만의 문제는 아니지만 중국은 그 정도가 더 심각합니다. 그렇지만 앞에서 이야기한 이유를 감안하면 이 문제는 매우 오랫동안 중국경제의 효율성을 저해하는 요인으로 남을 것입니다.

중국인민은행
정부에 속한 비독립기관

중국인민은행(PBC)

중국인민은행은 우리의 한국은행과 달리 정부에서 독립된 기관이 아니라 중국의 행정부라 할 수 있는 국무원 소속의 정부 부처 중 하나이다. 소속 직원 수가 12만 명이 넘는 거대 조직으로서 직속기구로는 신문사와 출판 사는 물론이고 우리의 조폐공사에 해당하는 중국조폐공사(中國印钞造幣總公司)도 있다.

◆ 주요 경제부처 ◆

앞에서 중국 경제 정책의 큰 틀은 중공중앙이 결정한다고 했습니다. 그리고 실제 세부 정책을 수립하고 관련 법령을 수립하여 집행하는 역할은 국무원 산하 각 경제부처가 담당합니다. 구체적으로 어떤 부처들이 있을까요?

우선 중국 경제부처의 핵심으로 '국가발전개혁위원회'를 꼽을 수 있습니다. 과거 우리나라의 '경제기획원'과 비슷한 조직인데, 더 막강한 정부부처입니다. '작은 국무원'이라는 별명이 붙을 정도입니다. 이는 당초 국가발전개혁위원회의 전신인 '국가계획위원회'가 경제발전 5개년계획을 담당하면서 주요 경제부처를 총괄하기 위해 설립된 조직이기 때문입니다.[1] 거시경제 정책의 사령탑으로서 재정, 금융, 산업, 무역 등 경제와 관련된 거의 모든 사항을 다룬다고 보면 됩니다. 재미있는 것은 이 위원회 수장의 직책이 '주임(主任)'이라는 것입니다.[2] 우리나라에서는 주임이 비교적 낮은 직책인 데 반해, 중국에서는 폭넓게 사용되고 있습니다. 장관급부터 작은 기업의 대리급까지 모두 주임으로 불립니다. 따라서 단순히 명함상의 주임이라는 직책만으로 상대방의 지위를 판단하면 실수할 수 있으니 주의가 필요합니다.

여타 경제 관련 정부부처로는 재정을 담당하는 재정부, 산업을 담당하는 상무부 등이 있습니다. 한·중·일 3국 재무장관 회담을 할 경우 중국의 재정부장이 우리나라의 기재부 장관과 만나는 것을 보면 조금 격이 맞지 않는다는 생각이 들기도 합니다. 우리의 기재부는 사실 국가발전개혁위원회와 재정부의 기능을 합쳐놓은 것과 같은 기관이기 때문입니다.

◆ 중국인민은행의 성격 ◆

주요 경제부처 중 하나로 중앙은행인 중국인민은행(中國人民銀行, People's Bank of China)이 있습니다. 한국은행이나 일본은행처럼 중국의 중앙은행을 중국은행으로 잘못 알고 있는 사람도 있는데 그렇지 않습니다. 물론 중국은행은 1912년 설립 이후 1948년까지 중국의 중앙은행 역할을 했습니다. 그러나 1949년 이후로는 중앙은행 업무에서 벗어나 국가 외환관리 및 국제무역 결산 중심 은행으로 바뀌었습니다. 현재 중국은행은 중국의 대형 국유상업은행 중 하나입니다. 사실 중국의 공식 국가 명칭이 중화인민공화국(中華人民共和國, People's Republic of China)인 점을 감안하면 중국인민은행이 중국의 중앙은행으로 생뚱맞다고는 할 수 없을 것입니다.

그러면 여기서 질문 하나! 중국인민은행이 중앙은행의 기능을 완전하게 수행하고 있을까요? 결론을 먼저 말씀드린다면 조금 불완전하다고 할 수 있습니다.

우선 조직 면에서 중국은 우리나라를 비롯한 여타 국가와는 본질적으로 다른 점이 있습니다. 중앙은행이 정부에서 독립된 별도의 기관이 아니라 중국의 행정부인 국무원에 소속된 정부부처의 하나로 존재한다는 것입니다. 참고로 중국인민은행 총재는 26개 정부부처의 수장 가운데 서열 25번째입니다. 외교부 장관, 국방부 장관의 순인데 앞에서 언급한 국가발전개혁위원회 주임이 바로 세 번째 서열입니다. 세계 각국의 중앙은행이 정부, 즉 좁은 의미의 행정부와 독립적으로 존재하는 이유는 통화정책과 물가 안정이라는 본연의 업무를 잘 수행하기 위해서입니다. 이러한 점에서 중국인민은행은 한계가 있다고 볼 수 있습니다. 기관의 독립성이 미흡하다는 의미이지요.

사실 중국인민은행이 통화정책을 독점적으로 수행하는 진정한 중앙은행으로 전환된 1993년 당시에, 미국의 연방준비제도나 독일의 분데스방크처럼 국무원에서 독립되어야 한다는 주장이 있었으나 받아들여지지 않았지요.[3] 그럼 중국인민은행이 통화정책을 독자적으로 결정할까요? 역시 그렇지 않습니다. 중국인민은행은 하나의 정부부처에 불과하므로, 정부와는 독립된 중앙은행을 두고 있는 여타 주요국과는 다른 상황입니다. 당연히 금리와 지급준비율 등 통화정책은 국무원이 결정합니다.

그럼 중국인민은행의 역할은 무엇일까요? 우선 국무원 상무회의에서 통화정책을 결정할 때 회의의 구성원으로 참여하여 목소리를 내고 필요한 건의를 합니다. 여기서 말하는 국무원 상무회의란, 총리가 주재하여 각 부처 장관 등이 모이는 내각회의를 말합니다. 통상 한 달에 2~3회 모임을 가집니다. 중국 정부의 구체적인 정책 방향 등에 대해 논의하며 회의 결과도 발표됩니다. 중앙은행의 본질상 중국인민은행은 물가 안정을 중시하는 기본 입장을 가지고 있으며 관련 의견을 내는 것으로 알려져 있습니다. 이에 반해 국가발전개혁위원회 및 재정부 등 여타 경제부처는 아무래도 경제 성장에 방점을 두고 있기에 완화적인 통화정책의 필요성을 더 강조하는 경우가 많다고 합니다. 그리고 중국인민은행은 통화정책 집행기관으로서의 역할을 합니다. 공개시장 운영을 통해 유동성을 조절하는 것이 대표적이지요.

중국 통화정책의 변화와 관련된 내용도 중국인민은행이 아니라 국무

국무원 초대 총리 저우언라이
중국의 통화정책은 실질적으로 국무원이 결정한다. 국무원의 수장인 총리는 행정부를 총괄하는 역할을 한다. 국무원 초대 총리 저우언라이(周恩来, 우측)는 1949년~1976년까지 무려 28년간 재임했다. 좌측은 베트남 독립 영웅 호치민이다. 둘은 청년 시절 프랑스에서 처음 만나 수십 년간 우의를 지속한 사이다. 한편 저우언라이는 중국인들이 제갈량과 함께 역대 최고의 재상으로 꼽는 인물이다.

원에서 먼저 나오는 경우가 많습니다. 국무원 상무회의 결과에 대한 보도자료 혹은 국무원 총리의 연설 등에서 통화정책의 변화를 언급하면 며칠 후 중국인민은행이 홈페이지를 통해 정식으로 발표하죠. 2019년 6월부터 2022년 4월까지 중국에서는 일곱 차례에 걸쳐 지급준비율[4] 조정이 있었습니다. 그중 다섯 번은 국무원 상무회의에서, 두 번은 총리의 연설문에서 먼저 언급하고 나서 며칠 후 조정되었습니다.[5] 중국인민은행에서 먼저 통화정책 변화를 언급하며 정책을 조정한 사례는 이 기간 중 단 한 번도 없었습니다.

한편 중국인민은행과 업무 연관성이 밀접한 조직으로, 우리의 금융위원회 및 금융감독원 기능을 합해놓은 금융감독 기구인 중국은행보험감독관리위원회와 중국증권감독관리위원회가 있습니다.[6] 각각 은행·보험과 증권 감독 업무를 담당하고 있습니다. 하나 덧붙인다면 중국인민은행이 국무원을 구성하는 26개 정부부처 중 하나인 데 반해, 이 2개의 금융감독 기구는 국무원 소속의 직속법인[7]으로 위상은 중국인민은행보다 낮다고 할 수 있습니다. 결국 종합한다면 중국인민은행은 중앙은행으로서 독립성은 낮지만 금융을 총괄하는 경제부처로서 위상은 높은 기관입니다. 이런 이유로 인해 중국인민은행은 '중국금융의 큰엄마(大媽)'라는 별칭으로 종종 불리곤 합니다.

◆ 중국의 기준금리 ◆

이 부분은 조금 복잡할 수 있는 이야기이므로 관심 없는 분들은 건너뛰어도 됩니다. 바로 중국의 기준금리에 대한 것입니다. 우리나라의 경우 한국은행이 1년에 여덟 차례 열리는 금융통화위원회를 통해 결정하는 정책금리가 바로 기준금리입니다. 이 금리는 한국은행과 금융기관 간 자금 거래를 할 때 기준으로 적용되며, 이에 연동되어 은행의 예금 및 대출 금리도 함께 변하므로 매우 중요한 역할을 수행하는 경제지표입니다. 그렇다면 중국은 어떨까요? 물론 중국인민은행도 통화정책위원회를 두고 있으나 이는 정책 결정 기구가 아니라 단순 자문 기구에 불과합니다. 앞에서 중국인민은행은 실질적으로 통화정책을 결정하는 기관이 아니라고 했는데, 그럼 기준금리 결정에도 간여하지 않는 것일까요?

2022년 현재 중국 금융시장에서 기준금리 역할을 하는 것은 대출우대금리(LPR)[8]입니다. 중국인민은행이 매월 20일에 발표하죠. 18개의 주요 상업은행들이 중국인민은행에 자신들의 대출우대금리를 보고하면 이를 종합하여 발표하는 시스템입니다. 원래 대출우대금리는 각 상업은행이 그들의 최우수 고객에게 대출해주는 금리를 말합니다. 이를 기준으로 각 은행들은 대출자 신용도 등에 따라 금리를 적절하게 가감하여 대출금리를 결정합니다. 2022년 9월을 기준으로 전체 금융기관의 대출 중 대출우대금리 내지 그 이하의 금리를 적용받는 대출의 비중이 39%였습니다.[9] 소위 양호한 고객으로 분류될 수 있는 대출자에게 빌려준 돈의 비중이 이 정도 된다는 의미입니다.

　이처럼 각각의 상업은행이 보고한 대출우대금리를 중국인민은행이 종합하여 대출우대금리를 산정한다면 중국인민은행의 정책 의도[10]가 개입될 여지는 전혀 없는 것일까요? 중국인민은행은 단순히 취합만 하는 것일까요? 그렇지 않습니다. 왜냐하면 개별 상업은행의 대출우대금리는 중국인민은행의 중기유동성지원창구(中期借貸便利, Medium term Lending Facility) 금리에 각 은행이 얼마를 가산(+a)하는 방식으로 산정되기 때문입니다. 또 어려운 용어가 등장했네요! 여기에서 중기유동성지원창구는 중국인민은행이 상업은행을 대상으로 3~12개월 동안 부족한 자금을 대출해주는 제도입니다. 중국인민은행은 이 중기유동성지원창구의 금리를 조정하여 각 상업은행의 대출우대금리를 조정할 수 있습니다. 즉, 전체 은행의 대출금리 조정이 중기유동성지원창구 금리 조정으로 시작되는 것입니다.

　사실 2019년까지만 해도 중국 금융시장에서 기준금리 역할을 하는 금리는 1년 만기 상업은행 대출금리였습니다. 중국인민은행이 상업은행의 대출 및 예금 금리를 직접 정하여 고시했고 각 은행들은 이를 그대로 따랐습니다. 당연히 은행별 금리 차이는 기본적으로 없었지요. 그러나 2020년부터 기준금리가 대출우대금리로 변경되었습니다.[11] 이는 과거보다 금융기관들의 자율성이 확대되었다는 점에서 의미 있는 조치였습니다. 물론 지금도 중국인민은행이 정하는 중기유동성지원창구 금리를 바탕으로 각 은행이 대출우대금리 및 기타 세부 대출금리를 정하는 것은 맞지만 이전보다는 훨씬 탄력성이 있습니다. 빌려줄 때 얼마만큼의 금리를 가산할지 등이 모두 자율적으로 결정되기 때문입니다.

한편 중국인민은행이 고시하는 대출우대금리에는 2022년 11월 현재 1년물과 5년물이 있습니다. 특히 5년물은 부동산 대출금리의 기준 역할을 하고 있는데, 대부분의 부동산 대출금리는 5년 만기 대출우대금리와 연동되어 있는 상황입니다. 예를 들어 첫 번째 주택 구입자는 5년 만기 대출우대금리를 적용하고, 두 번째 주택 구입자는 5년 만기 대출우대금리+50bp[12]를 적용하는 식입니다. 물론 수요가 많은 대도시는 가산금리가 더 올라가는 경우가 일반적이지요.

2022년 11월 기준으로 5년 만기 대출우대금리는 4.30%였습니다. 이에 따라 많은 도시에서 첫 번째 주택 구입자에 대한 대출금리는 4.30%였습니다. 그러나 상하이는 4.95%, 베이징은 4.85%로 더 높은 수준이었습니다. 또 하나 유의할 것은 1년물과 5년물 대출우대금리는 동시에 조정되지 않는 경우도 흔하다는 점입니다. 2022년 5월의 경우가 하나의 사례입니다. 전반적인 금융시장 상황에서 금융 완화의 필요성이 적었지만, 부동산시장의 부진이 지속되면서 부동산 거래 활성화의 필요성은 커진 시기였습니다. 당시 중국인민은행은 1년물 금리는 동결한 반면 모기지대출의 기준이 되는 5년물 금리는 0.15%p 인하하는 조치를 취했습니다.

이와 같은 금리 조정 정책은 중국인민은행이 과거의 양적인 통화정책에서 점차 벗어나 시장 친화적인 정책으로 중점을 이동하고 있는 추세임을 보여줍니다. 중국은 2017년까지만 해도 연초에 통화량(M2) 증가율 목표[13]를 발표했습니다. 그리고 이 통화량 조절을 중요한 통화정책 수단으로 사용했지요. 이전에는 은행들의 연간 대출 규모도 지정하여 규제하곤 했습니다. 이전에는 직접적으로 자금의 양을 통제하는 방식이었다면 이제는 점점 자금의 비용인 금리를 통제하는 방식으로 변해가고 있는 상황입니다. 결국 중국인민은행의 최근 행보는, 중국 통화정책과 금융시장이 매우 느리기는 하지만 조금씩 선진화되어 가고 있음을 시사합니다.

◆ 중국의 은행 종류 ◆

2022년 7월 중국 허난성과 안후이성의 지방 중소은행 다섯 곳에서 뱅크런 사태가 발생하면서 큰 이슈가 된 바 있습니다. 우리나라 언론에도 관련 내용이 많이 보도되었지요. 예금주 수천 명이 중국인민은행 허난성 지점 앞에서 시위했으며[14], 피해 규모만 400억 위안(약 7조 원)에 이르고, 최악의 경우 중국 금융시장 전체에 위기가 발생할 수 있다는 설명도 있었습니다.

보도 내용은 대부분 사실이었지만 중국 은행업의 구조를 잘 모르는 상황에서 들으면 조금 과장되게 해석할 수 있는 측면이 존재합니다. 가장 큰 부분은 지방은행 혹은 중소은행이라는 표현입니다. 문제가 된 은행들은 말이 은행이지 엄밀히 말해 은행이 아닙니다. 우리나라로 치면 신용협동조합 내지 상호금융조합과 비슷하다고 할 수 있습니다. 이들

상하이은행

상하이은행은 대표적인 도시상업은행이며, 중국에서 '시스템적으로 중요한 19개 은행(2022년)' 명단에 포함되는 대형은행이다.

다섯 곳은 '촌진은행(村鎭銀行)'으로 불리는데, 중국에서 일정한 소규모 농촌 지역을 대상으로 금융 업무를 수행하는 농촌금융기관을 말합니다. 전국에 1,600개가 넘습니다.

정리해보면 중국에서 은행업을 영위하는 금융기관은 크게 상업은행, 농촌금융기관 및 기타 금융기관으로 나눌 수 있습니다. 상업은행에는 2022년 7월 현재 국유대형상업은행(6개), 주식제상업은행(12개), 도시상업은행(147개), 민영은행(19개), 외자은행(41개)이 있습니다. 이들이 우리가 흔히 말하는 진정한 의미의 은행이라고 할 수 있지요. 한편 농촌금융기관에는 농촌상업은행, 농촌합작은행, 농촌신용사, 그리고 위에서 말한 촌진은행이 포함되며 총 3,847개입니다. 이상을 종합하면 현재 중국에서 은행이라고 이름 붙은 금융기관만 4천 개가 넘습니다. 당연히 각각의 비중이나 역할도 천차만별입니다.

중국 은행업의 핵심은 위에서 언급한 상업은행 225개라고 할 수 있습니다. 그중 국유대형상업은행, 주식제상업은행 및 도시상업은행 등 165개가 중심입니다. 이들의 총자산이 은행업 전체에서 차지하는 비중은 70%가 넘습니다. 어느 정도 이상의 규모이며 증권시장에 상장도 많이 되어 있습니다. 2022년 6월 말 현재 중국의 은행 중 중국 본토와 홍콩 증권시장에 상장되어 있는 은행은 총 59개입니다.[15] 구체적으로 보면 국유대형상업은행 6개, 주식제상업은행 10개, 도시상업은행 30개 및 농촌상업은행 13개입니다. 여기에서 유추해볼 수 있듯이 농촌금융기관 중에는 농촌상업은행이 그나마 가장 규모가 큽니다.

한편 중국인민은행과 은행보험업감독관리위원회는 '시스템적으로 중요한 은행(Systemically Important Bank)' 명단을 매년 발표하고 있습니다. 이는 규모, 복잡성, 금융시장 내 상호 연계성 등으로 금융 시스템 리스크에 미칠 영향이 큰 은행을 말합니다. 2022년 이 명단에 포함된 은행은 총 19개였으며 국유대형상업은행 6개, 주식제상업은행 9개, 도시상업은행 4개였습니다.[16]

여기에서 잠깐, 중국의 은행들이 규모가 얼마나 큰지 감이 잘 안 잡힐 겁니다. 중국의 일반 국민들에게 은행 하면 떠오르는 것은 크게 중국공상은행, 중국건설은행, 중국농업은행 및 중국은행입니다. 바로 앞에서 언급한 국유대형상업은행에 속하는 은행들입니다. 가장 큰 은행인 중국공상은행의 2022년 상반기 말 기준 총자산은 약 6,811조 원이었습니다. 우리나라에서 가장 큰 은행인 국민은행의 총자산이 474조 원이었으니 약 15배 더 큰 수준입니다. 물론 총자산이 크다고 해서 중국의 은행들이 수익성이나 건전성 면에서도 우수한 것은 아닙니다.

다시 중국공상은행과 국민은행을 비교해볼까요? 2022년 상반기 총

중국 최초의 민영은행인 위뱅크
중국 최초의 민영은행 위뱅크는 IT 기업 텐센트가 2014년 설립했고, 2021년 총자산이 4,387억 위안(약 77조 원)에 이를 정도로 급속히 성장했다.

자산순이익률(ROA)은 중국공상은행 0.93%, 국민은행 0.67%였습니다. 중국공상은행이 확실히 돈을 잘 벌고 있다는 의미입니다. 그러나 건전성을 나타내는 대표적인 지표인 무수익여신비율은 중국공상은행이 1.41%로 국민은행(0.14%)의 10배에 달했습니다. 그만큼 부실채권이 많다는 말이니 리스크 또한 당연히 크겠지요. 실제 중국공상은행과 국민은행의 국제신용평가사 신용등급을 보면 국민은행이 중국공상은행보다 한 단계 높은 등급입니다. 2022년 6월 말 기준으로 S&P의 경우 국민은행이 A+, 중국공상은행이 A였으며 무디스(Moody's)의 경우도 국민은행이 Aa3, 중국공상은행이 A1이었습니다.

한편 농촌금융기관은 그 수에 비해 규모가 매우 작습니다. 농촌금융기관 전부를 합한 총자산이 은행업 전체에서 차지하는 비중이 13.7%에 불과합니다. 따라서 방대한 수를 감안할 때 농촌금융기관 하나하나가 차지하는 비중은 매우 미미하며 설령 문제가 발생해도 중국 금융시장에 미치는 영향은 극히 적다고 할 수 있습니다. 1,600개가 넘는 촌진은행 중 5개의 기관에서 문제가 발생했다고 해서 중국의 금융위기를 운운하는 것은 그야말로 침소봉대(針小棒大)라고 할 수 있습니다. 우리가 중국 금융 시스템을 잘 모를 때 오류를 범하기 쉬운 대표적인 사례라 할 수 있습니다.

물론 누군가는 "이들 5개의 촌진은행 자체가 중요한 것이 아니다. 경제는 심리가 중요하다. 이들 촌진은행이 부도나면서 금융기관에 대한 불신과 불안 심리가 중국 전체 금융시장으로 확대될 가능성이 있다는 것이 중요하다"라고 반박할 수 있습니다. 맞는 말입니다. 다만 중국 은행업 전체 구조에 대한 이해가 선행된다면 과도한 우려는 할 필요 없다는 점을 말씀드리고 싶은 것입니다. 더구나 은행업의 핵심인 국유 대형상업은행에 대한 국민들의 믿음이 굳건하다면 더욱 그러합니다. 극단적으로 말해 이들 국유 대형상업은행은 중국 정부가 망하지 않는 한 망할 가능성이 없는 금융기관이라 할 수 있겠지요.

한편 정부가 은행을 사실상 지배하고 있는 중국에도 민간자본이 100% 투자한 민영은행이 2014년 처음으로 설립되었습니다. IT 기업 텐센트가 대주주인 위뱅크(Webank, 微衆銀行)입니다. 이후 알리바바가 대주주인 마이뱅크(Mybank, 網商銀行) 등이 차례로 설립되면서 2022년 7월 기준으로 19개 민영은행이 영업 중입니다.

물론 민영은행들이 전체 중국 은행산업에서 차지하는 비중이나 역할은 아주 미미한 수준이지만 발전 속도는 빠릅니다. 예를 들어 위뱅크의 총자산은 2017년 817억 위안에서 2021년 4,387억 위안(약 77조 원)으로, 순이익은 15억 위안에서 69억 위안(약 1.2조 원)으로 약 5배 증가했습니다. 참고로 2022년 3월 기준으로 우리나라의 대표적인 인터넷 은행 카카오뱅크의 총자산은 39조 원, 토스뱅크는 22조 원 수준이니 위뱅크의 규모가 어느 정도인지 대략 짐작할 수 있습니다.

5장

농민공

도시에 거주할 자격은 따로 있다?

중국 선전(深圳) 외곽의 농민공 임시 거주지

농촌 출신으로 도시 지역에 진출하여 제조, 건설, 서비스 산업 등에 종사하는 이주 노동자들을 농민공(migrant worker)이라고 한다. 이들이야말로 저임금으로 막대한 노동력을 공급하면서 중국 경제 성장에 핵심적인 역할을 수행한 공헌자들이다.

◆ 임금체불 문제 ◆

20여 년 전인 2003년 10월의 일입니다. 당시 중국의 원자바오(溫家寶) 총리가 충칭(重慶) 지역을 시찰할 때 작은 사건이 하나 발생합니다. 우리도 그런 경우가 많지만 중국처럼 폐쇄적인 사회에서 국가 지도자가 일반 국민과 이야기할 때는 사전에 약속된 사람이 미리 정해진 주제를 가지고 각본에 따르는 경우가 대부분입니다. 이날도 각본대로 잘 흘러가고 있던 중에 문득 시옹더밍(熊德明)이라는 촌부가 예정에 없던 돌출 발언을 합니다. "남편이 대도시에 가서 공사 현장 일을 했는데, 1년치 임금을 받지 못해 고향에 돌아오지 못하고 있습니다. 총리께서 좀 도와주세요." 수행했던 관리들 얼굴이 사색이 되었습니다. 농민공(農民工, migrant worker)의 임금체불 문제가 사회적 이슈로 크게 떠오른 순간이었습니다.[1]

이번 이야기의 주제는 중국 사회의 가장 큰 아킬레스건 중의 하나인 농민공 문제입니다.

◆ 도시화 ◆

우선 도시화 이야기부터 해볼까요? 도시화란 간단히 말해 삶의 기반이 도시가 되는 것을 말합니다. 그리고 도시화율이란 전체 인구 중 어느 정도가 도시에 살고 있는지를 백분율로 나타낸 것입니다. 흔히 선진국일수록 도시화율이 높다고 이야기합니다. 그러면 중국의 도시화율은 어느 정도일까요? 바로 여기에서 중국의 독특한 제도로 인한 특이점이 발생합니

상하이 야경
중국 최대 상업 도시 상하이는 농민공이 가장 많이 진출하여 일하는 곳 중 하나이다. 상하이 전체 상주인구
2,487만 명 중 상하이 후코우 보유자는 952만 명에 불과하다. 나머지 인구 중 상당수가 농민공이다.(2020
년 기준)

다. 앞에서 이야기한 후코우 제도로 인해 중국의 도시화율은 2가지가
존재합니다. 실제 도시화율과 후코우 기준 도시화율입니다. 실제 도시화
율은 말 그대로 실제 도시에서 생활하고 있는 인구를 전체 인구로 나눠
서 산출하는데, 2021년 기준으로 64.7%였습니다. 2017년에 60.2%였
으니 매년 약 1%p씩 상승하는 셈입니다. 그런데 이를 진정한 의미의 도
시화율로 보는 데는 문제가 있습니다. 도시에 살고 있다는 의미가 무엇
일까요? 도시에서 일하고 도시에서 생활을 영위하면서 도시가 제공하는
주택, 의료, 교통, 사회보장 등 다양한 방면의 각종 서비스를 누린다는
의미가 아닐까요? 그런데 중국에서 64.7%의 인구가 이런 도시 생활을
누리고 있느냐 하면 그렇지 않습니다. 도시에 살면서 일하고는 있지만
도시가 제공하는 서비스에서 제외되는 사람들이 많기 때문입니다. 바로
도시 후코우를 가지고 있지 않은 사람들입니다.

그러면 도시 후코우를 가지고 진정한 의미의 시민 생활을 누릴 수 있는 사람의 비율은 얼마일까요? 바로 46.7%입니다. 이를 인구수로 따져 보면 실제로 도시에서 살고 있는 사람은 약 9.1억 명인 데 반해 도시 후코우를 가지고 도시에서 살고 있는 사람은 6.6억 명에 불과하다는 이야기입니다. 그 차이가 2.5억 명에 달합니다. 이들 대부분이 바로 농민공입니다.

농민공이란 농촌 후코우를 가지고 있는 농민이 도시로 이동하여 제조업, 건설업 및 서비스업 등에 종사하는 것을 말합니다.[2] 2021년 말 기준으로 전국 농민공 수는 2억 9,251만 명입니다. 약 10년 전인 2012년보다 2,990만 명이 늘어난 수치입니다. 개혁개방 초기인 1980년대 초만 해도 농민공 수는 약 200만 명에 불과했으나 이후 경제개발 가속화에 따라 급속히 증가하면서 1980년대 후반에는 이미 3천만 명을 돌파했습니다. 농민공 규모가 얼마나 빠르게 확대되었는지 추측할 수 있는 수치입니다.

중국에서 농민공의 지위는 미국 도시에서 일하는 멕시코계 불법 이민자들과 유사하다는 지적이 있습니다.[3] 도시에서 소득 창출을 하고 고향에 돈을 송금해서 자신뿐만 아니라 고향 마을의 경제 발전에 기여하지만 차별과 혹사의 대상이라는 것입니다.

◆ 농민공의 역할과 미래 ◆

농민공들은 도시 후코우를 취득할 수 없기 때문에 임시거주증(暫住證)을 발급받아서 취업하는 경우가 많습니다. 우리나라의 1970년대에 농촌 지역 사람들이 일자리를 찾아 대도시로 모여들었던 것과 같은 상황입니다. 물론 우리나라는 주민등록을 쉽게 옮길 수 있었죠. 척박한 농촌에서 최소한의 생계를 잇기도 어려운 다수의 농민들이 급속한 경제개발로 인해 노동력이 부족해진 도시로 모여들면서 등장한 용어가 바로 농민공입니다. 2021년 기준으로 도시가계 평균 가처분소득은 농촌가계보다 2.5배 정도 더 많았습니다.[4] 농촌에서 적절한 소득 창출이 쉽지 않음을 보여주는 수치입니다. 간단히 말해 중국에서 농촌 인력의 선택은 3가지입니다. 농사를 짓거나, 농업을 그만두고 해당 지역의 비농업 부문에 종사하거나, 거주지를 떠나 도시로 이주하여 제조업 및 서비스업에 종사하는 것이죠. 더 많은 소득을 얻기 위해 마지막 선택지를 택한 사람들이 농민공입니다.

중국이 급속한 경제 성장을 이룰 수 있었던 요인으로 꼽히는 것 중의 하나가 바로 양질의 저렴한 노동력입니다. 농민공이 바로 그 주역이라 할 수 있습니다. 그러나 농민공들은 그들의 역할과 경제 성장에 기여한 것에 비해 너무 열악한 대우를 받고 있습니다. 서두에서 이야기한 임금체불 문제가 대표적입니다. 그때로부터 20여 년이 지난 지금도 농민공의 임금체불은 여전히 엄청난 규모입니다. 특히 하도급에 재하도급을 주는 구조에서 책임 소재 등이 얽히며 실제 농민공의 임금체불 문제는 쉽게 해결되지 못하고 있습니다.

중국 정부는 2018년부터 농민공 임금체불 악덕 업체 명단을 주기적으로 발표하고 임금보장 조례를 제정하는 등 이 문제를 해결하기 위해 노력하고 있지만 임금체불 업체의 수가 쉽게 줄어들지 않는 상황입니다. 예를 들어 인력자원사회보장부가 2021년 12월에 공표한 2021년

제3차 농민공 임금체불 악덕 업체 명단에는 15개 기업의 사명, 대표자, 임금체불액 등이 상세하게 공개되었습니다. 업체별로 임금체불액이 적게는 10만 위안(1,800만 원)에서 많게는 391만 위안(7억 원) 수준이었습니다. 물론 이 명단에 나타난 임금체불 현황은 전체 실상에 비하면 빙산의 일각에 불과합니다. 전국 평균 임금체불 비율이 0.18%라는 점을 감안할 때, 2021년 말 현재 약 53만 명의 농민공들이 밀린 임금을 받지 못하고 있는 상황입니다.

　농민공들은 도시에서 생활하고 있지만 도시의 혜택을 누릴 수 없습니다. 도시에서 집을 매매할 수도, 자녀를 학교에 보낼 수도, 병원에 갈 수도 없습니다. 물론 불가능한 것은 아닙니다. 현실적으로 대부분의 농민공들에게는 불가능한 엄청난 비용을 지불한다면 말이죠. 또한 부모가 모두 도시로 떠나 농민공 생활을 하게 됨에 따라 어쩔 수 없이 농촌에 남아 조부모나 다른 친척과 함께 살고 있는 아동의 수도 6천만 명이 넘는 것으로 추산됩니다.[5] 이들을 '뒤에 남은 아이들(留守兒童, left-behind children)'이라 부릅니다. 심지어 이들 중 약 200만 명 정도는 돌봐줄 친척이 없어 온전히 혼자 힘으로 살아간다고 합니다. 정상적인 가정생활이라고 할 수 없지요. 이 아이들이 겪는 교육 기회의 축소, 육체적·정신적 건강 저해 등은 말할 필요도 없을 겁니다. 실제 이들을 추적 관찰한 연구에서는 이 아이들이 성인이 되어서도 정상집단보다 더 우울감이 높을 뿐만 아니라 인지발달도 뒤처지는 것으로 나타났습니다.[6]

　지금까지 중국은 이들 농민공들의 희생을 발판으로 경제 성장을 이룩했습니다. 하지만 앞으로도 그럴까요? 중국도 이제 1인당 국민소득이 1만 달러를 넘는 국가입니다.[7] 국민들의 의식 수준도 점차 높아지고 있

쓰촨성의 상징 판다
중국 농민공 중에는 쓰촨성 출신이 가장 많은 것으로 알려져 있다. 2020년 기준으로 1천만 명 이상으로 추정된다.

죠. 절대 빈곤에서 벗어나 삶의 질을 추구하는 사회에서 어느 계층의 일방적인 희생과 양보를 요구하는 것은 옳지도 않을뿐더러 가능하지도 않습니다. 임금 인상, 후코우 제도 완화 등 농민공에 대한 처우를 점차 개선하기 위해 노력하고 있는 것도 이러한 배경에서 진행되고 있습니다.

예를 들어 이주 노동자들이 쉽게 정착할 수 있도록 인구 300만 명 이하의 도시는 후코우 취득 요건을 대폭 낮췄습니다. 그러나 이런 제도가 큰 효과를 볼 수 없는 이유는 중국의 농민공들이 주로 진출하여 일하는 곳이 대도시이고 여전히 후코우 제한이 엄격하기 때문입니다. 예를 들어 중국은 2021년 말 기준으로 인구 400만 명 이상의 도시만 22개에 달합니다.[8] 농민공들은 대부분 이런 도시에서 일하며 생활하고 있습니다. 결국 농민공 처우 개선과 생활 여건 조성 등은 현실적으로 매우 더

디게 이루어지고 있는 상황입니다.

　여전히 열악한 농민공의 현실! 이것이 어찌 보면 겉으로는 화려하지만 속은 허약한 중국경제의 참모습이 아닐까요. 이런 본질적인 취약성을 해결할 때 비로소 중국경제는 제2의 도약을 이룰 수 있을 것입니다.

　다큐멘터리 방송작가 겸 영화감독 고희영의 ≪다큐멘터리 차이나≫는 농민공 등 사회적 약자의 위치에 있는 중국인들의 현실을 이야기와 사진으로 가슴 아프게, 그러나 따뜻하게 소개하는 책으로 참고하면 좋을 것 같습니다. 중국에 대해 피상적인 이해에 머물고 있는 많은 독자들의 가슴을 서늘하게 하는 화보집입니다.

6장

공동부유

'모두 함께 잘살자'

빅테크 기업 규제의 주된 대상이 되었던 알리바바(Alibaba) 그룹

중국 정부가 '공동부유(Common Prosperity)'라는 슬로건을 내건 배후에는 빈부 격차의 상당 부분이 빅테크 기업을 필두로 하는 '자본'의 책임이라는 생각이 자리 잡고 있다. 2020년에 알리바바그룹과 마윈 회장이 정부 시책에 따른다는 의미로 기부한 금액만 32억 위안(약 5,700억 원)에 달한다는 보도가 있었다.

◆ 선부론(先富論) ◆

　중국은 흔히 '지대물박(地大物博)'의 나라로 불립니다. 땅이 넓고 각종 산물이 풍부하다는 의미입니다. 게다가 인구도 많습니다. 중국이 미국에 이어 세계 2위의 경제대국인데도 불구하고 선진국이라고 하기에는 머뭇거릴 수밖에 없는 이유 중의 하나도 바로 너무 많은 인구입니다. 전체 인구수로 나누면 거대한 숫자도 순식간에 작아지는 마법이 생기니까요. GDP, 연금, 사회부조 등 총액이 어마어마한 경제지표들도 1인당으로 계산하면 너무 작아집니다. 예를 들어 IMF의 2022년 기준으로 중국의 GDP는 글로벌 2위이지만 1인당 GDP는 세계 65위에 불과했습니다. 바로 그 엄청난 인구 때문이지요.

　중국이 처음 개혁개방을 시작할 당시에 덩샤오핑의 생각은 다음과 같았습니다. "중국은 크고 인구도 너무 많다. 모든 지역의 모든 사람을 동시에 잘살게 할 수는 없다. 그러니 일단 일부 지역과 일부 계층의 일부 사람들을 먼저 잘살게 하고 그다음에 다른 지역, 계층, 사람들로 점점 성공 사례를 넓혀가자." 이것이 바로 그 유명한 '선부론(先富論, let some people get rich first)'입니다. 우선 발전시킬 부문으로 중국의 동남부 연해 지역, 제조업과 무역, 도시가 선택되었습니다. 그리고 중·서·북부 지역, 농업, 농촌은 후순위로 밀렸습니다. 덩샤오핑의 선부론은 일단 성공했습니다. 중국의 눈부신 경제 성장이 그것을 잘 보여주죠. 예를 들어 한적한 어촌 마을에 불과하던 광둥성의 선전은 말 그대로 상전벽해의 변화를 잘 보여주는 대표적인 도시입니다.

　그러나 모든 일에는 양과 음이 있고, 햇빛이 비치면 반드시 그늘이 생

선부론의 주창자 덩샤오핑
개혁개방의 선구자 덩샤오핑은 '선부론'을 통해 일부 지역·계층을 먼저 발전시키고 이후에 이를 확대해나
갈 것을 주장했다.

기는 법입니다. 중국 전체의 부(富)가 커진 것은 분명하지만 문제는 부
유함이 너무 일부에만 치우쳐 있다는 점입니다. 예를 들어 상하이를 비
롯한 동남 연해 지역 5개 성·시[1]는 다른 곳에 비해 경제적 격차가 너
무 큽니다. 면적으로는 6%, 인구는 17%를 차지하는 이 5개 지역은 국
가 전체 GDP의 33% 이상, 재정수입의 40% 이상을 담당하고 있습니
다. 중국 전체 농민공의 70%가 이곳에서 일하고 있다는 점을 감안하면
이들 지역이 제조업 및 서비스업에서도 다른 지역보다 얼마나 앞섰는지
알 수 있습니다.

배가 고픈 것은 참을 수 있어도 사촌이 땅을 사서 배가 아픈 것은 참
을 수 없다는 우스갯소리가 있습니다. 이는 공평함과 공정함에 대한 인
간의 선천적인 본능 의식 때문입니다. 여기 두 사람이 있다고 가정해보

겠습니다. 한 사람(A)은 연봉 5천만 원을, 한 사람(B)은 1억 원을 받고 있습니다. 어떤 경제 정책이 투표를 통해 통과될 경우 A의 연봉이 5천만 원에서 6천만 원으로 올라간다고 합시다. 당연히 A는 찬성 투표를 하겠지요? 그런데 한 가지 문제는 이 정책이 통과되면 B의 연봉은 1억 원에서 2억 원으로 오른다는 겁니다. 그래도 A는 찬성 투표를 할까요? 아마 그렇지 않을 겁니다.

이전에는 A의 연봉이 B의 절반 수준이었지만, 정책이 시행되면 A의 연봉은 B의 1/3 수준 이하로 떨어지는 겁니다. 결국 소득의 절대적인 상승이 아니라 상대적인 상승이 더 중요할 수 있다는 의미입니다. 인간은 홀로 사는 존재가 아니고 늘 주변과 비교하며 사는 존재이기 때문입니다. 중국경제가 성장함에 따라 경제 불평등 문제가 불거진 배경이기도 합니다.

◆ 경제 불평등 문제 ◆

《논어(論語)》에서 공자는 "나누는 것이 모자랄까 걱정하지 말고 고르지 못할까 걱정하라"고 말했습니다.[2] 빈부 격차와 사회적 지위의 극심한 불평등은 고대 중국에서도 이미 많은 지식인들이 비판해온 문제였습니다. 한(漢)의 역사가 사마천(司馬遷)도 《사기》〈화식열전(貨殖列傳)〉에서 "다 같은 호적에 올라 있는 백성이지만, 서로 재산을 비교해서 10배가 많으면 스스로를 낮추고, 100배가 많으면 두려워하며, 1천 배가 많으면 가서 그의 일을 해주고, 1만 배가 많으면 그 집 종이 되는 법이니, 이것이 세상의 이치다"[3]라고 했습니다. 부(富)에 따라 사람을 대하는 태도가 달라지는 인간 세상의 적나라한 모습을 날카롭게 표현한 문장입니다. 물론 이러한 모습은 맘몬(Mammon) 사상이 팽배한 오늘날에는 더하면 더했지 덜하지는 않을 것입니다.

공산주의 혁명을 거치며 평등 사회를 지향했던 중국이 경제 성장으로 점차 부유해짐에 따라 빈부 격차의 심각성이 더욱 대두되고 있습니다. 중국은 미국과 함께 주요 국가들 가운데 빈부 격차가 가장 큰 나라입니다. 예를 들어 미국과 중국은 소득분배의 불평등 정도를 나타내는 지니계수(Gini Coefficient)가 0.5 내외에 이를 정도로 매우 불평등한 국가입니다. 지니계수는 한 국가의 소득분배가 완전히 균등할 경우 0, 완전히 불균등할 경우 1의 값을 가집니다. 1에 가까울수록 소득분배가 불균등하다는 의미이지요. 참고로 우리나라는 약 0.3입니다.

한편 2021년 중국의 '소득 5분위 배율(income quintile share ratio)'은 10.3이었습니다.[4] 이는 5분위 계층(최상위 20%)의 평균 소득을 1분위 계층(최하위 20%)의 평균 소득으로 나눈 값을 말합니다. 중국은 상위 20% 소득이 하위 20% 소득의 10배가 넘는다는 의미입니다. 소득분배가 평등할수록 이 값은 1에 가까워집니다. OECD의 2018년 기준 자료에 따르면 우리나라가 6.5, 미국이 8.4입니다. 자본주의의 최첨병인 미국은 그렇다 해도 사회주의 국가인 중국에서 이처럼 빈부 격차가 크다는 것은 모순이라고 할 수 있지 않을까요?

도시와 농촌 간의 격차도 심각한 수준입니다. 가처분소득은 도시가계가 농촌가계의 2.5배 정도로 그리 크지 않은 것 같지만, 퇴직연금 수급액은 18배가 넘는 상황입니다.[5] 여기에 지역 간 격차도 무시할 수 없습니다. 중국의 31개[6] 성·직할시 중 상위 3개 지역인 베이징, 상하이, 장쑤(江蘇)의 2021년 1인당 GDP는 평균 16.5만 위안이었습니다. 원화로 환산하면 약 3천만 원 입니다. 반면 하위 3개 지역인 광시(廣西), 헤이룽장(黑龍江), 간쑤(甘肅)의 1인당 GDP는 평균 4.6만 위안에 불과했습니다. 800만 원이 조금 넘는 수준입니다. 부자 지역이 가장 가난한 지역보다 약 4배 부유하다는 의미입니다.

이와 같은 모순과 사회적 갈등을 그대로 방치할 경우 체제에 위협이 된다고 판단한 중국 정부가 다시 들고 나온 개념이 바로 '공동부유(共同富裕, Common Prosperity)'입니다. 단순히 말해 '다 함께 잘살자'는 의미입니다. 이것이 완전히 새로운 개념은 아닙니다. 신중국 성립 직후 마오쩌둥 시대인 1952년에 등장한 용어입니다. 당시에는 사회주의 시스템의 우월성을 강조하기 위한 개념으로 사용되었습니다. 이후 개혁개방 시대를 거치며 앞에서 언급한 선부론 등에 밀려 한동안 자취를 감추었습니다. 그러나 경제적인 불평등 문제가 심각해지면서 이를 해결하기 위한 국정 기조의 핵심 구호 중 하나로 부활했습니다.

현재 중국 정부는 중산층 및 농촌 지역의 소득 증대와 소비 확대 등을 위해 다방면의 정책들을 추진하고 있습니다. 특히 시진핑 주석이 한때 서기를 역임했던 저장성(浙江省)을 공동부유 정책의 시범 지역으로 선정하여 다양한 사업을 펼치고 있습니다.[7] 2021년 8월과 2022년 10월 시진핑 주석이 언급한 '공동부유는 중국식 현대화의 중요한 특징'이라는 표현은 중국 정부가 현재 공동부유라는 어젠다를 얼마나 중요하게 여기고 있는지를 잘 보여줍니다.

◆ 공동부유의 정치적 의미 ◆

한편 중국 정부가 이 공동부유라는 개념을 강조하는 데에는 사회주의적인 의도가 강하게 내포되어 있습니다. 바로 자본이 정치를 통제해서는 안 된다는 것입니다. 공동부유라는 슬로건을 내건 배후에는, 빈부격차의 상당 부분이 독과점 기업을 필두로 하는 자본의 책임이라는 생각이 강하게 자리 잡고 있습니다. 물론 이는 중국만의 문제가 아닙니다. 우리나라를 포함해 많은 국가들에서 일어나는 현상입니다. 글로벌 대기업의 영향력과 정보력은 이미 웬만한 국가의 힘을 넘어선 지 오래입니다. "경제 성장의 결과로 기업이 성장하는 것은 좋다. 하지만 이들의 정보력과 영향력이 너무 커져서 국가와 공산당의 힘을 넘어설 정도가 되어서는 안 된다." 중국 정부의 입장은 이렇게 요약할 수 있습니다.

중국 정부가 2020년 후반기부터 알리바바 등 빅테크 업체에 대한 규제를 강화한 배후에는 이와 같은 사고가 깔려 있습니다. 빅테크 업체들은 엄청난 기부금을 정부에 납부하면서 공산당의 심기를 거스르지 않도록 노력하는 모습을 보여주기도 했지요.[8] 사교육에 대한 규제 또한 공동부유 정책의 강조에 따른 조치였습니다. 이는 1980년대 초중반 우리나라의 과외 금지 조치를 생각하면 쉽게 이해될 것입니다. 여담이지만 우리나라는 2000년 헌법재판소에 의해 사교육 금지 법률 조항이 헌법에 위배된다는 판결이 났지만, 사법권 독립이 요원한 중국에서는 가능할 것 같지 않습니다.

중국에서 주택, 의료, 교육비 지출은 국민들이 가장 큰 부담을 느끼는 3대 부문입니다. 이를 흔히 보통 사람들이 꼭 넘어야 하는 '3개의 큰 산

베이징대학교
1898년 설립된 베이징대학교는 칭화대학교와 함께 중국 최고의 명문 대학이다. 중국 정부가 사교육 규제
조치를 취하게 된 이유 중 하나는 우리나라 못지않게 입시 경쟁이 치열한 상황에서 부의 격차에 따른 교육
격차를 우려했기 때문이다.

(三座大山)'이라고 표현합니다. 중국의 국내 저축 수준이 GDP의 44%에
이를 정도로 높은 것은[9] 바로 이 3대 부담과 노후 대비를 위해서입니다.
우리나라 못지않게 교육열이 높은 중국에서 명문대학 진학에 대한 압력
과 사교육 열풍은 어제오늘 일이 아닙니다.

실제 중국 최고의 대학이라고 하는 베이징대학교와 칭화대학교 합
격률은 0.07%에 불과합니다. 우리나라의 서울대학교 합격률인 0.8%
보다 10배 이상 치열한 경쟁률입니다.[10] 이에 따라 사교육비 지출은 갈
수록 늘어났지요. 충분한 재력이 있는 사람과 그렇지 못한 사람의 간극
도 커지면서 가계의 재무 상황에 따라 학벌이 결정되고, 종국에는 직업
과 부의 세습으로 이어지는 것이 아니냐는 비판이 많아졌습니다. 이것
을 중국 정부가 막고 나선 것입니다. 개인 과외는 물론 그동안 급성장하
고 있던 온라인 사교육 관련 업체들이 날벼락을 맞았습니다. 유명 학원
업체 '신둥팡(新東方)'이 대표적입니다. 직원 8만여 명 중 절반을 해고했

고, 2021년 2월 뉴욕 증권거래소에서 1주당 196달러에 이르던 주가는 사교육 규제 조치가 발표된 직후인 7월 말 22달러까지 급락했습니다.[11]

전체 사교육 시장의 위축은 더 극적입니다. 2021년 7월 사교육 규제 조치가 발표된 후 1년이 조금 지난 2022년 10월 현재 중국의 초중등 학생 대상 학원 수는 12.4만 개에서 4,932개로, 온라인 교육업체 수는 263개에서 34개로 감소했습니다. 무지막지한 행정력의 동원이라 하겠습니다. 이런 상황에서 일부 사교육 업체들은 스스로 살아남을 수밖에 없었지요. 신둥팡은 중국 정부의 영어 과외 제한 규정을 어기지 않기 위해 영어 라이브커머스를 진행하는 방법 등으로 규제를 회피하고 있습니다. 기발한 사례가 아닐 수 없습니다. 예전부터 중국에 전해 내려오는 금언이 생각납니다. "위에 정책이 있으면 아래에는 대책이 있다(上有政策下有對策)."

중국의 불평등 문제가 얼마나 심각한지는 온라인상에서 애국주의 내지 민족주의를 강조하는 젊은 세대를 일컫는 샤오펀훙(小粉紅, little pink)의 등장으로도 잘 알 수 있습니다. 심지어 문화대혁명 때가 좋았다는 말까지 나오고 있습니다. 이는 주로 경제적 불평등과 부의 세습에 대한 강한 비판 의식에 기인합니다. 이런 사회 분위기 속에서 과연 중국의 공동부유 정책이 얼마나 지속될까요? 적어도 시진핑 주석이 집권하는 한 상당 기간 지속되면서 여러 가지 구체적인 조치들이 나올 것임은 틀림없어 보입니다. 따라서 중국경제의 방향을 예측할 때 이 정책이 지속될 것임을 감안해야 합니다. '성장보다 분배를 중시하는 기조가 계속될 것이다, 부동산 투기로 인한 주택 가격 폭등 현상은 중국 정부가 좌시하지 않을 것이다, 독과점 업체에 대한 규제 강도는 더 심해질 것이다' 등을 추측해볼 수 있습니다.

물론 2023년에는 이러한 정책기조 내지 추세가 잠시 완화될 것으로 보입니다. 왜냐하면 2022년 중국의 경제성장률이 3.0%에 그치면서, 코로나 19가 시작되었던 2020년(2.2%)을 제외한다면 개혁개방 이후 최저 성장이라는 충격적인 경제 성적표를 받았기 때문입니다. 기본적인 성장세가 이어지지 않을 경우 받게 될 비판과 사회적 압력을 감안할 때, 중국 정부는 성장을 도외시하고 마냥 분배 정책만을 고집할 수 없는 상황에 처해 있습니다.

7장

미·중 패권경쟁
세계 최고의 경제대국을 꿈꾸다

중국 최초의 상업용 여객기 C919

2007년 중국은 미국의 보잉(Boeing)과 유럽의 에어버스(Airbus)가 양분하고 있는 글로벌 항공산업에 뛰어들었다. 2017년 시험비행에 성공했으며, 2022년 드디어 중국 최초의 상업용 여객기 C919의 생산 및 테스트가 완료되었다.

◆ G2로서의 중국 ◆

고대 중국은 상당히 오랫동안 세계 최대의 경제 규모를 자랑하는 나라였습니다. 전 지구적 차원에서 각 지역의 경제 역량을 장기적으로 측정 및 비교하는 연구를 수행했던 앵거스 매디슨(Angus Maddison) 교수는 전 세계 총 GDP에서 서한(西漢)1)은 26.2%, 송(宋)은 22.7%, 명(明)은 29.2%, 청(淸)은 32.9%를 차지했던 것으로 추산하고 있습니다.2) 2천 년이 넘는 오랜 기간 동안 중국이 전 세계 경제 규모의 30% 내외를 차지하는 압도적인 경제 강국이었다는 의미입니다.3) 그러나 19세기 후반 이후 위축되기 시작한 중국은 100년 이상 굴욕의 시대를 겪게 됩니다. 그리고 개혁개방 정책을 계기로 경제 규모가 급성장하고 21세기에 들어서 다시 대도약을 시작합니다.

중국은 2010년에 GDP 규모에서 일본을 추월하며 세계 제2의 경제 대국으로 부상했습니다. 미국 하버드대학교 조지프 나이(Joseph Nye) 교수는 중국이 근대 초기에 누렸던 경제적 번영을 되찾고 있는 것이기에 현재 중국의 경제적 위상이 높아지고 있는 현상을 '부상(rise)'이 아니라 '부흥(re-emergence)'이라고 표현하기도 합니다.4)

2000년대 들어 미국과 중국을 통칭하는 G2라는 용어가 등장했습니다. 현재 경제 규모와 글로벌 경제 성장에 대한 기여도를 보면 양국이 세계경제를 주도하고 있다고 해도 과언이 아닙니다. 2021년을 기준으로 미국 GDP는 전 세계의 24.0%, 중국은 18.5%를 차지하고 있습니다. 또한 글로벌 경제 성장에 대한 기여율에서도 미국이 23.0%, 중국이 24.9%를 기록했습니다.5) 적어도 글로벌 경제의 40% 이상이 미국과 중국 두 국가에 의해 좌우되는 것이 현실입니다. 하지만 중국에서는 G2라는 표현을 거의 사용하지 않습니다. 미국의 경계심만 키우는 용어로 아무런 실익이 없다는 이유입니다. 물론 실질적으로 중국의 행동이 이전과 같다는 의미는 아닙니다.

중국은 경제권력이 커진 2010년을 전후로 자국의 이익이 침해되었다고 판단될 경우 서슴지 않고 제재 조치를 취하는 경향이 강해졌습니다.[6] 2016년 전후의 사드 사태를 통해 우리가 몸소 체험하기도 했지요. 이는 1990년대부터 견지했던 '도광양회(韜光養晦)' 노선과 판이한 행태입니다. 도광양회는 자신의 재능이나 명성을 드러내지 않고 참고 기다린다는 의미입니다. 즉, 힘이나 능력이 부족한 상황에서 소위 튀는 모습을 보이지 않던 중국이 G2로 대두되면서 좀 더 적극적으로 자신의 의지를 관철하고 있습니다. 이와 관련된 유명한 당시(唐詩)가 있습니다. 바로 시성(詩聖) 두보(杜甫)의 시 〈망악(望嶽)〉의 마지막 두 구절입니다.

"회당능절정 일람중산소(會當能絶頂 一覽衆山小)", 즉 "언젠가 반드시 저 꼭대기에 올라 자그마한 뭇 산들을 한 번 굽어보리라"[7]는 의미입니다. 큰 뜻을 이루겠다는 두보의 호방함을 표현한 이 구절을 중국 지도자들이 외교 회담 등에서 자주 인용합니다. 중국이 최강의 국가가 될 것이라는 자신감을 적극적으로 표현하는 것이죠. 아마 중국은 이미 산 중턱을 넘어섰다고 생각하고 있을 듯합니다.

◆ 미국의 압박과 중국의 대응 ◆

엄밀히 말하면 현재 세계는 G1 내지 G0이라는 표현이 더 적절하다는 주장이 있습니다. 정치 · 경제 · 군사 · 문화 등 모든 부문을 압도하는 미국의 힘을 강조한다면 G1이라는 표현이 맞을 것 같습니다. 반면 세계가 다극화되면서 각국의 이익에 따라 사안별로 이합집산이 빈번하게 이루어진 결과 뚜렷하게 어느 한 국가가 리더의 역량을 발휘하지 못한다는 점에서 보면 G0가 더 그럴듯한 표현입니다. 다만, 그럼에도 불구하고 현재 가장 강력한 국가인 미국을 그나마 견제할 수 있는 국가가 중국이라는 점을 부인할 수는 없습니다. 그런 의미에서 G2라는 개념은 나름 실용적인 의미가 있습니다. 이는 미국 스스로도 인정하는 바입니다. 백악관이 2022년 10월 공개한 국가안보전략(NSS, National Security Strategy)에서는 중국을 "국제질서를 재편하려는 의도와 함께 이를 달성하기 위한 경제, 외교, 군사, 기술적인 능력을 가진 유일한 경쟁자"로 평가하고 있습니다.[8]

우선 국력의 가장 큰 척도 중 하나인 경제 규모가 그렇습니다. 중국의 2021년 GDP 규모는 17.7조 달러였습니다. 글로벌 비중은 18.5%에 이르지요. 미국이 22.9조 달러였으니 중국의 경제 규모는 미국의 77% 수준까지 따라잡은 겁니다. 이것이 얼마나 큰가 하는 점은 3~7위인 일본, 독일, 영국, 인도, 프랑스의 경제 규모를 모두 합해야 중국의 GDP와 비슷하다는 데에서 미루어 짐작할 수 있습니다. 중국 31개 성 중 경제 규모가 가장 큰 곳은 광둥성으로 2021년 GDP가 1.9조 달러였습니다. 이는 우리나라 GDP(1.8조 달러)보다 큰 규모입니다. 두 번째로 경제 규모가 큰 장쑤성(江蘇省)은 우리나라와 비슷합니다. 중국이 얼마나 큰 나라인지 실감할 수 있는 부분입니다.

한편 양국은 교역으로 긴밀하게 얽혀 있는 관계입니다. 다만 그 방향

100달러와 100위안
미국의 최고 액면가 지폐인 100달러와 중국의 최고 액면가 지폐인 100위안의 모델은 각각 벤저민 프랭클린과 마오쩌둥이다.

은 조금 일방적입니다. 중국이 상품을 가장 많이 수출하는 국가가 미국입니다. 2021년 미국에 대한 수출이 중국 전체의 17.1%였습니다. 수출품 6개 중 1개가 미국으로 갔다는 것입니다. 미국 다음으로 큰 수출 지역인 EU의 비중이 15.4%, 아세안 지역의 비중이 14.4%였던 점을 감안하면 미국이 차지하는 비중이 얼마나 큰지 알 수 있습니다.

반면 중국의 전체 수입 중 미국의 비중은 6.7%에 그쳤습니다. 수출비중의 절반이 안 되는 수준입니다. 그 결과 중국은 미국을 상대로 막대한 무역수지 흑자를 기록했습니다. 2021년 흑자 규모는 3,553억 달러에 달했습니다. 400조 원이 넘는 엄청난 금액입니다. 그해 미국의 총 무역수지 적자가 8,591억 달러였으니 중국에 대한 적자가 미국 전체 무역수지 적자의 40%가 넘는 수준입니다. 과거 미국 트럼프 전 대통령이 고율의 관세 및 다양한 무역 보복 조치를 동원하여 중국을 압박한 근본적인 원인 중 하나가 바로 이 현저한 무역 불균형 문제였습니다.

미·중 무역분쟁은 2018년 7월 미국이 중국산 수입 품목 818개, 금액으로는 340억 달러에 달하는 상품에 추가 관세(25%)를 부과하면서 시작되었습니다.[9] 이에 대응하여 중국도 미국산 545개 품목, 340억 달러의 수입 상품에 보복 관세를 부과했습니다. 이후 양국 간 관세 품목과 금액은 점차 확대되었습니다. 이 분쟁은 2020년 1월 양국이 경제무역협정에 서명하면서 소강 국면으로 접어들었습니다.[10] 이때 합의된 내용 중 하나가 중국은 2020년과 2021년에, 2017년 수입액에 더해 추가로 미국 상품 2천억 달러를 수입한다는 것이었습니다. 이는 현실적으로 불가능한 요구였습니다.[11] 2022년 11월 말 현재 미국은 3,620억 달러어치의 중국산 제품에 대해 여전히 고율의 관세를 부과하고 있습니다.[12] 양국 간 교역과 관련해서 재미있는 일화가 하나 있습니다. 미국과 중국은 서로 닭고기를 수출한다고 합니다. 왜 그럴까요? 두 나라의 소비자들이 선호하는 부위가 제각기 다르기 때문입니다. 미국인들은 가슴살을, 중국인들은 닭날개를 좋아하다 보니 서로 필요로 하는 부위를 수입하는 것입니다.

양국 간 무역 구조가 근본적으로 변하지 않는 상황에서 미국의 대중 무역수지 적자를 줄이기 위한 다양한 조치들이 효과를 보기는 어렵겠지요? 2020년 잠깐 줄어드는 듯했던 중국의 대미 무역수지 흑자는 2021년 다시 증가세로 돌아섰습니다. 저렴한 노동력을 활용하기 위해 중국으로 진출한 많은 미국 기업, 조립 생산기지로서 중국의 역할, 대량의 생필품 공급처 기능을 하는 중국의 거대한 제조업 등이 상존하는 한 당분간 쉽게 바뀔 것 같지 않습니다. 다만 미국은 이런 구조적인 문제보다 중국의 왜곡된 산업정책과 지나친 보호무역주의가 더 문제라는 입장입니다. 2021년 10월 미국 무역 대표부는 WTO에서 진행된 무역정책 검토(Trade Policy Review)에 대한 성명에서 중국의 12가지 비시장적 관행을 지적했습니다. 이것은 위에서 언급한 미국의 입장을 분명하게 나타낸 문서입니다.[13]

더구나 미국은 무역뿐만 아니라 다양한 부문에서 중국을 견제할 필요성을 느끼고 있습니다. 현재의 바이든 행정부도 중국에 대한 압박을 더욱 몰아치는 모습입니다. 인도·태평양 경제 프레임워크(IPEF, Indo-Pacific Economic Framework)라는 다자간 경제협력체를 출범시켜 중국경제를 포위하는 전략을 추구하는 것이 대표적입니다. 디지털 경제, 공급망, 에너지 및 기후변화,[14] 조세와 반부패 등에서 포괄적 경제협력을 추구하는 것으로 반도체 공급망 등에서 중국을 배제하는 것이 목적이라는 지적이 많습니다.

2022년 9월 현재 IPEF는 한국, 미국, 일본, 호주, 뉴질랜드, 인도, 피지와 아세안 7개국을 포함해 14개국이 참가하고 있습니다. 미국이 그동안 쿼드(Quad)[15], 오커스(AUKUS)[16], 파이브아이즈((Five Eyes)[17] 등 안보 협의체를 통해서만 간접적으로 중국을 견제했다면 이제는 '중국 때리기(China bashing)'가 더욱 다양한 형태로 전개되고 있는 양상입니다. 바꿔 말하면 중국의 부상을 이대로 방치할 경우 상당히 오랫동안 미국이 쥐고 있었던 글로벌 헤게모니를 중국에게 빼앗길지 모른다는 우려가 미국 지도자와 국민들에게 현실적인 두려움으로 다가왔다는 의미이기도 합니다.

미국 증시에서 일어나고 있는 중국 기업의 퇴출 움직임도 같은 맥락입니다. 미국 증시에 상장되어 있는 외국 기업들은 3년을 주기로 상장기

업회계감독위원회(PCAOB, Public Company Accounting Oversight Board))
의 회계감사를 받아야 합니다. 미국 정부는 그동안 많은 중국 기업들의
미국 증시 상장을 기대하며 회계감사와 관련하여 특별히 제한을 두지
않았습니다. 일종의 감사 면제 조치를 시행했던 것입니다. 기대했던 대
로 많은 중국 기업들이 미국 증시에 상장되었고 또 엄청난 자금이 몰려
들었지요. 그러나 미·중 관계가 악화되고 중국 기업들의 분식회계 등 불
투명성이 부각되면서 중국 기업들에 대한 회계감사 요구가 커졌습니다.
결국 2022년 4월 미국 증권거래위원회(SEC)는 23개 중국 기업을 '잠
재적 퇴출 목록(a list of stocks facing potential delisting)'에 등재했습니다.
2024년까지 PCAOB의 자료 접근을 허용하지 않을 경우 미국 증권시
장에서 퇴출한다는 것이 주요 내용이었습니다. 이후 이 목록에 포함된
중국 기업의 수가 늘어나 2022년 9월 기준 160여 개에 이릅니다. 이
는 미국 증시에 상장된 전체 중국 기업 270여 개의 절반이 넘는 숫자입
니다.

미·중 양국이 협의를 진행하면서 대부분의 기업들은 미국 측 요구
를 받아들일 수밖에 없었습니다. 중국 정부도 손을 들었지요. PCAOB
는 2022년 12월, 미국에 상장된 중국 기업들의 자료 접근권을 얻게 되
었다고 발표했습니다. 그러나 2022년 8월 중국석유(PetroChina) 등 5개
국유기업이 자발적으로 미국 주식거래소에서 상장폐지를 발표하는 등
일부 기업은 미국 증시에서 철수하는 수순입니다.[18]

또한 달러를 앞세운 미국의 금융시장 압력도 무시할 수 없는 부분입
니다. 미국은 러시아-우크라이나 전쟁에 대한 책임을 물어 2022년에
러시아를 국제은행간결제시스템(SWIFT)에서 배제하는 조치를 취하며

중국석유 엠블럼
미국 증권시장에 상장되었던 중국의 대형 국유기업 중국석유는 2022년 8월 자발적으로 상장폐지를 발표했다. 미국의 규제 강화에 따른 조치였다.

국제 금융시장에서 제재를 가한 적이 있습니다. 미국이 작심하고 중국을 금융시장에서 제재하려고 한다면 러시아의 경우와 동일한 조치를 취할 수 있으며 이는 중국에 상당히 심각한 타격이 될 것입니다.[19]

한편 중국도 다양한 수단을 동원해 미국의 경제적 제재와 압력에 대응하고 있습니다. 중국이 주도하고 한국, 일본, 아세안 및 호주가 참여하는 역내포괄적경제동반자협정(RCEP, Regional Comprehensive Economic Partnership)은 2022년부터 발효되었습니다. 또한 중국은 일본 등 환태평양 11개국이 체결한 포괄적·점진적 환태평양경제동반자협정(CPTPP, Comprehensive and Progressive Agreement for Trans-Pacific Partnership) 가입도 신청했습니다. 브릭스(BRICS) 협력 강화 및 구성원 확대 추구, 남태평양 국가들을 FTA와 안보협력 강화 등의 명분으로 끌어들이기, 중남미 및 아프리카 국가들과 교류 협력 확대 등도 미국의 압력에 따른 대응책들입니다. 다만, 중국은 아직까지 공세적인 입장은 아닌 것 같습니다. 적어도 정치·경제적 측면에서 미국의 우월성을 인정하는 상황에서 섣부른 대응이 더 큰 보복을 불러일으킬 수 있음을 잘 알기 때문입니다.

　대표적인 사례가 2020년 9월부터 시행한 '신뢰할 수 없는 기업 명단(不可靠實體淸單制度, unreliable entity list)' 제도입니다. 미국의 다양한 대중 규제 조치에 대응하기 위해 시행된 제도로, 불법·부당하게 중국 기업에 대해 부품 공급 중단 등의 조치를 취한 기업들을 명단에 올려 무역, 투자, 인허가 등과 관련한 규제 조치를 취하는 것이 주요 내용입니다. 애플이나 퀄컴 등의 미국 기업들이 이 명단에 포함될 것이라는 말이 나돌았지요. 그러나 2년이 훨씬 지난 2022년 11월 현재까지 이 명단에 포함된 기업은 단 하나도 없습니다. 사실상 유명무실한 제도가 된 것이지요.

　양국의 이러한 움직임들을 보면 글로벌 정치·경제가 미국과 중국을 중심으로 하는 2개의 커다란 축으로 변화하는 양상이 더욱 심해지고 있음을 알 수 있습니다. 결국 앞으로 여러 방면에서 미·중 간 탈동조화(디커플링) 현상은 점차 심화될 것으로 예상됩니다. 탈동조화란 동조화의 반대말로, 한 나라 경제가 특정 국가 혹은 세계 전체의 경기 흐름과 독립적으로 움직이는 현상을 일컫는 용어입니다. 그동안 미·중 경제가 상호 얽혀 같은 방향으로 움직였다면 점점 그러한 경향이 약해질 것입니다.

　실제로 미·중 간 교역 의존도는 점차 감소하고 있는 것으로 나타나고 있습니다. 미국의 전체 무역에서 중국이 차지하는 비중은 2017년 16.6%를 정점으로 2021년 14.7%, 2022년 13%까지 하락했습니다. 중국도 교역에서 차지하는 미국의 비중이 2017년 14.3%에서 2021년 12.5%, 2022년 12.0%까지 하락한 상황입니다. 특히 미국은 중국에 과도하게 의존하고 있는 현재의 상태를 벗어나 탈중국화와 공급선의 다변화를 꾀하는 전략을 지속할 것으로 예상됩니다.

미국 기업들이 과거의 'All in China' 혹은 'China+1'에서 벗어나 'N+China' 혹은 'No China' 방향으로 나아가고 있다는 지적은 이와 같은 배경에서 나온 것입니다.[20] 또한 이와 같은 움직임은 앞으로 미국과 중국을 중심으로 하는 양 진영의 블록화 경향이 강해질 것이라는 의미이기도 합니다. 우리나라는 양 진영에서 추진하는 다양한 협력체와 기구들에 중복 가입하고 있는 상황입니다. 변절자 소리를 듣지 않으면서 슬기롭게 처신하기가 쉽지 않습니다. 당리당략이나 감정적 분위기에 휩싸여 어느 한쪽으로 치우치게 될 경우 그 후폭풍이 간단치 않을 것입니다. 그 경우 실질적인 피해를 입는 것은 수출입 기업과 관련 노동자들, 더 나아가 국민들이 될 것입니다. 성경에 나오듯이 뱀처럼 지혜로운 태도가 필요한 상황입니다.

◆ **미·중 첨단산업 경쟁** ◆

미·중 갈등은 과거의 무역·통상 분쟁에서 지금은 기술 패권 분쟁으로 점차 확대되는 모양새입니다. 중국은 경제 규모가 미국의 70%를 넘어서면서 이제 곧 미국을 뛰어넘을 수 있겠다는 자신감이, 미국은 이제 중국을 반드시 견제해서 더 이상의 도전을 용납할 수 없다는 절박감이 커지고 있기 때문입니다. 미국이 중국의 대표적인 IT 기업들에 대한 제재를 시작한 배후에는 이런 이유가 있습니다. 미국의 기술 및 수출 제한으로 인해 중국의 대표적인 IT·반도체 기업 화웨이(華爲, Huawei)와 중신궈지(中芯國際, SMIC)21)가 어려움을 겪은 것이 대표적인 사례입니다.

언론 등의 보도를 접하다 보면 AI, 드론, 항공우주선, 전기자동차 등의 분야에서 중국이 세계적으로도 상당히 앞서가는 것 같습니다. 중국의 기술 수준을 분야별로 미국과 비교하는 보고서도 종종 볼 수 있죠. 과연 중국의 첨단기술이 미국을 위협하거나 상당히 따라잡은 수준까지 왔을까요?

결론을 먼저 말한다면 아직은 어림도 없습니다. 이것은 중국 스스로 인정하는 바입니다. 2022년 1월에 베이징대학교의 국제전략연구원이 중국과 미국의 기술 역량을 정보통신기술, AI, 항공우주 등 3가지 분야에서 총체적으로 비교 분석한 보고서를 발표했습니다.22) 최종 결론은, 중국이 일부 분야에서 급속한 발전을 이루고 있지만 미국과의 격차는 여전하며 미국이 절대적 우위에 있다는 것입니다. 또한 양적인 부분이 앞선다고 해서 질적인 부분까지 우월하지는 않다는 점도 명확하게 지적하고 있습니다. 예를 들어 중국은 일부 분야의 과학 논문 발표 수에서 미국을 앞서고 있으나 피인용 횟수나 창의성 등에서 미국과 비교할수 없을 정도로 열세라는 것입니다.23) 더구나 학문 연구와 생활 여건에서 중국은 아직 미국보다 훨씬 열악한 상황임을 인정하고 있습니다. 그사례로 미국 유학을 통해 AI 분야를 공부하는 중국 학생 중 단 10%만이졸업 후 귀국하고 88%는 미국에 남는 현실을 들고 있습니다.

중국의 기술 수준과 관련하여 재미있는 사례가 하나 더 있습니다. 현재 글로벌 항공산업은 미국의 보잉(Boeing)과 유럽의 에어버스(Airbus)가 양분하고 있는 상황입니다. 중국의 상용항공기공사(COMAC)24)는 2008년 설립 이후 항공기 개발에 착수했고, 2017년 총 720억 달러의

중신궈지 상하이 본사
중국 최대의 반도체 파운드리(위탁제조) 업체인 중신궈지는 화웨이와 함께 미국의 기술 및 수출 제한을 받으며 큰 어려움을 겪었다. 중신궈지는 중국 반도체 굴기의 핵심 기업으로 상하이 및 홍콩 증시에 모두 상장되어 있다.

개발비를 투자한 C919 민항기의 시험비행에 성공했으며, 2022년에는 최종 테스트까지 완료했습니다. 보잉 737과 에어버스 A320의 경쟁 모델로 중국 항공사들이 이미 수백 대를 주문했다는 언론 보도도 있었습니다.25) 그러나 이 항공기는 외국산 부품을 조립한 수준으로, 완전한 국산이 아니며 서구 항공기의 복제품이라는 비판26)이 있습니다. 물론 서구 언론의 중국 흠집 내기용 비판일 수는 있겠지만 적어도 중국의 항공산업이 미국과 유럽에 대항할 수준에 이르려면 앞으로 한참의 시간이 더 필요할 것은 확실해 보입니다.27)

◆ 반도체 전쟁의 시작 ◆

그러나 무엇보다 미·중 간 기술 격차의 핵심은 바로 21세기의 원유라고 불리는 반도체에 있습니다. 흔히 4차산업으로 상상할 수 있는 거의 모든 제품에는 필수적으로 반도체가 들어갑니다. 자동차만 해도 과거의 기계제품에서 이제는 전자제품으로 바뀐 지 한참 되었습니다. 그런데 현재 일반 자동차는 200개 가량의 반도체가 필요한 반면 레벨 3 자율주행차[28]는 2천 개 이상의 반도체가 필요하다고 합니다. AI, 빅데이터, 클라우드 컴퓨팅, IoT, 항공우주 등의 경우에도 마찬가지입니다. 바로 이 반도체 부문에서 중국은 절대적인 열세에 있습니다. 관련 시장은 거대한 데 반해 기술이 없는 것이지요.

중국은 2005년 이후 줄곧 세계 최대의 반도체 수입국입니다. 2022년 수입액이 4,156억 달러로 그해 중국 전체 수입액의 15%에 달했습니다.[29] 참고로 2022년 우리나라의 전체 수입 규모가 7,312억 달러였다는 점을 감안하면 우리나라 1년 수입액의 절반이 넘는 금액을 중국은 반도체 수입에 쓰고 있다는 의미입니다. 한편 중국 전체 무역수지가 8,776억 달러 흑자였으나 반도체는 2,617억 달러 적자였던 것을 보면 반도체 부문에서 중국의 대외 의존도가 얼마나 높은지 알 수 있습니다. 현재 중국은 글로벌 반도체 소비의 약 1/3을 차지하고 있습니다. 반도체의 적절한 수급은 국가 경쟁력 강화의 필수 요소라는 점에서 중국은 매우 취약한 상황입니다.

결국 중국 정부는 어떻게 해서든 자국에서 필요로 하는 반도체를 자체 생산하여 수입 의존도를 줄이기 위한 노력을 기울이게 됩니다. 반도체 관련 기술투자 및 생산을 위해 기금을 조성한 것이 대표적입니다. 중국은 2014년 9월에 1,387억 위안(200억 달러), 2019년 10월에 2,040억 위안(290억 달러) 규모로 '반도체산업 투자기금(国家集成電路産業投资基金, National Integrated Circuit Industry Investment)'을 조성했습니다. 재정부, 중국개발은행, 중국이동통신(China Mobile) 등이 출자하여 조성한 대규모 기금입니다. 2022년 현재 중국의 반도체 관련 기업도 약 7만 3천여 개에 이릅니다. 그 결과 중국의 반도체 생산액은 2010년 58억 달러에서 2020년 227억 달러로 연평균 20% 성장했습니다.[30] 그러나 2020년 기준 반도체 자급률은 15.9%로 당초의 정부 목표치인 40%에 크게 못 미치는 수준입니다.

여기서 언급한 정부 목표치는 2015년 발표된 산업 고도화 전략인 '중국제조 2025'에서 명시한 것입니다. 당시 반도체 자급률 목표로 2020년 40%, 2025년 75%를 제시한 바 있습니다. 목표 달성을 하지 못했던 이유는 미국과 유럽 등이 다양한 규제 방법을 동원함에 따라 중국 기업의 해외 기업 M&A를 통한 성장이 어려웠고, 미국이 국가안보 등의 이유로 중국의 주요 반도체 기업을 견제하는 조치를 취했기 때문입니다. 수출 통제, 투자 제재, 금융 제재 등이 대표적입니다. 구체적으로 한번 살펴볼까요?

우선 미국은 국가안보를 이유로 2019년과 2020년에 중국의 대표적인 IT · 반도체 기업인 화웨이와 중신궈지를 거래 제한 기업 명단(Entity List)에 포함해 이들에 대한 수출입을 금지했습니다.

두 번째로 외국인투자심의위원회(CFIUS, Committee on Foreign Investment in the United States)의 대미 투자 심사 강화를 통해 외국 기업의 미국 반도체 기업 인수를 막는 투자 제재를 가했습니다. 2018년 범중국계 통신장비 기업 브로드컴(Broadcom)이 미국의 다국적 반도체 · 통신장비 기업 퀄컴(Qualcomm)을 인수하려 했으나 불허한 것이 대표적입니다.[31] 또한 중국 반도체 관련 기업에 대한 직간접 투자를 금지하는 금융 제재도 미국이 취하는 견제 조치입니다.

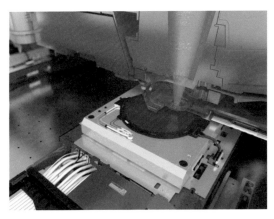

ASML이 생산하는 반도체 설비
네덜란드에 본사를 둔 ASML은 2021년 매출액이 220억 달러에 달하는 세계 2위의 반도체 설비 제조 기업
이다. 압도적인 기술력으로 경쟁력을 유지하고 있다. 미국은 중국의 반도체산업을 견제하기 위해 네덜란
드 정부에 ASML이 생산하는 설비의 대중국 판매를 제한할 것을 압박한 바 있다.

마지막으로 반도체 장비의 대중국 수출 금지나 반도체 공급망에서
중국 배제 등을 통한 견제입니다. 네덜란드의 ASML은 최첨단 반도체
생산에 필수적인 극자외선(EUV) 노광 장비를 생산하는 세계적인 기업
입니다. 2021년 7월 미국 상무부는 네덜란드 정부에 ASML 장비의 대
중국 수출 금지를 요청했습니다. 사실 ASML은 2019년 6월 대중국 수
출 허가가 만료된 이후 2022년 11월 현재까지 갱신하지 않으면서 이미
극자외선 노광 장비의 대중국 수출을 사실상 중단한 상태입니다.[32] 그
리고 미국은 2022년 3월 소위 '반도체 굴기'를 추구하는 중국을 글로벌
공급망에서 배제하려는 목적으로 한국, 일본, 대만에 '칩4(Chips4) 동맹'
을 제안했습니다.

미국은 입법적인 지원도 병행하고 있습니다. 미국은 반도체산업 분야
에서 중국에 대한 지속적인 우위를 유지하고 자국의 반도체산업을 진흥

하기 위해 2022년 8월 '반도체 지원법(CHIPS and Science Act of 2022)' 을 공포했습니다. 미국 내 반도체 시설 건립 지원 및 연구·노동력 개발 등에 527억 달러를 지원하고 미국에 반도체 공장을 짓는 기업에 25% 의 세액공제 혜택을 주는 것 등이 핵심입니다. 그리고 보조금이나 세액 공제를 받은 기업은 향후 10년간 중국 및 감시 대상 국가(러시아, 이란, 북 한)에 대한 반도체 신규 투자를 금지하고 있습니다. 중국에 대한 견제를 명시하고 있는 셈이지요.

물론 중국은 미국의 이와 같은 시도에 강력하게 반발하고 있습니다. 중국은 미국이 형성하려고 하는 반도체 포위망에 대항하여 희토류, 반 도체 설비와 전자기기에 필요한 첨단 부자재 공급 등을 제한할 가능성 이 있습니다.[33] 예를 들어 반도체, 통신제품 등에 광범위하게 사용되 는 마그네슘, 게르마늄, 실리콘 메탈 등의 글로벌 공급에서 중국 비중은 70~90% 내외로 절대적인 수준입니다. 중국이 너 죽고 나 죽자 식으로 원자재 공급을 제한할 경우 글로벌 경제는 큰 충격을 받을 수밖에 없습 니다.

◆ 반도체 전쟁 전망 ◆

지리적인 위치가 국제관계에 영향을 미치는 지정학(地政學, geoplitics) 의 중요성이 여전한 가운데, 이제는 기술적 우위 여부가 국제정치의 패 권을 좌우한다는 기정학(技政學 techno-politics)이라는 용어도 등장하였 습니다. 현재의 미·중 관계에 잘 들어맞는 용어이지요 그럼 앞으로는 반 도체를 둘러싼 복잡한 기정학적 요인들이 어떤 방향으로 전개될까요?

2022년 현재 세계 반도체 생산시장 점유율은 미국(54%)-한국(22%)-대만(9%)-유럽(6%)-일본(6%)-중국(4%) 순입니다. 1980년대 후반부터 미국과 유럽은 고부가가치 분야인 팹리스(반도체 설계)와 반도체 장비 제작에 집중했고, 저부가가치 분야인 파운드리(위탁 생산)는 아시아에 의존해왔습니다[34]. 구체적으로 보면 메모리반도체 중에 D램은 삼성전자, SK하이닉스, 미국 마이크론의 과점시장이며 낸드플래시는 5~6개 기업이 경쟁하고 있습니다. 파운드리 분야는 한국이 기술투자로 강력한 시장 지배력을 보유한 대만을 추격 중이고, 팹리스는 미국이 주도하는 시장입니다. 한편 반도체 장비는 미국, 일본, 네덜란드가 지배하고 있습니다.[35] 이처럼 글로벌하게 분화되어 있는 반도체 공급망에 균열이 생기면서 리스크가 확대되고 있는 추세입니다.

이러한 상황에서 반도체 생산 국가들은 각자 살길을 찾아 반도체 공급망 리스크에 대응해나갈 것입니다. 미국, 유럽, 일본 등은 반도체 제조 역량 확보 및 산업 재건을 다양하게 모색하는 중입니다. 앞서 언급한 미국의 '반도체 지원법'이 대표적입니다. 중국으로서는 상당히 곤란한 상황입니다. 기술이나 장비가 없는 상황에서 단순히 자금을 대량 투입한다고 해서 반도체 공급망을 형성할 수 있는 것이 아닙니다. 전형적인 사례도 존재합니다. 바로 중국 반도체 기업으로 한동안 각광받다가 몰락한 '칭화유니(紫光集团, Tsinghua Unigroup)'입니다. 칭화유니는 엄청난 자금 투입과 인수합병 등을 통해 한때 중국 최대 반도체 기업으로 성장했습니다. 낸드플래시 메모리반도체와 반도체 설계 등을 주력 사업으로 하는 기업이었지요. 그러나 무리한 투자와 기술 부족으로 2021년 7월 파산 신청을 했습니다.[36]

반도체로 대표되는 일부 핵심 기술(choke-point, 병목 지점) 영역에서 미국이 중국을 압박하는[37] 의도는 명확합니다. 중국이 도약하거나 도전하는 것을 더 이상 용납할 수 없다는 의미입니다. 미국이 기술이나 산업 측면에서 중국과 탈동조화를 더욱 추구할수록 중국의 손실은 확대될 것입니다. 그런 점에서 보면 중국이 첨단기술 부문에서 미국을 따라잡기까지는 상당한 시간이 소요될 것이며, 매우 험난한 도전이 될 가능성이 큽니다. 한편 반도체산업 투자기금과 관련한 일련의 부정부패 사건은 또 다른 차원에서 어려움을 보여줍니다. 2022년 10월 산업정보화부 장관 씨아오야칭(肖亞庆) 등 최소 12명의 고위 공무원 및 국유투자기업 임원진들이 파면되어 중앙기율위의 조사를 받았습니다. 막대한 자금이 모이는 곳에 따르기 마련인 부정부패 행위가 발각되면서 다시 중국경제의 구조적인 문제가 드러난 것입니다. 기술 자립에 대한 열망만으로 미국 등의 기술을 단시간에 따라잡기는 쉽지 않다는 사실을 뼈저리게 깨우쳐 준 사건이었습니다.

그렇다면 이런 상황에서 우리는 어떻게 대응해야 할까요? 쉽지 않은 문제입니다. 왜냐하면 우리나라는 반도체산업 구조상 반도체 생산에서 미국의 기술이 반드시 필요한 동시에 반도체 수요는 중국에 크게 의존하고 있기 때문입니다. 2021년 우리나라 반도체 수출 1,280억 달러 가운데 중국의 비중은 502억 달러에 달합니다. 57조 원이 넘는 거액으로 우리나라 전체 반도체 수출의 40%에 육박하는 금액입니다. 여기에 홍콩 수출(266억 달러)까지 포함하면 60%에 이릅니다. 그러나 미국의 기술력이 절대적인 상황에서 미국과 척지는 행동을 할 경우 반도체산업의 가치사슬에서 제외될 위험성이 있는 것도 사실입니다. 결국 이래저래 어느 한 방향으로 노선을 정하기가 어려운 상황입니다. 우리 나름의 기술력과 위상을 배경으로 미국이나 중국과의 협상에서 당당하게, 그러나 유연성을 가지고 할 말을 하면서 상대방의 체면도 세워주는 현명함이 필요해 보입니다.

◆ 중국-러시아 vs 미국-유럽 ◆

최근에는 중국이 러시아와 더욱 밀접한 관계를 유지하면서 중국-러시아와 미국-유럽연합의 대결 양상이 심해지고 있습니다. 2022년 2월에 발발한 러시아-우크라이나 전쟁은 글로벌 경제의 어려움을 가중시킨 가장 중요한 요인 중 하나입니다. 특히 원유 등 원자재 가격의 폭등은 글로벌 인플레이션을 유발한 직접적 원인이었지요. 러시아가 원유 및 천연가스의 주요 수출국이기 때문입니다. 러시아는 전체 재정수입의 40%를 원유와 천연가스 수출에 의존하는 국가입니다. 우크라이나 또한 밀, 옥수수 등 주요 곡물 수출국이어서 전쟁에 따른 수출 제한 조치가 취해지자 국제 곡물 가격도 급등했습니다.

당시 미국을 중심으로 다수의 국가가 러시아를 대상으로 다양한 제재 조치를 취했습니다. 러시아산 원유 수입 금지, 국제은행간결제시스템(SWIFT)[38]에서 러시아 배제, 다수 글로벌 기업들의 러시아 철수 등이 대표적입니다. 그러나 러시아에 대한 제재 조치를 따르지 않는 국가들도 있었으니 대표적인 것이 바로 중국입니다. 여기에는 역사적 및 현실적 이유가 복합적으로 작용했습니다.

우선 중국과 러시아의 이념적 동질성에 따른 역사적인 친밀 관계입니다. 공산주의의 종주국으로서 구소련은 한때 중국에게 큰형 같은 존재였습니다. 당시 중국에서 흔히 내건 구호가 '오늘의 소련은 바로 우리의 내일이다'였습니다.[39] 1949년 10월 1일 현대 중국이 탄생한 후 이튿날인 2일 중국의 제1호 수교국이 된 것도 소련이었습니다. 이념적, 군사적, 경제적으로 소련은 중국과 중국공산당에게 막대한 지원을 아끼지 않았지요. 1950년 2월 체결된 '중·소 우호 상호원조조약'을 통해 소련은 중국을 사회주의 진영에 포함시키며 중국과 파트너십을 강화했습니다. 중국은 소련에 의지해 경제개발을 추진하면서 군사 강국의 면모를 갖춰나갈 수 있었습니다.[40]

그러나 수정주의(revisionism) 논쟁[41] 이후 중국과 소련은 갈라졌습니다. 당시 중국은 자본주의 진영과 평화와 공존을 추구했던 소련을 수정주의라고 비판하면서 자본주의에 대한 적대감을 숨기지 않았습니다. 소련은 중국을 맹목적인 교조주의라고 비판했죠. 중국이 미국과 수교하게 된 것도 소련을 견제하려는 미국의 의도와 소련의 영향력에서 벗어나려는 중국의 의도가 맞아떨어진 결과였습니다.

미·중 양국은 1979년 수교했습니다. 중국은 1980년 모스크바 올림픽에 불참했지만 1984년 LA 올림픽에는 참가했습니다. 그만큼 소련과는 멀어지고 미국과 가까워진 시기였지요. 이후 소련은 멸망하고 여러 나라로 분열, 아니 소련 이전의 독립국으로 분리되었습니다. 러시아는 구소련을 잇는다고 볼 수 있는데, 중국의 부상에 따라 미국이 중국을 견제하기 시작하면서 중국과 러시아의 관계가 다시 변합니다. 적의 적은 아군인 셈이니 중국과 러시아는 미국에 대항한다는 공통된 목적 아래 가까운 사이가 된 겁니다.

시베리아의 힘 노선
중국과 러시아를 연결하는 천연가스 파이프라인인 '시베리아의 힘'은 양국의 이해관계가 맞아떨어진 결과
이다. 중국은 안정적인 에너지 공급을, 러시아는 수출 통로를 확보했다.

    2014년 중국과 러시아는 '전면적인 전략적 협력 동반자 관계'를 맺
었습니다. 중국이 협력 관계를 맺고 있는 그 어느 국가보다 밀접한 관계
입니다. 이러한 점을 감안하면 중국이 서방 국가의 대러시아 제재에 소
홀할 수밖에 없는 이유를 미루어 짐작할 수 있습니다.

    그러나 더 중요한 근본적인 요인은 현실적인 이유입니다. 경제적인
이익이 걸려 있다는 의미입니다. 중국과 러시아의 교역 규모는 2021년
기준 1,459억 달러로 중국 전체 교역의 2.4%에 불과합니다. 중국 입장
에서 러시아는 열세 번째 수출국이자 열 번째의 수입국이니 핵심적인
교역국이라고 할 수는 없겠지요. 문제는 에너지 및 농산물입니다.

    중국은 러시아에 대한 에너지 및 농산물 수입 의존도가 매우 높습니
다. 중국은 2021년 기준으로 원유 수입의 16%, 천연가스 수입의 8%를
러시아에 의존하고 있습니다. 금액으로는 중국이 러시아에서 수입하는
총액(784억 달러)의 절반이 훨씬 넘는 450억 달러에 이릅니다.[42] 이런 이

유로 중국은 안정적인 에너지 공급원 확보를 위해 러시아와 다양한 계약을 맺고 있습니다.

양국 간 전용 수송관을 통한 석유와 천연가스 공급 계약을 예로 들 수 있습니다. 2014년과 2022년에 각각 맺은 30년간의 장기 천연가스 공급 계약이 대표적입니다.[43] 양국을 잇는 천연가스 파이프라인인 '시베리아의 힘(Power of Siberia)'도 2019년 12월에 완공 개통되었습니다.[44] 2025년이면 중국이 수입하는 천연가스의 35%를 러시아에서 공급할 것으로 전망[45]됩니다. 중국이 자국의 안정적인 에너지원을 포기하면서 러시아 제재에 동참하기는 어려웠을 것입니다. 러시아 입장에서도 중국의 에너지 수입은 서방의 제재 부담을 완화하는 효과가 있으니 양국은 서로 윈윈할 수 있는 구조인 셈입니다. 다만 비인도적인 전쟁을 초래한 러시아에 대한 국제사회의 비난 여론을 의식한 중국은 대놓고 러시아를 지지하지는 않았습니다.

사실 러시아가 2012년 이후 추진하고 있는 '동방정책'은 동북아 국가들과 경제협력을 강화하여 유럽에 대한 의존도를 축소하는 동시에 낙후된 러시아 극동지역을 개발하는 정책입니다. 이런 면에서 보면 러시아는 우크라이나와의 전쟁을 계기로 특히 에너지 부문에서 동북아 특히 중국과 협력을 더욱 강화하기 위해 노력할 가능성[46]이 큽니다. 중국과의 밀착은 더욱 강해질 것이 확실하죠. 2022년에 중국이 러시아에서 수입한 금액이 1,141억 달러에 달해 전년보다 43% 급증한 것은 이러한 추측을 확인해줍니다.

한편 러시아-우크라이나 전쟁을 통해 러시아의 팍스 시니카(Pax-Sinica) 동조 현상이 더욱 가속화될 가능성을 지적하는 의견도 있습니다.

과거 1990~2010년대에 나타났던 러시아 경제의 유럽 경제 동조화 현상이 중국경제 동조화 현상으로 변하고 있는 상황에서 그 추세가 더욱 가속화될 수 있다는 것입니다. 결국 러시아와 중국이 어떤 형태로든 연합하면서 미국을 중심으로 하는 서방세계의 다양한 압력에 공동으로 대응하는 모습이 앞으로 더욱 자주 나타날 것으로 예상됩니다. 우리로서는 편하지 않은 상황이 전개되는 셈입니다. 실리를 챙기는 줄타기가 필요해 보이는데, 잘못하면 어느 쪽에도 속하지 못하는 박쥐 신세로 전락할 수 있습니다.

8장

일국양제
하나의 중국을 위한 '뜨거운 감자'

점차 의미를 잃어가고 있는 일국양제의 대상 지역인 홍콩
1997년 홍콩이 영국의 식민지배에서 벗어나 중국으로 반환될 때 중국은 향후 50년 동안 일국양제(one country, two systems)를 유지하겠다고 천명했다. 홍콩에 대한 고도의 자치권 부여 등이 핵심이다. 하지만 25년이 지난 2022년 현재 일국양제의 의미는 점점 퇴색되어 가고 있는 상황이다.

◆ 중국과 홍콩 ◆

2022년은 홍콩이 중국에 반환된 지 25주년이 되는 뜻깊은 해였습니다. 홍콩이 영국의 식민지배에서 벗어난 1997년에도 사회적 혼란과 많은 우여곡절이 있었습니다. 당시 중국의 지배에 두려움을 느끼고 홍콩을 떠난 사람들도 꽤 있었지요. 1996년 홍콩에서 제작된 영화 〈첨밀밀(甜蜜蜜)〉은 당시 홍콩의 분위기를 잘 보여주는 대표적인 영화입니다. 1980년대에 전성기를 구가하던 홍콩 영화산업의 쇠퇴가 홍콩의 중국 반환과 함께 시작되었다는 의미에서 본다면 당시의 우려가 적어도 문화산업과 관련해서는 어느 정도 사실이라고 할 수 있습니다. 그때 많은 사람들의 우려를 불식시키기 위한 노력 중의 하나로 중국이 제시한 개념이 소위 일국양제(一國兩制)입니다.

일국양제는 '하나의 국가, 2개의 제도(一個國家, 兩種制度, one country, two systems)'의 약칭으로, 하나의 국가 안에 2개의 상이한 제도가 존재할 수 있다는 의미입니다. 1982년 중국의 최고지도자 덩샤오핑은 일국양제의 개념을 처음으로 구체화했습니다. 일국양제는 중국이 원래 대만과의 통일을 대비해 마련한 방안이었습니다.[1] 그런데 1984년 중국이 홍콩 반환에 대한 협상을 영국과 진행하는 과정에서 이 개념을 적용했고, 1987년 포르투갈과 마카오 반환 협정 시에도 동일한 과정을 거쳤습니다. 당시 중국은 영국과의 협상에서 향후 50년간 홍콩에 고도의 자치권을 부여할 것을 약속했습니다. 홍콩인 자치 통치(港人治港), 국방·외교를 제외한 여타 부문은 기존의 제도를 그대로 적용할 것 등이 주요 내용이었습니다.

10홍콩달러 지폐
홍콩은 일국양제에 따라 별도의 화폐인 홍콩달러를 사용하고 있다. 그러나 일국양제가 유명무실해지면서
홍콩달러의 불확실성도 커져가는 상황이다.

당시 약속한 50년에서 어느덧 절반이 지난 2022년 현재 일국양제는
잘 적용되고 있을까요? 유감스럽게도 아닙니다. 홍콩은 자치권이 쇠퇴
하는 가운데 매우 빠르게 중국화가 진행되고 있습니다. 특히 2010년대
이후 그렇습니다. 2014년 6월에 중국이 "홍콩 관할권은 중앙정부에서
전면 보유한다"고 밝히는 등 홍콩의 자치권이 급격히 후퇴2)하는 조짐이
나타나기 시작합니다.

2017년에는 행정장관 선거가 간접선거 방식으로 변경되었습니다.
홍콩의 중국 반환 당시 직선제를 약속했던 중국 정부가 약속을 뒤집은
것입니다. 그나마 행정장관 후보자 자체를 실질적으로 중국 정부가 결
정함으로써 허울뿐인 선거로 전락했습니다. 기존에 약속했던 '홍콩인
자치 통치'도 '애국자에 의한 통치 원칙(愛國者治港)'으로 변해가고 있습
니다.3) 2019년에는 '국가보안법' 제정을 통해 사회단체 및 언론 등에
대한 통제를 한층 강화했습니다. 그동안 명목상으로나마 홍콩의 자치를
존중해주면서 글로벌 여론 동향을 살피던 중국이 이제는 거리낌 없이
홍콩의 자치권을 하나씩 없애나가고 있는 상황입니다.

그동안 홍콩은 중국의 금융 허브 기능을 톡톡히 해왔습니다. 아무래도 해외투자자 입장에서는 각종 규제가 심하고 금융시장이 개방되어 있지 않은 중국 본토보다 홍콩을 경유하는 것이 훨씬 쉬웠죠. 2022년 현재 역외 위안화 지급결제의 50~70%, 역외 위안화 예금의 60%, 역외 위안화 대출의 30%, 글로벌 위안화 장외(OTC) 거래의 30%가 홍콩에서 이루어지고 있습니다.[4] 또한 2021년 기업공개를 실시한 중국 기업의 10%가 미국에서, 30%가 홍콩에서 자금 조달을 할 정도로[5] 홍콩은 중국에게 매우 중요한 금융시장입니다.

홍콩의 주식시장에 상장되어 있는 기업의 절반 이상이 중국 기업이기도 합니다.[6] 완비된 법률체계 및 조세 혜택과 함께 영어 사용이 자유롭다는 점은 아시아 어느 지역보다 홍콩을 매력적인 금융 중심지로 만드는 요인들이었습니다. 그러나 이러한 홍콩의 이점은 홍콩의 중국화 경향이 심해지면서 점점 감소하는 추세입니다. 아직 눈에 띄게 나타나지는 않지만 홍콩에서 싱가포르로, 아시아 금융 허브의 이전이 일어나는 조짐이 보입니다. 실제 매년 발표되고 있는 국제금융센터지수(GFCI)에서 줄곧 아시아 1위를 차지하던 홍콩은 2022년 9월 발표된 순위에서는 싱가포르에 밀렸습니다.[7]

다만 중국의 입장에서 홍콩 문제를 볼 때 현재 상황을 전혀 이해할 수 없다고는 말하기 어려운 측면이 있습니다. 50년간 다른 체제를 인정한다고 한 시점부터 이미 불화의 조짐 내지 어려움이 예상되었습니다. 50년간 다른 체제가 계속된다면 이후에는 어떻게 될까요? 50년이 끝나는 시점에 한순간 홍콩의 모든 시스템이 중국의 시스템으로 바뀔 수 있을까요? 오히려 독립된 국가를 원하는 목소리가 더 크지 않을까요? 결국 어떤 형태로든 홍콩의 중국화는 예견된 수순이었던 겁니다. 다만 그 방법이나 절차가 매우 과격하고 비민주적이었다는 점이 문제인 것이 지요.

조금 더 시간이 지나면 좋은 의미로든 나쁜 의미로든 홍콩의 대중국 갈등은 점차 줄어들 것입니다. 이전 홍콩의 기억을 지닌 사람들은 점차 세상을 떠날 것이고, 새롭게 태어나는 세대들은 이미 변해버린 지금의 홍콩을 자연스럽게 받아들일 테니까요. 홍콩에서 지하철을 타면 3개국 어로 다음 역을 알리는 방송이 나옵니다. 표준 중국어(푸통화, 普通話), 광 둥어(廣東話), 영어입니다. 표준 중국어를 모르는 나이 든 세대는 점차 사 라지고, 광둥어에 익숙지 않은 젊은 세대는 점차 증가하겠지요. 그렇게 홍콩의 모습은 바뀌어갈 겁니다. 이렇게 본다면 중국이 홍콩을 대하는 기본 원칙인 일국양제는 사실상 실패한 것이라고 봐야 합니다. 이런 상 황에서 최근에 다시 뜨거운 감자로 떠오른 곳이 바로 대만입니다.

◆ 양안관계의 의미 ◆

일국양제가 원래 대만과 통일을 대비한 개념이라고 했는데요. 일국양 제가 홍콩에서 실패하는 모습을 보면서 대만인들이 중국인들을 보는 시 각도 훨씬 차가워졌습니다. 2020년 총통 선거에서 당초 고전할 것으로 예상되던 민진당(民進黨)의 차이잉원(蔡英文) 후보가 압도적인 표차로 당 선된 것도 반중 노선이 명확한 민진당의 손을 들어준 것이라는 해석입 니다. 민진당은 본래 대만의 독립을 추구하는 반중국 성향의 정당으로, 친중국 성향을 보이는 국민당(國民黨)과 이전부터 대립해왔습니다. 마오쩌둥의 공산당과 장개석의 국민당이 국공내전 등을 통해 그렇게 피 터지게 싸웠던 역사를 돌이켜본다면 국민당이 친중국 성향을 보인다는 점에 대해 의아하게 생각할 독자들이 있을지 모르겠습니다. 이는 국민당의 주요 지지 기반은 1949년 국민당의 대륙 철수와 함께 대만으로 건너온 사람들인 반면, 민진당의 주요 지지층은 이전부터 대만에 살고 있던 사람들이기 때문입니다. 국민당의 구성원들은 기본적으로 대륙 사람들 및 그들의 후예로 고향으로 돌아가고자 하는 마음이 있다는 의미이지요. 2020년 총통 선거 결과는 대만인들이 얼마나 중국의 정치적 압력과 간섭을 우려하고 있는지를 여실히 보여줍니다.

여기서 잠깐, 중국과 대만의 관계를 흔히 양안관계(兩岸關係, Cross-Strait Relations)라고 표현하는 이유가 무엇일까요? 이는 대만해협을 사이에 두고 서안(西岸)의 중국 대륙과 동안(東岸)의 대만이 마주 보고 있다는 뜻입니다. 서로를 국가로 인정하지 않는 중국과 대만이 양자의 관계를 나타낼 때 사용하며 정치적으로 중립적인 용어입니다.

중국은 1971년 10월 제26차 유엔 회의를 통해 유엔 가입이 허용되면서 안보리 상임이사국 지위를 회복했으나 대만은 축출되었습니다. 이후 수많은 우여곡절과 정치적인 부침을 겪었지만 중국과 대만은 최소한 경제적으로는 서로 원원하는 호혜적인 관계를 이어왔습니다. 대만의 전체 수출액 중 중국이 차지하는 비중은 2016~2021년에 26~30%였습니다. 중국은 대만 최대의 교역국이지요. 2021년 양안 간의 교역 규모는 3,283억 달러에 달했습니다.[8] 2001년 이후 줄곧 중국은 대만 최대의 수출국 지위를 유지하고 있다는 점에서 20년 이상 교역과 관련하여 중국의 대만에 대한 경제적 영향력이 지속되고 있음을 알 수 있습니다.

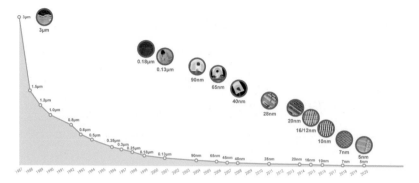

반도체 방패론의 핵심 TSMC의 반도체 기술 개발 과정
1987년 설립된 대만의 TSMC는 세계 최대 반도체 파운드리 기업이다. 2020년 5nm(나노미터) 기술 개발에 성공했다. 중국이 대만을 쉽게 침공할 수 없다는 논리로 흔히 사용되는 '반도체 방패론'의 핵심이 바로 TSMC에 있다.

반면 중국의 총수출액 중 대만이 차지하는 비중은 2% 내외에 불과합니다.

대만의 중국에 대한 영향력은 상대적으로 적습니다. 그러나 중국에게는 결정적인 약점이 있습니다. 거의 모든 첨단산업의 핵심 재료인 반도체와 관련해서는 대만에 대한 의존도가 매우 크다는 점입니다. 중국은 2021년에 전체 반도체의 35.8%를 대만에서 수입했습니다. 대만이 2021년 중국에 수출한 1,259억 달러의 상품 중 무려 45.6%에 해당하는 574억 달러가 반도체였습니다.[9] 무려 66조 원에 이르는 엄청난 규모로 중국이 쉽게 건드릴 수 있는 부분이 아닙니다.

이와 관련해서 재미있는 사례가 있습니다. 2022년 8월 미국의 펠로시 하원의장이 대만을 방문하자 중국은 거세게 반발하면서 다양한 조치를 취했습니다. 앞에서 중국은 대만을 국가로 인정하지 않는다고 말했습니다. 미국은 그동안 '하나의 중국 원칙'[10]을 인정하면서 대만 문제와 관련하여 중국에 대해 '전략적 모호성(strategic ambiguity)'을 견지해왔습니다. 모든 가능성을 열어두되 중국을 자극하는 민감한 언급이나 행동은 자제해온 것이죠.

그러나 미·중 경쟁과 갈등 상황이 점차 심화되면서 미국의 의도적인 대만 편들기가 심해지고 있는 상황입니다. 펠로시 하원의장의 대만 방문도 그 연장선에서 이루어졌다고 할 수 있지요. 중국은 반발 조치로 대만해협 등에서 훈련을 실시하며 군사적 위협을 가했을 뿐 아니라 일부 제품의 수출입을 금지하는 등 경제적 위협 조치도 취했습니다. 그런데 대만으로 수출을 금지한 품목이 천연모래, 대만에서 수입을 금지한 품목이 귤, 갈치 등 일부 농수산물이었습니다. 금액으로 수천만 달러에 불과한 수준이었지요. 이는 중국이 대만에 대해 반도체를 포함한 대규모 수출입 금지 등의 경제 제재를 할 의도나 이유가 없음을 시사하는 것이었습니다. 특히 반도체와 관련하여 미국의 대중국 제재와 압박이 가속화되고 있는 상황에서 반도체 주요 생산국인 대만을 적으로 돌리는 것은 중국으로서는 자기 등에 칼을 꽂는 행위에 해당합니다.

대만 침공의 반대 논리로 작용하는 이와 같은 주장을 흔히 '반도체 방패론(silicon shield theory)'이라고 부릅니다. 이런 상황임에도 불구하고 당시 일부 언론 등에서는 중국의 대만 제재가 광범위하게 지속될 것이라거나 대만 침공이 가시화될 가능성이 크다는 등의 이야기들을 쉽게 접할 수 있었습니다. 희박한 확률입니다. 심지어 중국이 미국의 반도체 규제를 회피하기 위해 대만을 침공하여 TSMC 등의 반도체 회사를 접수할 것이라는 주장도 있었습니다. 역시 실현 가능성은 낮은 시나리오입니다. 중국으로서는 그럴 필요성이 없고, 잃는 것도 너무 많기 때문입니다. 미국이 대만에 무기를 판매하는 등 중국을 자극하는 일련의 행위를 하고 있지만 미국의 기본 입장도 현재의 양안관계가 평화적으로 유지되는 것입니다. 물론 '하나의 중국 원칙'을 지지하며 대만 독립을 반대하는 입장도 명확히 밝히고 있습니다.

코로나 발생 이전인 2019년 기준으로 중국과 대만 간 상호 왕래 인원은 900만 명에 달했습니다. 1987년 5만 명에 조금 못 미쳤던 것을 생각하면 양안 간 교류가 얼마나 크게 확대되었는지를 알 수 있습니다. 우리와 같은 분단국가라고 해도 남북한 관계와는 판이합니다. 이산가족의 아픔이 현실적으로 존재하지 않으니까요. 번거롭고 비용이 많이 든다고 해도 서로 방문할 수 있습니다. 이런 차원에서는 굳이 물리적인 통일이 필요 없습니다.

또한 중국은 대만과 체제 경쟁을 할 필요성도 크게 못 느낍니다. 1980년만 해도 경제 규모가 중국 3,030억 달러, 대만 423억 달러로 중국은 대만의 약 7배 정도였습니다. 그러나 이후 중국의 급성장으로 인해 중국의 경제 규모는 2021년 17.5조 달러로 대만의 8,895억 달러에 비해 20배가 넘습니다. 경제력이 뒷받침되어야 하는 군사력[11]은 말할 필요도 없습니다.

◆ 양안관계 전망 ◆

현재 대만에 대한 중국의 기본 입장은 평화통일, 일국양제의 유지입니다. 이는 미국이 버티고 있는 한 어떤 형태로든 중국이 대만을 흡수통일할 확률이 크지 않다는 의미이기도 합니다. 대만이 분리 독립을 강

총서기 3연임에 성공한 시진핑 주석
시진핑 주석이 2022년 중국공산당 총서기에 다시 선출되며 3연임에 성공했다. 이로써 최소한 2027년까지는 시진핑의 중국 시대가 계속될 것이다.

하게 추구하지 않는 한 중국은 현 상태 유지를 원할 것입니다.

다만 2022년 시진핑 주석의 공산당 총서기 3연임이 확정되면서 양안관계의 긴장이 높아질 것이라는 의견이 나오고 있습니다. 이전의 장쩌민(江澤民)이나 후진타오(胡錦濤) 등은 공산당 총서기와 국가주석을 각각 연임(총 10년)하고 권좌에서 물러났습니다. 총서기는 연임 관련 규정이 없지만, 국가주석은 연임까지만 가능하다고 헌법에 명시되어 있었습니다. 통상적으로 두 직위를 한 사람이 맡았기에 자연스럽게 총서기 또한 연임에 그쳤던 것입니다. 그러나 시진핑 주석은 3연임을 금지하는 헌법을 고쳐가면서 국가주석의 임기 제한을 없앴습니다. 이는 실질적으로 총서기와 함께 국가주석 직위도 3연임을 하기 위한 조치였습니다.

이렇게까지 해서 시진핑 주석이 재집권한 이상, 무언가 중국 국민들에게 가시적인 정치적 성과를 보여야겠죠? 그중 가장 상징적이고 중요한 것이 대만과의 통일이라는 분석이 나옵니다. 양안관계의 갈등 가능성이 높아질 것이라는 주장의 근거이기도 하죠. 중국의 헌법 서문에는 대만과 관련하여 다음과 같이 규정하고 있습니다. "대만은 중화인민공화국의 신성한 영토의 일부분이다. 통일조국의 대업을 완성하는 것은 대만 동포를 포함한 중국인민 전체의 신성한 책무이다."[12] 이를 뒤집어 말하면 조국의 통일이라는 명시적이고 확실한 성과를 이룬다면 시진핑 주석은 마오쩌둥이나 덩샤오핑에 버금가는 명실상부한 지도자로서 각인될 수 있다는 의미입니다. 물론 시진핑 주석 본인도 잘 알고 있겠죠. 다만 향후 양안관계가 어떻게 전개될지 누구도 쉽게 확언할 수 없습니다. 그동안 많은 전문가들은 중국이 생각하는 대만과의 통일 시한을 2049년으로 예상하는 분위기였습니다.[13] 2049년은 신중국 성립 100주년이 되는 상징적인 해이기 때문입니다. 최근에는 이 시한이 조금 더 앞당겨질 것이라는 의견도 많이 나오고 있습니다. 2023년 현재, 시진핑 주석이 자신의 세 번째 임기 내에 조국통일이라는 정치적 성과를 달성하기 위해 대만을 침공할 것이라는 급진적인 의견도 나오고 있는 상황입니다.

양안관계의 전개 방향은 우리와도 밀접한 관련이 있는 매우 예민하면서도 중요한 문제입니다. 그러나 다른 모든 것을 떠나 확실한 한 가지는 군사적 긴장 관계가 높아지면서 중국과 대만의 국민들이 생명을 바치는 일이 발생한다면 그보다 더 안타까운 일은 없으리라는 것입니다. 국민의 눈물을 희생으로 얻는 정치적, 경제적 이익이라는 것이 과연 무슨 의미가 있을까요? 심지어 전쟁은 그 본질상 혁신을 통해 창출하는 경제적 가치보다 파괴하는 경제적 가치가 훨씬 크다는 점은 경제사학자 대다수가 동의하는 바이기도 합니다.[14] 반중, 혐중을 떠나 내전의 경험 이라는 아픈 기억을 공유하고 있는 우리로서는 누구보다 양안관계의 평 화를 절실하게 바라고 있다고 할 수 있습니다.

9장

디지털위안화

화폐시장의 룰을 바꾸려는 중국의 야심

20위안 지폐의 마오쩌둥과 1달러 지폐의 조지 워싱턴

중국이 디지털위안화의 개발과 활용에 적극적으로 노력하는 이유 중 하나는 위안화의 범용성을 높여 위안화의 국제화를 달성하기 위해서이다. 달러가 지배하는 국제금융시장에서 자국의 통화인 위안화의 영향력을 높이려는 의도이다.

◆ 디지털위안화의 등장 ◆

비트코인 등 암호자산과 관련된 논의가 많습니다. 화폐냐 상품이냐, 가치가 있느냐 없느냐, 규제를 할 것이냐 말 것이냐, 한다면 어떻게 할 것이냐 등등. 암호화폐 관련 사고도 많이 일어나고 있죠. 2022년 5월에 발생한 테라·루나 사태와 11월의 가상자산거래소 FTX 붕괴는 암호자산의 안전성에 대해 글로벌 차원에서 경종을 울린 사건이었습니다. 그럼에도 불구하고 확실한 방향 중의 하나는 주요국의 중앙은행들이 암호자산에 관심을 가지고 디지털통화를 연구 개발하는 추세라는 점입니다.[1] 중앙은행 디지털통화를 CBDC(Central Bank Digital Currency)라고 하는데요, 이미 국제결제은행(BIS)에서는 중국 등 4개국 CBDC 간 통합 결제 파일럿 프로그램 엠브릿지(mBridge)를 2021년 하반기부터 시작했습니다.[2]

현재 CBDC의 개발 및 적용과 관련하여 가장 앞서가는 나라 중의 하나가 중국입니다. 중국인민은행이 발행하는 디지털 형식의 법정통화 디지털위안화(數字人民幣, e-CNY)는 이미 2014년 연구가 시작되었습니다. 2016년 중국인민은행 내부 조직으로 디지털화폐연구소를 설립하고, 2017년에는 기본 시스템이 완성되었으며 2019년부터 시범 사용을 시작했습니다. 2019년 선전 등 5개 시범 지역을 시작으로 2020년 상하이 등 6개 지역을 추가했으며 2022년 다시 톈진(天津) 등 6개 지역이 추가되었습니다. 2022년 8월 현재는 15개 성의 23개 도시에서 시범 사용 중입니다. 한편 2022년 6월 충칭시는 디지털위안화를 통한 세금 납부 제도까지 도입했습니다.

초상은행의 신용카드
2022년 6월 현재 디지털위안화 발행을 인가받은 은행은 모두 10개다. 주식제상업은행으로는 2개가 포함되었으며 초상(招商)은행은 그중 하나이다.

이상의 도입 과정을 보면 어느 정책이든 일단 일부 지역을 대상으로 시범 실시한 이후에 그 효과 등을 검토하여 전국으로 확대하는 중국의 정책 스타일을 그대로 따르고 있습니다. 2022년 8월 현재 디지털위안화 시범 지역에서 총 사용 업체는 560만 개, 누적 사용 건수는 3.6억 건, 사용 금액은 1,000.4억 위안을 기록했습니다[3]. 사용 방법은 디지털위안화 지갑 앱을 다운로드해 온·오프라인에서 사용하거나, 근거리무선통신(NFC)[4] 기술을 탑재한 실물 카드를 사용하는 것입니다. 한편 2022년 6월 현재 디지털위안화 발행을 인가받은 중국 금융기관은 공상은행, 중국은행, 건설은행, 농업은행, 교통은행, 우정은행, 초상은행, 흥업은행, 마이뱅크, 위뱅크 등 10개입니다.

그럼 금융산업의 발전이 더딘 것으로 알려진 중국이 CBDC는 어떻게 다른 나라보다 더 빨리 추진했을까요? 여러 가지 이유를 꼽을 수 있는데요, 중국 국내와 해외에서 주장하는 내용이 차이가 납니다.[5]

중국 국내에서는 우선 화폐 관리 비용 절감을 들고 있습니다. 실물 화폐를 발행할 필요가 없으니 당연히 발권 · 운송 · 폐기 비용 등을 절약할 수 있겠지요. 그러나 디지털통화를 발행함으로써 결과적으로 화폐관리 비용이 절감된다는 점을 감안하면, 비용 절감을 목적으로 디지털통화를 적극적으로 발행하게 되었다는 주장은 조금 설득력이 떨어집니다.

두 번째는 자금세탁 등 불법행위 방지입니다. 현금은 무기명성으로 인해 불법 경제활동에 이용되는 경우가 종종 있습니다. 중앙은행의 디지털통화는 소유 및 이전을 모두 중앙은행에서 투명하게 들여다보고 통제할 수 있기 때문에 자금세탁이 불가능합니다. 따라서 이것은 충분히 일리 있는 주장입니다.

마지막은 위안화의 국제화입니다. 현재의 글로벌 금융시장 상황에서 위안화가 달러나 유로 등 지배적인 통화의 영향력을 뛰어넘기는 쉽지 않습니다. 그러나 디지털위안화가 선구적으로 중앙은행의 디지털통화로 자리매김하고 그 편의성이 입증된다면 중국과의 무역 등에 사용될 가능성이 충분합니다. 디지털위안화는 범용성을 높이는 획기적인 수단이 될 수 있다는 말이죠. 오랜 기간 위안화의 국제화를 위해 노력해온 중국으로서는 CBDC가 어찌 보면 일거에 게임의 룰을 바꿀 수 있는 절호의 기회라고 생각할 수 있습니다. 그럼 여기에서 위안화 국제화에 대해 조금 더 알아볼까요?

◆ 위안화 국제화의 현실 ◆

미국이 세계 제1의 강대국 자리를 유지하는 가장 중요한 요인이 달러의 막강한 힘이라는 데 이의를 제기할 사람은 별로 없을 것입니다. 경제위기가 닥쳐올 때, 금융 및 외환 시장이 출렁일 때 어느 국가나 공통적으로 걱정하는 것이 있습니다. 바로 "외국인 투자자가 빠져나가고 외환보유액이 줄어들면서 달러가 부족해지면 어떡하지?" 하는 것입니다.

달러가 부족한 것이 왜 문제가 되냐구요? 그것은 우리가 개방경제하에 살고 있기 때문입니다. 우리에게 부족한 것은 외국에서 사와야 하고, 외국에서 필요로 하는 것은 우리가 만들어서 팔아야 하는데 사고팔 때의 거래 수단이 기본적으로 달러입니다. 전 세계 거의 모든 곳에서 자유롭게 사용할 수 있는 달러! 오지여행가 한비야 씨는 자신의 책에서 해외여행을 할 때는 혹시 모를 위기 시에 사용하려고 항상 100달러짜리 지폐 한 장을 비상금으로 숨기고 다닌다고 말했습니다. 세계 어디에서나 마법처럼 통하는 뇌물이라면서요.

달러의 이런 무소불위한 힘 때문에 우리나라도 경제 및 금융 불안의 조짐이 보이면 충분한 외환보유액을 유지해야 하느니, 미국과 통화스왑6)을 해서 금융 안전판을 마련해야 하느니 하는 훈수(?)들이 곳곳에서 터져 나옵니다. 이러한 상황에서 자유로울 수 있는 유일한 국가가 미국입니다. 속된 말로 달러가 없으면 그냥 달러를 찍어내면 되니까요. 본질적으로 미국은 외환보유액을 유지할 필요가 없습니다. 또 미국은 매년 엄청난 화폐주조차익(seniorage)을 얻고 있습니다. 화폐주조차익이란 국가가 화폐 발행을 통해 얻는 이득을 말하는데, 구체적으로 화폐의 액면가치와 실제 제조비용의 차액을 말합니다.[7] 미국이라는 나라가 달러로 얻는 이익이 얼마나 큰지를 잘 알 수 있습니다.

중국이 미국에 소심하게나마(?) 대들 수 있는 유일한 국가라고 하는데, 그렇다면 위안화의 위상은 달러에 비할 때 어떨까요? 조금이나마 따라잡고 있는 상황일까요? 전혀 그렇지 않습니다. 냉정하게 말해 아직 갈 길이 너무 멉니다.

2022년 초 언론에 이런 기사가 많이 실렸습니다. 위안화가 엔화를 제치고 세계 네 번째의 국제결제 지급통화로 올라서며 위안화 위상이 점점 커지고 있다는 요지였습니다. 국제 거래에서 최종 거래를 완결 지을 때 사용하는 통화 중 위안화가 네 번째로 많이 쓰이게 되었다는 것이었지요. 그런데 그 비중이 아직은 너무 미미합니다. 2021년 12월 기준으로 달러 40.5%, 유로 36.7%, 파운드 5.9%, 위안 2.7%, 엔 2.6%라고 합니다. 사실 달러와 유로 2가지 통화가 77% 이상 차지하고 있으니, 나머지 통화들은 그저 도토리 키 재기 수준인 셈이죠. 현재 달러는 위안화보다 15배 더 많이 사용되고 있습니다. 그나마 2.7%라는 수치도 허수가 많이 포함되어 있다는 지적이 있습니다. 위안화가 세계 네 번째 국제결제 지급통화로 올라선 것은 위안화에 대한 외국의 수요가 증가해서라기보다 중국 국유기업들의 해외 진출 확대에 따른 결과[8]라는 것입니다. 한편 2022년 7월 기준으로 국제경제 지급통화로서 위안화의 사용 비중은 2.2%에 그쳐 다시 엔(2.8%)에 밀리며 다섯 번째 통화에 그쳤습니다. 통화의 사용 및 영향력 확대라는 것이 만만치 않은 일임을 잘 보여주는 결과입니다.

그럼 우리나라의 수출입 결제에서는 위안화가 얼마나 많이 사용되고 있을까요? 2021년 기준으로 수출은 2.0%, 수입은 1.5% 사용되었습니다. 물론 2017년 수출 1.7%, 수입 1.0%보다는 조금 상승했지만 여전히 매우 미미한 수준입니다.[9] 밀접한 교역관계에 있는 우리나라가 이 정도로 낮은 수준이라는 점은 국제무역에서 위안화 사용 범위와 빈도가 아직은 지극히 낮다는 것을 잘 보여줍니다. 2022년 현재 국제무역 결제에서 위안화를 사용하는 국가는 우리나라를 포함해 영국, 캐나다, 독일, 러시아, 터키, 베트남 등 약 30여 개국에 불과합니다.

또한 국제채권 발행 시의 표시 통화나 외환거래에서의 사용 빈도도 위안화는 아직 미미한 수준입니다. 2021년에 발행된 국제채권 중 위안화로 표시된 것은 전체 채권 발행액의 0.4%에 그쳤습니다.[10] 또한 외환거래에서 위안화를 사용하는 비중도 2016년 2.0%, 2019년 2.2%로 큰 차이가 없었습니다. 2022년은 3.5%로 조금 상승했는데,[11] 그래도 여전히 달러(44%), 유로(15%), 엔(8%), 파운드(6%)에 이어 다섯 번째 통화에 불과했습니다. 참고로 우리나라 원(1%)은 사용 빈도에서 열두 번째 통화였습니다.

그렇다면 다른 통화와 비교할 때 위안화의 국제화는 어느 정도 수준일까요? 중국인민은행이 지급결제 비중, 외환보유액 구성 비중 등 총 9개 지표를 기준으로 산출했을 때 위안화는 2021년 국제화종합지수 점수가 2.8에 그쳤습니다.[12] 달러 58.1, 유로 21.8, 파운드 8.8, 엔 4.9이니 아직 갈 길이 먼 상황이죠.

중국이 금융시장을 완전히 개방하지 않는 한 위안화의 국제화에는 한계가 있을 수밖에 없습니다. 그러나 이것이 중국의 금융시장이 글로벌 금융시장 리스크에서 완전히 벗어나 안전하다는 의미는 아닙니다. 비록 중국의 주식 및 채권시장에서 외국인의 보유 비중은 전체의 3~4%에 불과하지만, 외국인이 주식·채권·예금 등의 형태로 보유하고 있는 위안화 금융자산 규모가 2021년 말 이미 10.8조 위안(약 1.7조 달러)에 이르는 막대한 수준이기 때문입니다.[13]

◆ 위안화의 국제화를 위한 노력 ◆

사실 중국은 2008년의 글로벌 금융위기를 계기로 달러 중심의 국제 통화 시스템에 대해 여러 가지 문제를 제기하면서 2009년부터 위안화의 국제화를 본격적으로 추진하기 시작했습니다.

우선 무역에서 위안화 사용을 늘렸습니다. 위안화로 결제한 무역 규모는 2009년 36억 위안에서 2021년 8조 위안까지 급증했습니다.

두 번째는 범세계적인 금융통신망인 국제은행간결제시스템(SWIFT)에 대항하기 위해 2015년에 국경간위안화지급결제시스템(CIPS, Cross-border Interbank Payment System)을 설립했습니다. SWIFT는 금융거래 관련 메시지를 안전하고 효율적으로 주고받기 위해 유럽의 은행들이 1973년 브뤼셀에 설립한 금융통신망입니다. 200여 개국의 1만 1천여 개 금융기관이 이 망을 이용하고 있습니다. 사실상 전 세계 은행들이 서로 거래할 때 이용하는 통신표준이라고 할 수 있습니다. SWIFT와 비교한다면 CIPS는 2021년 기준으로 참여 기관은 1,259개[14], 1일 결제 규모는 3,184억 위안에 불과하므로 아직 갈 길이 멀지요. 거래 규모도 1%에 못 미치는 수준입니다.

세 번째는 다양한 부문에서 위안화의 사용 범위가 확대되고 있습니

상하이선물거래소의 ESG 보고서
2018년부터 상하이선물거래소의 거래 품목으로 원유가 추가되었다. 원유 선물거래 시 위안화가 사용되고 있으며, 이는 위안화 국제화의 큰 진전으로 평가받는다.

다. 2016년에는 위안화가 IMF 특별인출권(SDR)에 편입되며 위안화 국제화의 역사에서 큰 진전이 이루어졌습니다.

한편 2018년 3월에는 세계에서 세 번째로[15] 상하이선물거래소에 원유 선물시장이 개설되었는데, 여기에서 위안화가 부분적으로 사용되고 있습니다. 달러가 현재의 강력한 지위를 유지하는 배경의 하나로 꼽히는 것이 국제 원유거래가 주로 달러로 이루어진다는 점입니다. 이를 감안할 때 국제 원유거래에서 위안화 결제가 얼마나 활성화될지 앞으로 지켜봐야 할 것입니다.

최근에도 위안화의 수용 범위가 확장되는 모습입니다. 2022년에는 이스라엘이 외환보유액 구성 통화로 위안화를 추가[16]했습니다. 이런 추세가 반영되면서 전 세계 외환보유액에서 위안화가 차지하는 비중은 2012년 1.2%에서 2022년 9월 말에는 2.8%로 상승했습니다.[17] 금액으로는 2,978억 달러입니다. 한편 2022년 6월에는 중국인민은행이 BIS와 손잡고 금융위기 시 위안화를 통한 유동성 지원 시스템을 구축하면서 위안화 국제화의 지평을 조금 더 넓혔습니다. 위안화 유동성 지원창구(RMBLA, Renminbi Liquidity Arrangement) 제도가 그것입니다. 이는 외화준비금을 적립하여 금융시장에 위기가 발생했을 때 참가 중앙은행에게 유동성을 지원하기 위한 목적입니다. 창립 멤버는 중국인민은행 등 6개국 중앙은행[18]인데, 각각 150억 위안(약 2.6조 원) 이상의 위안화 또는 동일한 가치의 달러를 납입하고 유동성 지원이 필요할 경우 상호 지원하는 시스템입니다.

이처럼 위안화가 다양한 방면에서 사용 범위를 넓혀나가고 있는 것은 사실이지만 매우 더디게 점진적으로 이루어지고 있어, 달러에 대항하는 진정한 통화로 인정받는다는 꿈은 아직 먼 미래의 일입니다.

◆ 디지털위안화에 대한 외부의 시각 ◆

한편 해외에서는 디지털위안화의 추진 배경을 중국 국내와는 조금 다른 차원에서 해석하고 있습니다.

우선 미국의 대중국 금융제재를 우회하는 수단으로 사용할 목적이라는 지적입니다. 중국은 디지털위안화 사용을 통해 국제은행간결제시스템(SWIFT)을 우회함으로써 달러의 주도적 지위를 약화할 가능성이 있다는 것입니다. 2022년 러시아-우크라이나 전쟁 시 미국이 주도하는 서방국가들은 러시아에 대한 경제제재 조치의 일환으로 SWIFT 참여를 금지했습니다. 어느 제재보다 강력한 금융 조치라고 할 수 있는데요, 디지털위안화는 바로 이를 회피하기 위한 수단으로 사용될 수 있습니다.

두 번째는 중국이 디지털통화 분야에서 글로벌 규범을 선도하기 위해서라는 것입니다. 아직 어느 국가도 중앙은행이 디지털통화를 완전하게 개발하여 전면적으로 사용하고 있지 않습니다. 이 말인즉슨 앞서가는 국가가 '선도자의 이익(First-mover Advantage)'을 누릴 수 있다는 말입니다. 여기에서 선도자의 이익이란, 새로운 제품이나 서비스를 맨 처음 내놓는 기업이나 행위자가 얻게 되는 브랜드 인지도, 고객 충성도, 유통경로 선점 등을 의미합니다. 선점자 이익, 선발주자 이익이라고도 합니다. 디지털위안화의 형태나 작동 방식 등을 후발주자들이 따라 하면서 중국이 규칙 제정자 역할을 할 수 있다는 것이죠. 현재 글로벌 금융시장의 규칙 제정자라고 할 수 있는 미국이나 유럽이 무척 싫어하는 시나리오입니다.

마지막으로 들 수 있는 것이 중국 정부가 알리바바 등 대형 플랫폼 기업을 견제하면서 빅데이터를 확보하기 위해서라는 지적입니다. 현재 중국의 간편결제 서비스 시장은 알리바바의 알리페이(Alipay)와 텐센트의 위챗페이(Wechatpay)가 양분하고 있습니다. 두 기업이 90% 내외의 시장점유율을 자랑하고 있지요. 이러한 복점(複占, duopoly)시장에 중국 인민은행이 진입하여 두 거대 빅테크 기업을 견제하기 위한 목적이라는 겁니다. 중국 정부에 위협이 될 정도로 커진 빅테크 기업에 대한 견제와 규제 강화는 몇 년 전부터 지속되고 있는 경향입니다. 또한 디지털위안화를 운영하는 과정에서 수집한 개개인들의 금융거래 정보를 중국 정부가 수집하여 활용하기 위한 목적도 있다는 비판입니다. 이와 같은 입장

디지털위안화 사용 가능 매장
2022년 8월 현재 중국에서 디지털위안화를 사용할 수 있는 매장은 560만 개를 돌파했다.

은 이미 '감시자본주의'라는 비난을 받고 있는 중국을 비판하기에 더없이 적절한 주장이라고 할 수 있습니다.

◆ 디지털위안화의 전망 ◆

2022년 현재 디지털위안화는 수수료가 없으며 앞으로 사용 범위 등이 확대된다 해도 알리페이나 위챗페이보다 낮은 수수료를 유지할 거라는 전망입니다. 다시 말해 어느 정도까지는 사용이 확대될 가능성이 있다는 의미입니다. 그러나 자본시장이 개방되어 있지 않은 상황에서 디지털위안화 사용에 한계가 있는 것도 분명합니다. 중국의 금융시장에 투자할 수 없는 상황에서 외국인들이 디지털위안화를 보유하고 얻는 실익이 거의 없다고 봐야 할 겁니다. 또한 금융거래 관련 개인정보가 중국 정부의 손에 들어가는 것도 꺼려지죠.

중국인들도 기존에 사용하던 알리페이나 위챗페이에 비해 월등히 나은 서비스를 제공하지 않는 한 디지털위안화를 널리 사용할 것 같지 않습니다. 많은 서비스가 연계되어 있고 온라인상에서 편의성을 제공받고 있는 소비자들이 단순히 수수료가 저렴하다는 이유만으로 기존의 익숙한 결제 수단을 버리고 디지털위안화를 사용할까요? 인간의 습관과 관성이 무섭다는 점에서 가능성이 그리 커 보이지 않습니다. 예를 들어 우리가 흔히 쓰는 컴퓨터 자판(쿼티 자판, QWERTY 자판)의 영문 배열을 보면 상당히 불편하게 되어 있습니다. 이렇게 된 이유에 대해서는 타자기 시절에 타이프바의 엉킴을 방지하기 위해 만들어졌다는 설 등이 있습니다. 어찌 되었든, 이후에 더 편리하고 빠른 속도를 낼 수 있는 자판이 나왔음에도 불구하고 이미 많은 사람들에게 너무나 익숙해진 최초의 이 자판 배열이 계속 쓰이게 되었다고 합니다.

한편 디지털위안화를 비롯하여 전자결제 수단의 확대에 따른 부작용인 정보 격차(digital divide) 내지 금융 소외 현상은 특히 유념해야 할 부분입니다. IT 기술에 익숙하지 않은 노인이나 외국인들이 현금으로 결제하려 해도 이를 지급수단으로 수용하지 않는 현상이 대표적입니다. 중국인민은행은 2022년 2/4분기에 현금 지불을 거절한 20개 업체를 적발하고 처벌한 바 있습니다. 주차장, 음식점, 슈퍼마켓 등 업체 형태도 다양했습니다. 이와 같은 현상은 우리나라에서도 얼마든지 일어날 수 있는 일입니다. 은행들이 대면거래가 가능한 지점을 점차 줄이면서 고령층이 은행 이용에 큰 불편을 겪고 있는 현실이니까요. 실제 우리나라 은행의 총 지점(출장소 포함) 수는 2019년 말의 6,709개에서 2022년

9월 말 5,851개로 감소하여 2년 9개월 만에 858개 즉, 13%나 줄어든 것으로 나타났습니다. 이런 점을 생각하면 중앙은행 디지털통화의 사용과 확대를 위해서는 단지 기술적 문제뿐만 아니라 경제적 · 법적 · 사회적 차원의 다양한 논의와 준비가 필요할 것입니다.

10장

토지사용권판매수입

지방정부의 막강한 돈줄

중국에서 부동산 가격이 가장 높은 지역 중 하나인 선전

현재 선전은 상하이와 더불어 중국에서 부동산 가격이 가장 높은 도시 중 하나이다. 이는 선전이 중국에서 인구밀도가 가장 높은 도시로 부동산 수급 불균형이 매우 심각하기 때문이다. 2020년 기준으로 중국 전체 인구밀도가 제곱킬로미터당 148명인 데 반해 선전은 무려 8,848명에 달한다.

◆ 중국 부동산시장의 특징과 집값 수준 ◆

2009년 중국에서 〈달팽이집(蝸居)〉이라는 TV 드라마가 방영되었습니다. 부동산 가격이 급등함에 따라 평생 내 집 장만이 불가능할지 모른다는 우려에 빠진 주인공은 무리한 대출을 받아 아파트를 장만합니다. 그러나 주인공은 점차 빚의 노예가 되어갑니다. 많은 사람들이 이야기에 공감하면서 드라마는 엄청난 인기를 끌었습니다. 그러자 중국 정부는 중간에 방영을 중지해버렸습니다. 왜 그랬을까요? 많은 국민들이 너무 절절하게 공감하는 내용을 사실적으로 묘사했기 때문입니다.

"맞아. 나도 그렇지. 집이 있다고 하지만 온전히 내 집이 되려면 몇십 년을 아껴가며 빚을 갚아야 하고, 그러다 점점 거지처럼 하루하루 허덕이며 살아야 하는 갑갑한 인생……. 어디에서부터 잘못되었을까? 월급은 안 오르는데 집값은 정말 미친 것 아니야? 정부는 왜 아무것도 안 하는 거지? 위대한 사회주의 국가를 실현했다고 자부하는 공산당은 무엇을 하고 있는 거지?" 이렇게 생각한 국민들이 많았을 것이며, 정부 당국 입장에서는 비판의 화살이 자신들에게 향할지 모른다는 우려가 컸습니다.

중국의 국민들에게 경제적 부담이 가장 큰 부문인 교육, 의료, 주거 중 특히 주거 문제는 가장 많은 비용이 소요된다는 점에서 한 사람의 일생을 좌우할 정도로 막대한 영향을 미칩니다. 동시에 빈부 격차가 가장 심하게 나타나는 분야이기도 합니다.

사실 중국인들도 우리 못지않게 주택 소유에 대한 집념이 강합니다. 결혼 조건 중 하나로 남성이 집을 장만하는 것을 당연하게 여깁니다. 사

$$PIR = \frac{\text{통상적인 면적의 일반주택 가격}}{\text{연간 소득}}$$

가구소득 대비 주택가격비율(PIR, Price to Income Ratio)
부동산 가격 수준을 참고하기 위해 흔히 가구소득 대비 주택가격비율(PIR)을 비교한다. 2022년 상반기 기준으로 중국의 PIR는 38.4에 달했다. 38년간 소득을 모아야 집 한 채를 살 수 있다는 의미다.

실 신중국 건립 이후 상당 기간 동안 정부는 직업과 주택을 배분하는 시스템을 유지했습니다. 다시 말해 당시에는 비록 열악하지만 누구나 거주할 공간이 있었다는 의미입니다. 그러나 1990년대 들어 주택을 자유롭게 매매할 수 있게 되면서 상황이 변화하게 되죠. 대도시를 중심으로 양질의 주택에 대한 선호가 높아진 반면 공급은 부족해진 겁니다. 수요가 공급을 초과하면 가격이 올라가는 것은 당연한 일입니다. 여기에 더해 중국 정부가 경기부양에 쏟아부은 막대한 돈이 부동산에 몰리기 시작합니다. 금융시장 발달이 미흡하여 투자할 수 있는 금융 상품이 제한적인 데다 금융시장이 개방되어 있지 않은 상황에서 해외 투자의 길도 막혀 있었으니까요. 결국 대도시를 중심으로 부동산 가격은 미친 듯이 상승하기 시작합니다.

그럼 중국의 부동산 가격은 도대체 얼마나 높은 수준일까요? 어느 정도가 적정한지에 대해 일치된 의견은 없습니다. 다만 자주 사용하는 지표의 하나로 '가구소득 대비 주택가격비율(PIR, Price to Income Ratio)'이 있습니다. 일정 지역이나 국가에서 통상적인 면적[1]의 일반 주택을 구입하는 데 얼마만큼의 연간 소득이 필요하느냐를 계산한 수치입니다. 몇 년치의 연봉을 모아야 그 지역에서 주택을 구입할 수 있느냐는 의미입니다. 2022년 상반기 기준으로 중국의 PIR은 무려 38.4였습니다. 30년 동안 직장생활을 해서 돈을 벌어도 주택 한 채 구입하기 어렵다는 말입니다. 중국의 주택 가격이 얼마나 높은지 짐작할 수 있겠죠. 조사 대상 113개국 중 여섯 번째로 높은 수준이었지요. 이는 우리나라(26.5, 12위)보다 훨씬 높습니다.[2]

◆ 토지사용권판매수입 ◆

부동산시장은 어느 나라나 국가경제의 매우 중요한 부분입니다. 중국도 예외가 아닙니다. 중국 전체 고정자산 투자의 약 10%가 부동산 개발투자입니다. 또한 관련 부문을 포함하면 부동산업은 전체 GDP의 20~30%를 차지한다는 점에서 그 활황 여부가 경제 성장과 밀접하게 연관됩니다. 부동산업은 전기, 교통, 통신뿐만 아니라 철강 · 시멘트 · 유리 등의 건자재산업, TV · 냉장고 등의 가전산업을 포함하여 48개 산업과 연관되어 있습니다. 또한 국유기업 노동자의 20%가 부동산개발업에 종사한다는 점에서 고용과도 관련이 깊죠.[3] 물론 정부 재정과도 밀접한 관련이 있습니다. 특히 지방정부 재정의 40% 내외를 부동산 부문이 감당하고 있습니다.[4]

여기에서 중요한 역할을 하는 핵심 개념이 토지사용권판매수입(土地出讓金)입니다. '토지를 양도한 금액', 즉 말 그대로 토지를 사용할 수 있는 권리를 판매한 금액입니다. 토지를 소유하고 있는 국가가 일정 지역의 토지를 정해진 기간 동안 사용할 수 있는 권리를 부동산개발업체들에게 경매를 통해 판매하고 얻는 수익입니다. 부동산시장이 호황일수록 당연히 경매 금액은 높아지고 토지사용권판매수입도 늘어날 것입니다.

지금은 중국의 지방정부도 지방채 발행으로 자금을 조달할 수 있습니다. 물론 연간 발행 한도가 엄격하게 규제되어 있기는 하지요. 그러나 수년 전만 해도 지방정부는 채권을 발행할 수 없었습니다. 지방정부 재정의 건전성을 위협할 수 있다는 명분이었습니다. 대다수 세원이 국세인 상황에서 지방정부가 자금을 조달할 수 있는 통로는 극히 제한적으로 크게 2가지였습니다. 하나는 중앙정부의 교부금이고 나머지 하나가 토지사용권판매수입이었습니다. 지방채 발행이 가능한 지금도 지방정부의 재정수입원별 비중을 보면 중앙정부의 교부금 40%, 토지사용권판매수입 30~40%, 지방세 및 지방채 발행 등 자체 수입원 20~30% 정도입니다. 여전히 토지사용권판매수입이 중요한 비중을 차지하고 있습니다. 부동산시장이 침체에 빠져 토지사용권 판매가 부진하면 지방정부의 재정이 곧바로 취약해지는 구조입니다. 2022년 하반기에 부동산시장의 부진으로 토지사용권판매수입이 급감하자 일부 지방에서는 공무원의 월급이 체납될 정도였습니다.

한편 토지사용권 판매와 관련된 뿌리 깊은 부패 문제가 있습니다. 거액의 돈이 오가는 만큼 부패의 유혹은 어느 것보다 크겠지요. 부동산개발업체들은 경매를 통해 토지사용권을 구입하면 원래 대금을 1년 이내에 지방정부에 완납해야 합니다. 하지만 지방 관료들과 유착관계를 맺은 부동산개발업체들은 선분양 대금을 받을 때까지 이를 미루고, 토지사용권 구입 대금 완납 승인 이후에야 비로소 가능한 은행대출도 승인 이전에 신청하는 등의 편법·불법 문제가 많았다는 지적입니다.5)

◆ 부동산 정책의 어려움 ◆

따라서 부동산시장이 적절하게 활황을 보이고 가격도 점진적으로 오르는 것이 정부 입장에서는 바람직합니다. 문제는 적정하게 오르기가 쉽지 않다는 것입니다. 우리나라에서도 숱하게 나타난 현상이지만 집값은 한순간에 미친 듯 오르는 경우가 많습니다. 중국도 마찬가지였습니다. 과도하게 급등한 주택 가격으로 수많은 서민들이 주택 구입을 포기했습니다. 이는 사회불안을 조장하는 중요한 요인이 될 가능성이 큽니다. 또한 주택 구매자들이 금융기관에서 과도한 모기지대출을 받을 경우 부실 위험이 커지면서 금융시장 리스크도 증가합니다.

이에 따라 중국 정부는 그동안 부동산시장 규제와 완화 정책을 번갈아 시행해왔습니다. 대표적인 것이 2021년 1월부터 시행 중인 소위 '3가지 붉은 선'(삼조홍선, 三條紅線) 정책입니다. 중국 정부가 부동산개발기업에게 제시한 가이드라인으로 부채비율 규제 등이 주요 내용입니다.[6] 급등한 부동산 가격이 사회 안정을 해칠 정도에 이른 데다 부동산개발기업의 과도한 부채 의존에 따른 금융시장 리스크 확대 등이 정책을 시행하게 된 배경입니다. 결국 자금줄이 막힌 부동산개발기업들의 경영난이 시작되었고 부동산 재벌 헝다그룹의 디폴트 사태 등으로 이어졌습니다.

2021년 이후 상업은행들에 적용되고 있는 '부동산대출집중관리제도'도 마찬가지입니다. 은행 종류별로 전체 부동산대출 및 개인모기지대출 잔액 비율을 정해서 엄격하게 관리하고 있습니다. 예를 들어 대형상업은행의 경우 부동산대출 잔액은 전체 대출의 40% 이내, 개인모기

지대출 잔액은 32.5% 이내를 준수해야 합니다.[7]

그러나 2022년에 들어서면서 다시 상황은 변화했습니다. 코로나19의 변이 바이러스로 인한 도시 봉쇄 조치 등이 이어지면서 중국경제가 다시 안 좋은 상황으로 들어선 것이지요. 특히 부동산 부문의 부진이 심각했습니다. 부동산시장이 살아나지 않는 한 중국경제가 성장세를 회복하기는 쉽지 않습니다. 소비심리가 얼어붙은 상황에서 그나마 회복 가능성을 기대할 수 있는 분야 중의 하나가 부동산 부문이니까요. 결국 중국 정부는 부동산 기업들의 리스크를 통제하기 위해 시행 중이던 기존 정책의 완화를 검토해야 할 상황에 놓였습니다. 어떤 형태로든 부동산시장 부양을 위해 노력해야 하는데 이는 필연적으로 규제 완화를 동반할 수밖에 없습니다. 그럴 경우 레버리지 축소를 통한 금융시장 안정이라는 목표는 다시 멀어질 수밖에 없겠죠. 진퇴양난의 상황입니다.

◆ 지방정부투자공사 ◆

중국의 부동산시장과 관련해 중요한 개념 중 하나가 바로 '지방정부투자공사(LGFV)'[8]입니다. LGFV는 중국경제의 위기와 중국 금융시장 리스크의 확대 등을 이야기할 때 언론에 빠짐없이 등장하는 용어입니다. 흔히 '지방정부 융자 플랫폼'이라고 불립니다.

앞에서 이야기했듯이 중국 지방정부는 항상 돈이 부족합니다. 경제개발을 위한 인프라 건설 등에 대규모 자금이 필요한 상황에서 중앙정부의 교부금이나 토지사용권판매수입 등의 재원만으로는 일반 행정 비용을 충당하기에도 빠듯합니다. 이런 어려움 속에서 탄생한 기구가 바로

LGFV입니다. 특히 2008년 글로벌 금융위기 이후 대규모의 경기부양 과정에서 LGFV 설립이 급증했습니다. 그렇다면 LGFV는 도대체 어떤 기관일까요?

예를 들어 지방의 어느 지역에서 강을 건너는 대규모 다리를 건설한다고 합시다. 엄청난 자금이 필요하지만 지방정부는 예산이 부족합니다. 그럼 지방정부는 페이퍼 컴퍼니 형태의 특수목적법인(SPV, Special Purpose Vehicle)을 설립합니다. 이 법인이 채권을 발행하여 조달한 자금으로 필요한 건설공사를 진행합니다. 공식적인 지방정부 조직에는 속하지 않으나 지방정부의 암묵적 보증을 받는다는 것은 누구나 알고 있습니다. 이 법인이 발행한 채권이 팔리는 이유이기도 하지요. 이 특수목적법인이 바로 LGFV입니다. 실질적으로는 지방정부의 업무를 수행하지만 공식적인 정부재정 통계에는 잡히지 않는 재정 활동을 하는 기관인 셈이지요.

LGFV의 활동 과정에서 엄청난 부채가 발생하는 것은 필연적입니다. 잠정적인 지방정부 부채의 규모가 급증하는 것이지요. 2022년 현재 지방정부가 공식적으로 발행한 채권 잔액은 약 4.5조 달러(총 상장채권 중 23%)이지만, 위에서 말한 LGFV 부채를 포함할 경우 7~8조 달러에 이를 것으로 추정됩니다.[9] 일부에서는 LGFV 부채 규모만 7.8조 달러 수준이라고 추정하기도 합니다.[10]

그런데 대부분의 LGFV가 수익을 창출하지 못하는 비상업적 특징을 지니고 있다는 점이 문제입니다. 도로, 철도, 발전소, 공항 등 공공 목적을 위한 인프라 건설 사업에서 수익을 창출하기 쉽지 않은 것은 당연하겠죠. 결국 LGFV가 발행한 채권의 상당 부분은 이미 발행되어 만기가 돌아온 채권의 원금과 이자비용 상환에 사용되는 실정입니다. 이런 상황에서는 지방정부의 부채 규모를 축소할 수 없고 관련 리스크는 계속될 수밖에 없습니다.

LGFV의 잠정적인 부채 문제가 바로 그림자 금융 문제입니다. 이 문제가 불거지게 되는 것은 특히 부동산시장이 침체될 때입니다. 앞에서 언급했듯이 지방정부의 주요 수입원 중 하나인 토지사용권판매수입은 부동산시장 활황 여부와 깊은 연관이 있습니다. '부동산시장 둔화 → 토지 가격 하락 → 지방정부의 토지사용권판매수입 감소 → LGFV 의존도 증가 및 부실 심화 우려 확대'로 연결되는 구조입니다. 2022년에 중국경제가 부진을 벗어나지 못하게 되면서 각 지방정부가 다시 LGFV 의존도를 늘리고 있다는 소식이 있었습니다.[11] 건전성 회복을 위해 LGFV에 대한 통제를 강화해오던 중국 정부로서는 오랜 노력이 다시 수포로 돌아가는 것은 아닌가 하는 우려가 나오는 상황입니다.

◆ 부동산보유세 ◆

우리나라 가계의 재산 구성을 보면 여타 선진국에 비해 부동산 비중이 너무 크고 금융자산 비중이 적습니다. 부동산을 비롯한 비금융자산이 64.4%, 금융자산이 35.6%입니다.[12] 중국의 가계는 더 심한 상황으로 비금융자산이 79.6%, 금융자산이 20.4%입니다. 그리고 비금융자산의 74.2%, 즉 전체 자산의 59.1%가 부동산입니다. 금융자산이 70%를 넘는 미국과 대조되는 수치입니다. 이와 같은 상황은 중국 정부의 재정상황에도 그대로 반영되고 있습니다.

충칭의 인민대회당

충칭에서 가장 큰 극장인 인민대회당 모습이다. 중국에서 부동산보유세 징수는 2022년 현재 상하이와 충칭 단 두 곳에서만 시범적으로 시행되고 있다.

중국의 재정수입은 크게 일반공공예산과 정부기금수입으로 구성됩니다. 일반공공예산은 주로 조세수입으로 2021년 기준 약 20.3조 위안입니다. 이 중 토지 및 부동산 관련 세금이 2.1조 위안입니다. 조세수입 원 중 세 번째로 큽니다.[13] 한편 정부기금수입은 특정 사업을 위해 징수한 '전용 용도가 있는 자금'을 의미하는데, 2021년 기준 9.8조 위안입니다. 이 중 앞에서 이야기한 토지사용권판매수입이 8.7조 위안으로 대부분을 차지합니다. 총 재정수입 30.1조 위안 중 36%인 10.8조 위안이 토지 및 부동산과 관련 있는 것이죠. 부동산시장 활황 여부가 정부재정과 직결되는 구조인 셈이지요.

우리나라는 2021년에 주택 가격 폭등에 따른 재산세 급증이 사회적으로 큰 이슈가 되었습니다. 중국은 어떨까요? 중국에도 우리의 재산세에 해당하는 부동산보유세(房産稅)가 있습니다. 2021년 징세 규모는 0.3조 위안으로 토지 및 부동산 관련 세금의 약 14%입니다. 중국 대도시의 주택 가격을 감안하면 매우 적은 비중이라는 생각이 들 겁니다. 2022년 11월 현재 이 부동산보유세가 상하이와 충칭 단 두 지역에서만 시범적으로 운영되고 있기 때문입니다. 상주인구가 충칭은 3,205만 명, 상하이는 2,487만 명으로 중국에서 인구가 가장 많은 두 도시를 선정한 것으로 보입니다. 부동산보유세 대상 주택도 호화주택 등 매우 제한적이며 일반주택에는 적용되지 않고 있습니다. 시범운영만 벌써 10년이 넘었습니다.

왜 이렇게 진전이 느린 것일까요? 본질적인 이유는 부동산보유세 개념 자체가 사회주의 국가 이념과 맞지 않다는 것입니다. 앞에서도 말했듯이 토지를 국가가 소유하고 있으며 개인은 그 토지 위에 지어진 건축물에 대해 일정 기간의 사용권만 가진다는 것이 중국 주택시장의 기본 전제입니다.[14] 우리가 흔히 주택거래라고 하는 것이 중국에서는 사용권의 거래를 뜻하죠. 그럼 내가 이 부동산을 보유하고 있는 것일까요? 소유권은 국가에 있는데 말입니다. 이런 연유로 부동산보유세에 대한 조세 저항이 매우 강합니다. 더구나 부동산보유세의 범위와 지역을 확대할 경우 부동산시장의 부진을 초래할 가능성이 있습니다. 당초 중국 정부는 2022년에 상하이와 충칭 이외에 전국으로 부동산보유세 시범 지역을 확대할 계획이었다가 경기 부진이 심화되자 철회했습니다. 막대한 세금 부담이 더해질 경우 부동산시장 침체를 더욱 부추길 우려가 있기 때문이었죠.

다만 경기가 조금 회복된다면 부동산보유세 확대는 다시 추진될 것입니다. 부(富)의 양극화와 불평등이 심각해지는 주된 이유 중 하나가 부동산이기 때문입니다. 대도시에서 아파트 수십 채를 소유하고 있으면서 세금을 하나도 안 낸다는 것은 일반 국민 정서와 너무 동떨어진 것입니다. 이와 관련해서 지적되는 문제점 중 하나가 높은 '주택공실률'입니다. 중국인민은행의 조사에 의하면 중국 대도시의 주택보급률은 96%에 이릅니다. 그런데 2주택 이상을 보유한 가구가 42%입니다.[15] 일부는 주택을 임대하고 있지만 일부는 그냥 비어 있습니다. 계속 비워둘 수 있는 이유 중 하나가 주택 보유에 따른 부담이 없기 때문입니다. 그 결과 중국의 주택공실률은 12.1%에 이릅니다.[16] 높은 고령화로 인해 공실률이 높아진 일본(13.6%)을 제외하면 주요국 가운데 가장 높은 수준입니다.[17] 이런 상황에서 중국 정부는 약 1억 채로 추정되는 빈집이 방치되는 것을 예방하기 위해 사람이 살지 않는 주택에 세금을 부과하는 공가세(空家稅)를 도입하는 방안도 검토하고 있는 것으로 알려져 있습니다.[18]

결국 중국도 우리나라와 마찬가지로 부동산 관련 조세 문제는 매우 예민하면서도 정책을 실시하기 쉽지 않은 분야입니다. 이념적 차원과 경기부양 측면에서는 쉽게 과세하기 어렵지만, 빈부 격차와 함께 공실률로 대변되는 자원의 낭비를 막기 위해서는 강력한 과세 조치가 필요합니다. 다만 점차 질적인 성장과 공동부유를 강조하고 있는 중국 정부의 장기 목표를 감안하면 점차 후자 쪽으로 기울어질 것은 거의 확실해 보입니다.

◆ 회사채 문제 ◆

우리가 흔히 말하는 회사채는 중국에서 발행 주체에 따라 2가지로 나 눕니다. 국유기업이 발행하는 기업채(企業債)와 일반 주식회사가 발행하 는 회사채(公司債)입니다. 당연히 후자가 일반적 의미의 회사채입니다. 기업채라는 채권이 따로 존재한다는 것이야말로 중국에서 국유기업이 얼마나 중요한 역할을 맡고 있는지를 보여줍니다.

2021년 하반기에 부동산 재벌 헝다그룹의 회사채 상환 불능 사태가 발생하면서 중국의 회사채 문제가 대내외적으로 불거졌습니다. 이것은 그동안 내부적으로 누적되어 온 문제가 터진 것에 불과합니다. 중국 기 업의 과도한 부채는 이미 오래전부터 지적되어 온 문제입니다. 2022년 9월 말 기준으로 중국 채권시장 잔액은 143.9조 위안입니다. 2016년 이후로 미국에 이어 글로벌 2위의 자리를 차지하고 있는 거대한 시장입 니다. 우리나라 채권시장의 약 14배에 해당하는 규모입니다. 이처럼 중 국의 채권시장이 급성장한 것은 주로 중국 기업들이 레버리지를 활용한 성장 전략을 추구했기 때문입니다. 한마디로 급성장하는 시장에서 막대 한 빚을 내서 투자하고 기업을 키워왔다는 의미입니다. 그리고 그 배후 에는 지속적으로 성장해온 부동산시장이 있습니다.

이것은 무슨 의미일까요? 중국은 신용평가에 대한 신뢰가 낮아서 담 보부 회사채의 비중이 전체 회사채의 65%를 차지합니다. 이때 담보로 제공되는 대부분의 자산이 부동산입니다.[19] 부동산 가격이 상승하는 한 기업이 채권을 발행하는 데는 아무 문제 없습니다. 만기가 돌아온 채권 은 새로운 채권을 발행해서 상환하면 됩니다. 그러나 부동산 가격이 꺾

이면서 시장이 위축되면 이야기가 달라집니다. 새로운 채권을 발행하기 어려워지죠. 담보 가치가 떨어지면서 발행할 수 있는 채권 규모도 감소할 수밖에 없죠. 결국 부도가 나는 것은 정해진 수순입니다.[20]

부동산 기업들을 중심으로 2021년부터 확대된 회사채 디폴트 문제는 기본적으로 정부 규제와 코로나19 확대에 따른 부동산시장 부진에 기인하는 바가 큽니다. 회사채 발행 여건이 얼마나 부실한지를 나타내는 것이죠. 그동안 중국은 회사채 발행 예정 기업의 재무 상황이나 이익 창출 능력보다 평가액이 높은 부동산을 얼마나 보유하고 있느냐에 따라 회사채 발행의 성공이 좌우되었다는 의미이니까요. 경기가 개선되고 부동산시장이 회복되지 않는 한 회사채 디폴트 문제는 한동안 지속될 수밖에 없는 구조적인 리스크를 안고 있는 셈입니다. 그나마 다행인 점은 전체 회사채 규모와 비교했을 때 부도 채권 비중이 아직 높지 않다는 것입니다. 또한 대부분의 회사채를 중국 국내 투자자, 특히 금융기관이 보유하고 있어[21] 금융위기가 대외로 확산될 가능성도 낮습니다.

◆ 부동산 리스크 ◆

그렇다면 중국 부동산 부문이 안고 있는 총 익스포저(exposure)는 어느 정도일까요? 익스포저란 리스크에 노출되어 있는 금액, 즉 손실 가능 금액이라고 할 수 있습니다. 2021년 말 기준으로 중국 은행권의 부동산 대출액은 56.3조 위안, 부동산개발기업이 발행한 채권은 6.5조 위안입니다. 지방정부투자공사나 공기업 대출액 중 부동산 관련 부분은 최소 36조 위안으로 추정되고 있습니다. 이들을 모두 합하면 약 100조 위안

중국건설은행 엠블럼
중국건설은행은 중국공상은행에 이은 규모 2위의 대형은행으로 상하이와 홍콩 주식시장에 모두 상장되어 있다.

이 부동산 부문의 익스포저인 것이죠. 전체 은행 대출액의 약 절반에 해당하며 GDP의 88%에 해당하는 엄청난 규모입니다.

이렇게 부동산시장의 익스포저나 잠재된 리스크가 큰데도 불구하고 중국경제가 부채 위기에 빠지거나 금융시장의 신용 붕괴로 이어질 가능성이 크지 않다고 평가하는 이유는 무엇일까요?[22]

우선 중국 가계의 높은 저축률을 들 수 있습니다. 저축률이 40%가 넘는 수준입니다. 경제의 핵심 축인 가계의 기본 펀더멘털이 탄탄하다는 의미입니다.

두 번째는 중국의 금융시장은 은행이 지배하고 있고, 은행의 중심은 정부가 최대주주인 국유상업은행이기 때문입니다. 2022년 6월 기준으로 중국 금융기관의 총자산이 407조 위안인데, 이 중 90%인 368조 위안이 은행 자산입니다. 정부가 최대주주인 국유상업은행의 자산은 37%인 151조 위안에 이릅니다. 65조 위안으로 16%를 차지하고 있는 주식제상업은행도 대부분 정부가 대주주로 참여하고 있어 영향력이 절대적입니다. 더구나 모기지대출의 구조도 부동산 관련 신용 리스크의 확대를 억제하는 요인입니다. 중국 금융시장에서 모기지대출은 은행이 완전한 상환청구권(full-recourse)을 가집니다. 디폴트가 발생할 경우 은행이 채무자의 모든 자산을 추적해서 압류할 수 있다는 의미입니다. 부동산 자체만을 압류할 수 있는 불완전한 상환청구권을 가진 미국과 다른 부분입니다. 따라서 중국은 채무자가 채무를 상환할 수 있는 재정적 능력이 있음에도 불구하고 채무 상환을 중단하기로 결정하는 소위 전략적 채무불이행(strategic defaults) 사태가 일어날 위험이 적습니다.[23]

세 번째는 낮은 주택담보대출 비율을 들 수 있습니다. 어느 지역이냐, 몇 번째로 구입하는 주택이냐 등에 따라 20%에 그치는 경우도 많습니다. 평균적인 주택담보대출 비율도 30% 내외입니다. 소위 갭투자를 통해 수백 채의 부동산 구입이 가능한 우리나라와 근본적으로 다른 부분입니다.

마지막으로는 택지 공급 및 자금 유출을 정부가 강력하게 통제하고 있다는 점입니다. 대규모의 외국인 투자자금이 주식시장이나 채권시장을 쉽게 드나들면서 교란시킬 수 있는 자유화된 금융시장을 가진 우리나라와 다릅니다. 중국의 자본시장에 유입된 외국인 투자자금은 전체의 5%에도 못 미치는 미미한 수준이라는 점에서 외부 여건 변화에 따른 중국 금융시장의 변동 가능성이 적다고 할 수 있습니다. 예를 들어 2022년말 기준 중국 채권시장 잔액에서 외국인 보유 비중은 2.4%에 그쳤습니다.

상하이종합주가지수
홍콩에서 중국 주식을 거래한다?

상하이증권거래소의 전경

1990년 설립된 상하이증권거래소는 중국 최초의 증권거래소이다. 2022년 11월 7일 기준으로 총 2,153개 기업이 상장되어 있으며, 시가총액은 46.1조 위안(약 8,800조 원)이다. 참고로 같은 날 우리나라 코스피, 코스닥 및 코넥스 시장 시가총액은 약 2,200조 원으로 상하이증권거래소 시가총액의 1/4이다.

◆ 중국 주식에 투자하는 방법 ◆

중국은 금융시장이 기본적으로 개방되어 있지 않습니다. 외국인인 우리가 중국 주식을 마음대로 사고팔 수 없다는 말입니다. 아주 제한적으로만 가능하지요.

우선 중국 주식은 크게 2가지로 나눌 수 있습니다. A주와 B주가 그것인데요, A주는 내국인 전용 주식, B주는 외국인 전용 주식입니다. 외국인은 원칙적으로 B주만 사고팔 수 있습니다. 그런데 이 B주라는 것은 형식적인 주식입니다. 규모나 상장기업 수가 극히 미미하기 때문이죠.[1] 그렇다면 A주는 외국인이 전혀 살 수 없는 것일까요? 그렇지는 않습니다. 일정한 허가를 받아 자격을 갖춘 외국 금융기관이 제한된 규모 내에서 주식 거래를 할 수 있습니다. 이것이 바로 2002년 시작된 '적격외국인기관투자자(QFII, Qualified Foreign Institutional Investor)' 제도입니다. 중국 금융 당국이 요구하는 자격을 획득한 후 허가받은 금액 한도 내에서 중국 A주를 사고팔 수 있습니다.

한편 이들이 달러를 기준으로 허가받고 환전하여 투자하는 데 반해, 2011년부터는 위안화로 직접 투자할 수 있는 '위안화적격외국인기관투자자(RQFII, Renminbi Qualified Foreign Institutional Investor)' 제도가 추가되었습니다. 그러나 두 제도 모두 자격 획득이 까다롭고 투자금액을 사전에 승인받아야 하는 등 규제가 엄격했죠. 다행히 2019년 금융시장 개방 조치의 일환으로 투자금액 한도가 폐지되었습니다.[2] 자격 요건은 여전히 엄격하지만 우리나라의 웬만한 투자회사는 모두 이 자격을 갖추고 있으니 이들을 통해 우리도 얼마든지 중국 주식을 사고팔 수 있습니다.

홍콩 시내 모습
외국인이 중국 주식시장에 투자하는 방법 중 하나가 홍콩 금융기관을 이용하는 것이다. 바로 후강통과 선강통 제도이다.

이외에도 중국 주식시장 투자가 가능한 방법이 또 있습니다. 바로 홍콩과 상하이 주식시장 간 교차거래를 할 수 있는 후강통(沪港通) 제도, 그리고 홍콩과 선전 주식시장 간 교차거래가 가능한 선강통(深港通) 제도입니다.3) 홍콩증권거래소에서 중국 본토 주식을 거래할 수 있다는 의미입니다. 다만 투자자 자격 및 투자금액 제한4)이 있습니다. 한국의 투자자는 홍콩 금융기관의 위탁계좌를 이용해 홍콩증권거래소를 통해 중국 본토의 주식을 사고팔 수 있습니다.

그렇다면 우리와 다른 점을 중심으로 중국 주식투자에서 몇 가지 유의해야 할 사항들을 알아보겠습니다.

첫째, 중국 A주는 기본 거래 단위가 100주입니다. 부담이 크다고 생각할 수 있지만 주당 가격이 우리나라 주식보다 낮기 때문에 그리 큰 부담은 아닙니다. 한 주 가격이 10위안(약 1,800원)이 채 안 되는 주식의 비중이 전체의 절반을 넘는 상황입니다.5) 예를 들어 2022년 11월 10일 종가 기준으로 우리나라 신한지주의 주가는 3만 7,550원이었고, 중국 최대 은행인 중국공상은행의 주가는 4.11위안(약 800원)이었습니다. 약 47배 정도 차이가 나죠. 신한지주 주식 1주를 살 돈으로 중국공상은행 주식 47주를 살 수 있는 셈입니다.

둘째, 거래 시간을 중국시장 시간에 맞춰야 한다는 점입니다. 현재 중국 증권거래소의 거래 시간은 오전 9시 30분에서 오후 3시입니다. 우리나라는 시차가 중국보다 1시간 빠르니 우리 시간으로는 오전 10시 30분에서 오후 4시까지죠. 특히 중국 시간으로 오전 11시 30분에서 오후 1시까지 점심시간이 1시간 30분이라는 점도 잊지 말아야 합니다.

셋째, 우리나라는 주식 가격의 1일 상하한 제한 폭을 ±30%로 정하고 있는 데 반해 중국은 ±10%로 그 폭이 더 좁습니다.

넷째, 배당소득세율과 관련해서도 유의할 점이 있습니다. 우리나라는 배당소득 원천징수세율이 14%입니다. 그런데 중국은 10%로 더 낮아서 이 차이인 4%를 다시 우리나라 과세 당국에서 징수합니다.6)

◆ 중국 주식시장의 특징 ◆

중국에 주식거래소가 최초로 설립된 것은 1990년으로 이제 겨우 30년이 넘었습니다. 1956년에 주식거래소가 설립된 우리나라는 물론 홍콩(1891년), 도쿄(1878년), 런던(1802년), 뉴욕(1792년) 등에 비하면 역사가 무척 짧은 시장입니다.[7] 그럼에도 불구하고 중국경제의 급성장에 따라 중국 주식시장은 시가총액 기준으로 미국에 이어 세계 2위 규모에 이릅니다. 특히 지난 10년간 얼마나 급성장했는지는 수치로 확인할 수 있습니다. 2012년 기준으로 A주 상장기업은 2,494개였으나, 2022년 9월 기준 4,955개로 거의 2배 증가했습니다. 같은 기간 시가총액은 23조 위안에서 76조 위안으로 3배 이상 증가했습니다. 시가총액 76조 위안은 1.3경(京) 원입니다. 2021년 말 기준 우리나라 주식시장 시가총액이 2,203조 원이었으니 중국 주식시장이 우리보다 약 6배 큰 수준입니다.

이처럼 급성장한 중국 주식시장의 특징으로는 무엇을 들 수 있을까요?

첫째, 중국 주식시장은 정부 정책이 강하게 주도한다는 점입니다. 중국은 특히 정부의 정책 기조나 조치들이 주식시장에 미치는 영향이 매우 큽니다. 개별 기업의 주가가 여타 국가보다 더 동조화하여 함께 움직이는 경향이 있다는 지적[8]도 이와 같은 맥락입니다.

둘째, 경쟁이 일단락되면 승리한 한두 개 기업이 독과점적 지위를 누리는 경우가 많아 주식시장의 해당 부문에서도 압도적 지위를 누린다는 점입니다. 온라인 쇼핑의 알리바바와 징둥, 온라인 게임의 텐센트, 차량공유의 디디추싱이 대표적입니다. 독점적 지위를 가진 국유기업이 각 분야에 존재하는 것이 보편적 현상이므로 사회적 거부감이 적기 때문이라는 해석도 있습니다.[9]

셋째, 개인의 투기 거래 성격이 짙다는 점입니다. 중국의 주식시장은 개인투자자의 거래 비중이 항상 70% 이상이었습니다.[10] 또한 매매회전

베이징증권거래소 엠블럼
중국의 3개 증권거래소 중 베이징증권거래소는 가장 늦은 2021년 11월 설립되었다. 첨단기술 중심의 중소기업 자금 조달을 목적으로 하는 거래소이다.

율(turnover rate)이 2020년 기준 258.6%에 이르러 주요국 주식시장 가운데 가장 높은 수준을 기록했습니다. 역시 매매회전율이 높은 우리나라(238.5%)보다 더 높습니다.[11] 그동안 중국 주식시장이 장기투자, 가치투자, 이성적 투자와는 거리가 먼 단타 위주의 개인 투기의 장으로 유지되어 왔음을 잘 보여주는 수치입니다.

넷째, 주식거래소가 다원적이라는 점입니다. 중국의 주식거래소는 2022년 현재 상하이, 선전, 베이징 세 곳에 있습니다. 상하이와 선전에는 우리의 코스피와 코스닥에 해당하는 시장이 각각 있으니 전체적으로 보면 총 5개의 주식거래시장이 있는 셈입니다. 상하이메인보드(主板)거래소, 상하이과학혁신판(科創板)거래소, 선전메인보드거래소, 선전창업판(創業板)거래소와 베이징거래소입니다.[12] 그중 상장 조건이 가장 용이한 곳이 베이징거래소입니다. 첨단기술을 지닌 중소기업의 자금 조달이 목적이기 때문입니다.

베이징거래소는 우리나라의 코넥스(KONEX, 초기 중소기업을 위한 주식시장)와 비슷한 것으로, 2021년 11월 개장한 신생 시장입니다. 이곳에서

기업을 성장시켜서 선전창업판거래소나 상하이과학혁신판거래소에 상
장시키고, 이후 더 크게 성장하면 선전이나 상하이의 메인보드거래소에
도 상장할 수 있겠지요.13) 이처럼 중국의 주식거래소 또한 다른 나라와
비슷하게 기업의 성장 주기에 따라 이동하며 상장할 수 있도록 계층화
되어 있는 시장입니다.

◆ 중국의 주가지수 ◆

중국에는 세부적으로 총 5개의 주식거래시장이 있다고 했는데요, 우
리가 흔히 중국 주식시장을 종합적으로 파악하려고 할 때 보는 것이 바
로 상하이메인보드거래소의 상황을 나타내는 상하이종합주가지수(上海
證券交易所綜合股价指数, Shanghai Stock Exchange Composite Index)입니다.
줄여서 상하이지수 또는 상증지수(上證指数)라고 부르기도 합니다. 모든
종목을 대상으로 시가총액을 산정하여 산출한다는 점에서 우리나라 코
스피(KOSPI)와 비슷합니다.

상하이메인보드거래소에는 중대형 국유기업과 기간산업 관련 기업
들이 다수 상장해 있습니다. 2021년 기준으로 이 시장에 상장된 기업들
의 총매출은 47조 위안으로 GDP의 40%를 넘는 수준이었습니다. 또한
2022년 〈포춘〉 선정 글로벌 500대 기업에 포함된 중국 기업 145개 중
68개가 이 시장에 상장되어 있습니다. 결국 상하이메인보드거래소는 중
국 주요 기업들이 모여 있는 시장으로, 상하이종합주가지수는 이 시장
의 움직임을 그대로 반영하는 지표이죠. 중국 주식시장 현황을 하나의
숫자로 파악하고 싶을 때 봐야 할 가장 대표적인 지수입니다.

　상하이종합주가지수는 1990년 12월 19일 종가를 100포인트로 정하고 산출되기 시작했습니다. 공식 발표는 1991년 7월 15일부터였습니다. 참고로 역대 최고치는 2007년 10월 16일의 6,124포인트였습니다. 2022년 12월 30일 기준으로는 3,089포인트입니다. 절반 수준으로 떨어진 상황이죠. 한편 상하이메인보드거래소의 우량주 50개로 구성되는 '상하이50지수(SSE 50 Index, 上證50)'가 있습니다. 이들 50개 기업의 순이익 총액은 전체 상장기업의 40% 내외를 차지하고 있습니다. 이외에 우량주 180개로 구성되는 '상하이180지수(SSE 180 Index, 上證 180)'도 있습니다. 참고로 2023년 1월 30일 기준으로 상하이증권거래소에서 시장가치가 가장 큰 기업은 마오타이주로 유명한 국유기업 '귀주마오타이'였습니다. 시가 2.37조 위안으로 2위인 중국공상은행(1.16조 위안)의 2배 수준입니다.

　한편 상하이종합주가지수 이외에 중국 주식시장을 대표하는 또 하나의 지수로 선전성분지수(深圳成分指數, Shenzhen Stock Exchange Component Index)가 있습니다. 이것은 종합지수가 아니라 선전 주식시장에 상장된 대표적인 우량주 500개를 뽑아 개별 주가를 가중평균하여 산출하는 지수입니다. 전체 주식이 아니라 일부만 선별하여 지수를 산출하는 이유는 선전거래소에 상장된 주식들의 종류와 성격이 매우 다양하고 편차가 심하여 시장 상황을 좀 더 보편적으로 나타내기 위해서입니다.

　선전거래소에는 중소기업, 창업기업 등 규모와 성격이 다른 기업들이 상하이거래소보다 더 많이 상장되어 있습니다. 2022년 11월 7일 현재 선전거래소에는 2,717개 기업의 1만 5,486개 주식이 상장되어 있습니다. 시가총액은 33조 위안이었지요. 반면 상하이거래소에는 2,153개

기업의 2,192개 주식이 상장되어 있으며 시가총액은 46조 위안입니다. 선전거래소가 얼마나 많은 기업의 다양한 주식으로 이루어져 있는지를 알 수 있는 수치입니다.

　선전성분지수는 1994년 7월 20일 종가를 1,000포인트로 정하고 산출되며, 1995년 1월 23일부터 공식 발표되기 시작했습니다. 상하이종합주가지수보다 약 4년 늦게 탄생한 셈입니다. 역대 최고치는 2007년 10월 10일의 19,600포인트였습니다. 2022년 12월 30일 기준으로는 11,016포인트입니다. 역시 약 절반 수준으로 떨어진 상황입니다. 참고로 홍콩의 주요 주가지수인 항셍지수(Hang Seng Index)도 종합주가지수가 아니라 선전성분지수처럼 홍콩증권거래소에 상장된 주식들 중 대표적인 64개의 우량주식으로 구성되는 지수입니다. 한편 상하이종합주가지수처럼 선전 증권시장에 상장된 모든 종목을 대상으로 시가총액을 산정하여 산출되는 선전종합지수(深圳綜合指數)도 있습니다. 국내 일부 자료에서는 이 지수를 상하이종합주가지수와 함께 중국의 대표적인 주가지수로 제공하는 경우도 있습니다. 다만, 앞에서 설명하였듯이 선전거래소에 상장된 주식들의 다양성과 편차를 고려한다면 이 지수보다는 선전성분지수가 시장 상황을 좀 더 정확하게 반영한 지표라 하겠습니다.

　주가지수는 매우 중요한 경제지표 중 하나입니다. 경제적 사건이나 소문 등에 따라 매우 민감하게 반응하는 지표이죠. 그러나 앞에서 이야기한 중국 주식시장의 특징을 감안한다면 중국의 주가지수에 일희일비할 필요는 없어 보입니다. 물론 이런 이야기는 현재 중국 주식시장에 상당한 자금이 들어간 투자자들 입장에서는 아무 도움이 되지 않는 헛소리로 치부되겠지만요.

여기에서 하나 더 말씀드리고 싶은 것은 중국의 국가 리스크(country risk)입니다. 아무리 자본주의 국가의 외형을 띠고 있다고 해도 중국은 본질적으로 사회주의 국가라는 점과 관련되는 부분입니다. 극단적인 상황이 닥쳤을 때 중국의 경제 시스템이 과연 여타 국가들처럼 제대로 작동할 수 있을까에 대해 많은 사람들이 우려하고 있습니다. 톈안먼사건과 같은 경우가 다시 발생했을 때 중국에 투자한 우리의 자금이 제대로 보호받을 수 있을까요? 이미 글로벌 경제와 밀접하게 엮인 중국이 과거처럼 무지막지한 조치를 취하지는 않겠지만 위험성이 존재하는 것을 아무도 부인할 수 없을 것 같습니다.

12장

경제 성장률

눈덩이가 커질수록
굴리기가 더 힘들다

아이폰의 원가 구성

아이폰 하나를 중국에서 최종 조립하여 수출하는 가격을 1천 달러라고 가정했을 때 애플을 포함한 미국이 624달러, 중간 부품을 공급한 한국·일본·대만이 135달러, 조립을 담당한 중국은 단지 11달러를 가져가는 구조 이다. 중국이 산업구조의 고도화를 추구하는 이유이다.

◆ 경제 성장률의 의미 ◆

개혁개방이 시작된 1979년 이후부터 2022년까지 44년간 중국의 연평균 경제 성장률은 9.1%에 달했습니다. 대단한 속도입니다. 경제 규모로 따지면 약 280배 증가했습니다. 그 어느 시기의 그 어떤 국가도 이루지 못한 놀라운 실적임에 틀림없습니다.

그렇다면 이러한 중국의 경제 성장을 어떻게 바라봐야 할까요? 엄청난 업적임을 찬탄하면서 경이의 눈으로 지켜보면 그만일까요? 혹은 그 과정에서 파생된 문제점들을 지적하면서 더 이상 이전과 같은 성장은 불가능하다고 비판해야 할까요? 중국의 경제 성장률이 갈수록 낮아지고 있는 현상은 어떻게 평가해야 할까요? 중국 정부가 경제 성장률에 집착하는 이유는 무엇일까요? 중국경제의 잠재적인 성장률은 어느 정도로 봐야 할까요? 이처럼 중국의 경제성장 및 성장률과 관련된 질문은 많습니다. 이번 장의 주제는 많은 질문 거리가 숨겨져 있는 중국의 경제 성장률입니다.

어느 정도의 경제 성장률 달성은 중국공산당과 중국 정부의 지상 과제라 할 수 있습니다. 그동안 중국공산당의 독재에도 불구하고 정당성을 부여받을 수 있었던 가장 큰 이유 중 하나는 지속적인 경제 성장을 통해 얻은 경제적 과실을 국민들에게 나눠주었기 때문입니다. 사실 체제나 이념의 문제를 넘어서는 것이 먹고사는 문제입니다. 아무리 인기 높은 정치인이라고 해도 경제가 어려워지면 다시 집권하기 어렵다는 것은 역사적으로도 이미 숱하게 증명된 사실입니다. 제2차세계대전을 승리로 이끈 영국의 처칠(Winston L. S. Churchill) 수상, 걸프전에서 승리하면서 인기가 치솟았던 미국의 부시(G. H. W. Bush) 대통령이 모두 재집권에 실패한 것이 대표적인 사례입니다.

중국은 보편적인 민주주의 선거제도를 운영하고 있지는 않지만 국민 여론에 민감한 것은 마찬가지입니다. 중국 국민들이 공산당 독재를 필요악으로 받아들일 수 있었던 것은, 적어도 먹고사는 문제를 공산당이 어떻게든 해결해왔고 또 그럴 능력이 있다고 판단했기 때문입니다. 이와 관련된 개념 중 하나가 소위 현능주의(賢能主義) 내지 실적주의로 번역되기도 하는 메리토크라시(meritocracy)입니다. 중국의 지도자는 서구처럼 선거민주주의로 선출되는 것이 아니라 빈곤 퇴치나 경제성장 등에서 뛰어난 능력을 보인 관료들 중에서 뽑힌다는 의미입니다. 중국은 철저한 메리토크라시 제도를 통해 검증된 공산당원들을 충원해왔고 또 그들이 지배층을 형성했으므로 플라톤이 말한 일종의 철인지배와 유사하다는 주장이 있습니다.[1]

그러나 경제 성장률로 대표되는 경제 문제를 해결하는 데 실패한다면 어떻게 될까요? 적절한 경제 성장을 이루지 못한다는 것은 무능함의 다른 표현이라고도 해석할 수 있습니다. 중국 정부와 공산당이 자신들의 능력을 보여주는 대표적인 지표로 제시할 수 있는 것이 높은 경제 성장률입니다.

다만 이와 같은 논의는 체제 안정이라는 전제하에 가능한 시나리오입니다. 경제 성장도 중요하지만 정치적 안정보다 후순위라는 것입니다. 여기서 정치적 안정이란 중국공산당 집권의 안정성을 의미합니다. 이와 같은 사실은 2022년 중국경제의 성장세가 둔화되는 상황에서도 중국정부가 고집스럽게 11월까지 '제로코비드(Zero-Covid) 정책'을 유지한 것에서 확인할 수 있습니다. 2022년 2/4분기 중국의 경제 성장률은 0.4%에 그치면서 사상 두 번째로 낮은 분기성장률을 기록한 바 있습니다.[2] 그러나 경제 부진에서 벗어나기 위해 '제로코비드 정책'을 급격히 완화하거나 폐지해서 확진자와 사망자가 급증했다면 중국 정부는 감내할 수 없었을 겁니다.[3] 사회불안은 중국공산당과 정부의 정당성을 뒤흔드는 정치적 위험 요인이니까요.

그처럼 예민한 시기에 중국이 다른 나라와 같이 '위드코로나 정책'을 실시하기는 어려웠을 것입니다. 정치적 안정이 우선이라는 전제를 제외한다면 중국은 경제 성장률을 일정 수준 이상 지속적으로 유지하기 위해 가능한 모든 수단을 동원하는 것이 일반적입니다.

누군가 말했듯이 중국이 처한 이런 상황은 자전거 타기에 비유할 수 있습니다. 자전거가 어느 정도 이상의 속도를 내면서 나아가야 넘어지지 않는 것처럼 적절한 경제 성장을 이루지 못하면 중국공산당은 넘어질 수 있다는 말입니다. 경제가 어려워지면 구조조정, 친환경, 금융 리스크 관리, 지속 가능한 발전 등 거창한 구호들은 잠시 한쪽으로 밀어두고, 부작용 우려에도 불구하고 다양한 형태의 대규모 부양 정책을 쏟아내는 이유입니다. 어느 정도의 경제 성장률 달성은 지상 과제이기 때문입니다. 달성하면 그동안 미뤄놓았던 구조적 개혁 문제들을 다시 손보기 시작합니다. 그리고 이러한 패턴은 계속 반복되고 있습니다.

◆ 경제 성장률 지표의 신뢰 문제 ◆

중국은 매년 3월 전국인민대표대회에서 그해에 달성해야 할 주요 경

전국인민대표대회
매년 3월 개최되는 전국인민대표대회는 중국 헌법상 최고권력기관으로 우리의 국회에 해당한다. 이곳에서 국무원 총리는 새해의 경제 성장률 목표를 발표한다.

제지표의 목표치를 발표합니다. 이 중 가장 중요한 지표가 경제 성장률이죠. 2022년 목표 경제 성장률은 5.5% 내외였습니다. 이는 1991년의 4.5% 이후 가장 낮은 수준이었습니다.[4] 그동안 중국 정부가 발표한 경제 성장률 목표치와 실적치를 비교해보면 대부분 실적치가 목표치보다 높았습니다. 예를 들어 2018년은 목표 6.5% 내외에 실적 6.7%, 2019년은 목표 6.0~6.5%에 실적 6.0%, 2021년은 목표 6% 이상에 실적 8.1%였습니다.[5]

이처럼 실적치가 목표치를 거의 매번 초과한 현상은 다음 2가지로 해석할 수 있습니다. 우선 중국경제의 구성원들이 효율적으로 열심히 일하고 상황 변화에 적절하게 대응하면서 초과 실적을 거두었다는 것입니다. 그 과정에서 이를 진두지휘한 중국 정부와 공산당의 리더십은 당연히(?) 찬양받아야 하겠죠. 또 다른 해석은 중국 정부가 달성하기 쉽게 일부러 목표치를 낮게 설정했다는 것입니다. 잠재성장률이 10%인데 목표치를 그보다 훨씬 낮은 6%로 세운 후 실적은 8%를 달성하는 것이죠. 그럼 여기에서 말하는 잠재성장률이란 무엇일까요? 노동이나 자본 등의 자원을 최대로 활용했을 때 유지되는 GDP의 증가율로, 한 나라 경제의 최대 성장 능력을 의미합니다.[6]

실제성장률과 잠재성장률을 비교해보면 이 나라의 자원이 얼마나 효율적으로 이용되고 있는지 추정해볼 수 있습니다. 실제성장률이 잠재성장률에 미달한다면 잠재적인 능력에 비해 실력 발휘를 못 하고 있다는 의미입니다. 어디에선가 비효율성이 발생하고 있다는 말이지요. 다만 잠재성장률은 어떻게 측정하느냐에 따라 다양한 값이 나올 수 있으므로 절대적인 하나의 수치로 표현할 수 없다는 한계가 있습니다. 그럼 중국의 잠재성장률은 어느 정도 수준일까요? 현재 중국의 잠재성장률에 대해서도 여러 가지 다양한 추정치들이 있습니다. 중국인민은행과 중국사회과학원의 추정에 의하면 2022~2025년에 대략 5.1~5.5% 정도 수준입니다.[7] 이전에는 더 높았죠. 과거의 잠재성장률 추정치가 매우 다양하다는 점에서 일부러 목표치를 낮게 설정한다는 해석의 사실 여부를 가리기는 쉽지 않아 보입니다.

한편 2가지 해석 이외에 다른 주장이 하나 더 있습니다. 바로 중국 정부가 발표한 공식 경제 성장률을 믿을 수 없다는 것입니다. 통계 수치를 과장하거나 허위로 날조했다는 것이지요. "전체주의 사회, 사회주의국가인 중국은 무엇이든 조작할 수 있는 나라이다. 정부의 치적을 내세우기 위해 실제성장률을 부풀리는 것이 틀림없다"는 주장입니다. 사실 중국 통계의 신뢰성 문제는 오래전부터 지적되어 온 이슈입니다.

특히 중국의 경제 성장률 지표 조작 여부에 대해서는 이미 많은 학자들의 연구가 있었습니다. 대표적으로 로스키(Rawski)나 천(W. Chen) 등의 연구는 성장률이 과장되었다는 주장입니다.[8] 반면 우(Wu)나 페르날드 (Fernald) 등의 연구는 공식 발표된 성장률 수치를 비교적 신뢰하는 입장입니다.[9] 그렇다면 믿을 수 있다는 말일까요, 그렇지 않다는 말일까요? 조금 일반론적이기는 하지만 대략 다음과 같이 말할 수 있습니다. "통계 인프라 부족 등으로 중국 통계의 정확도는 낮은 편이지만 정부에 의한 통계 조작설은 근거가 희박하다. 그러므로 공식적으로 발표되는 통계 자료를 통해 중국경제의 큰 흐름을 보되 여러 다른 기관의 보조지표들을 통해 이를 보완할 필요가 있다."[10] 그런 면에서 2022년 중국의 경제 성장률이 코로나19에 따른 소비 위축 등으로 3.0%에 그치면서 목표치인 5.5% 내외에 훨씬 못 미쳤다는 사실은, 적어도 중국 정부가 통계 수치를 조작한다는 의심을 떨쳐내기에 충분하지 않았나 하는 생각이 듭니다. 물론 이 3.0%마저도 부풀려진 수치라는 주장도 있기는 합니다.

◆ 경제 성장 전망 ◆

한편 중국의 경제 성장률이 점차 하락하고 있는 것은 어떻게 설명할 수 있을까요? 이는 직관적으로도 쉽게 이해할 수 있습니다. 눈사람 만드는 과정을 한번 생각해볼까요? 눈덩이가 작을 때는 한 바퀴를 굴려서 눈덩이를 조금 더 크게 만들기가 쉽습니다. 그러나 점점 눈덩이가 커질수록 굴리기가 어려워지죠. 경제도 마찬가지입니다. 경제 규모가 작을 때는 5%, 10% 성장하기가 그리 어렵지 않습니다. 그러나 경제 규모가 점점 커질수록 똑같은 성장률을 달성하기 위해서는 훨씬 더 많은 노력과 자원이 투입되어야 합니다. 2021년 중국의 경제 규모는 총 115조 위안 수준이었습니다. 이 정도 경제 규모가 5.5% 성장한다는 것은 5년 전의 7.4%, 10년 전의 10.5% 성장에 해당합니다. 그만큼 어렵다는 의미죠. 결국 경제 규모의 확대에 따라 성장률은 자연적으로 낮아질 수밖에 없습니다. 중국경제도 마찬가지죠.

그렇다면 코로나19가 완전히 종식된 이후 중국경제는 어떤 방향으로 나아갈까요? 코로나19를 겪으면서 글로벌 경제는 안정적인 글로벌 공급망의 필요성을 절감하게 되었습니다. 또한 정치적 다극화 체제 속에 전략적 목적의 탈동조화(디커플링) 현상도 가속화하고 있습니다. 저부가가치 공산품은 기존과 같이 저임 노동력에 기반한 저원가 생산이 가능한 지역에서 공급이 이루어지지만, 고부가가치 제품이나 전략적 물자는 자국이나 친화적인 국가로 생산시설을 옮긴다는 것을 시사합니다.11) 중요한 상품은 조금 더 비용이 든다 해도 자기 나라나 동맹국에서 생산한다는 말입니다.

이런 추세에 가장 큰 영향을 받을 국가가 중국이겠지요. 다만 이 과정은 상당히 오랜 기간에 걸쳐 중장기적으로 이루어질 것입니다. 양호한 인프라, 노동력의 질과 효율성 등을 감안할 때 단기간에 중국을 대체할 국가는 없기 때문입니다. 더구나 중국 스스로 저부가가치 생산은 여타 국가로 이전하려는 경향이 강해지고 있습니다. 중국경제 자체가 체질 개선 중이라고 할까요?

이상의 논의를 요약하면 다음과 같습니다. "중국경제는 과거와 같은 고성장을 지속하기는 어렵다. 그러기에는 경제 규모가 너무 커졌기 때문이다. 한편 중국경제는 지금 담당하고 있는 세계의 공장으로서 역할을 상당 기간 유지할 것이다. 그러나 글로벌 공급망의 변화 추세와 중국 자체의 성장 전략 전환 등으로 중국이 세계에 공급하는 제품은 점차 변화할 것이다."

◆ **쌍순환(Dual Circulation)** ◆

중국이 급속한 경제 성장을 이룰 수 있었던 가장 큰 2가지 사건 내지 계기를 꼽으라면 1979년 개혁개방 정책의 시작과 2001년 WTO 가입을 들 수 있습니다. 덩샤오핑이 추진한 개혁개방 정책은 폐쇄적인 사회주의 체제에 갇혀 있던 중국경제를 세상 밖으로 끌어낸 획기적인 도약이었음을 누구나 인정할 것입니다. 또한 WTO 가입은 중국을 글로벌 교역의 중심지로 밀어 올린 일대 사건이었습니다. 이로 인해 중국은 세계의 공장으로서 저렴한 가격의 상품을 대량으로 세계에 공급할 수 있었습니다. 글로벌 경제도 그 덕에 낮은 물가 수준을 유지하며 안정적인 성장을 이루는 상호 원원하는 좋은 시절을 보낼 수 있었지요. 2008년 글로벌 금융위기 이전까지 2000년대 초반을 세계경제의 호경기라는 의미에서 흔히 '골디락스 경제(Goldilocks economy)'라고 부릅니다. 여기에서 골디락스는 과하지도 부족하지도 않은 적당한 상태를 의미합니다. 여기에 중국의 역할이 절대적이었다는 점에 많은 사람들이 동의합니다.

WTO에 가입한 후 5년이 지난 2006년 중국의 교역 의존도는 무려 64.5%에 달했습니다. 수출과 수입을 합한 금액이 GDP의 64.5%에 달했다는 의미입니다.[12] 그만큼 글로벌 경제에 깊숙이 편입되었다는 말입니다. 한편 중국은 2010년 이후 부가가치 기준으로 글로벌 최대 제조대

뜨겁지도 차갑지도 않은 적정한 상태를 가리키는 골디락스
골디락스는 원래 영국 전래동화 <골디락스와 곰 세 마리>에 등장하는 소녀의 이름으로, 성장에도 불구하고 물가가 상승하지 않는 이상적인 경제 상황을 가리킨다.

국으로 올라섰으며, 글로벌 생산량의 30%를 담당하게 되었습니다. 그 과정에서 중국에 대량의 중간재를 수출할 수 있었던 우리나라는 많은 혜택을 입었습니다.

중국이 단순히 중저가 제품의 단순조립 기지 역할만을 계속했다면 아마 이런 상황은 더 오래 지속되었을 가능성이 큽니다. 그러나 중국인들도 바보는 아닙니다. 아이폰 하나를 중국에서 최종 조립하여 수출하는 가격을 1천 달러라고 합시다. 애플을 포함한 미국 기업들이 624달러, 중간 부품을 공급한 한국·일본·대만의 기업들이 135달러, 조립을 담당한 중국 기업들은 11달러를 가져가는 구조입니다.13) 중국은 최종 가격의 단 1.1%만을 소득으로 얻는 것이지요. 힘들게 고생하는 것에 비해 이익이 너무 적다면 불만이 생길 수밖에 없습니다. 처음에 정말 가난하고 어려울 때는 그 돈도 감지덕지입니다. 그러나 점점 소득이 올라가고 주변이 보이기 시작하면 생각은 바뀝니다. "어라! 남 좋은 일만 하고 있었네. 부가가치가 낮은 이런 허드렛일만 하다간 계속 이런 대접을 받을 거야."

결국 중국은 이런 상황을 벗어나기 위해 외국의 기술과 투자를 적극적으로 들여오는 전략을 구사하기 시작합니다. 그 과정에서 사용한 전략 중의 하나가 '시장을 기술과 바꾸는' 전략입니다. "봐라! 중국인 소비자가 이렇게 많다. 구매력이 날로 커지고 있는 엄청난 시장이 중국이다. 여기에 들어와서 마음껏 물건을 팔아라. 단, 조건이 있다. 너희가 가진 기술과 함께 들어와야 한다." 그동안 기술 이전을 조건으로 시장을 개방하는 이러한 전략이 잘 통했습니다.

하지만 2010년대 후반부터 상황이 변합니다. 미국을 필두로 선진국들의 중국 견제가 시작되었습니다. 미국이 생각합니다. "하! 이것 봐라. 중국 애들이 값싼 상품을 해외에 팔아서 이익을 얻는 것은 물론이고 이제 기술과 자본까지 흡수해서 우리를 넘어서려고 하네. 안 되겠다. 이쯤에서 좀 눌러줄 필요가 있겠어." 관세를 올리고 기술 장벽을 쌓고 첨단제품의 수출을 제한하는 등 일련의 대중국 견제가 시작된 것입니다.

대외적 압력이 심해지는 어려운 상황에서 중국이 대응책으로 들고 나온 것이 소위 쌍순환(雙循環, Dual Circulation) 전략입니다. 2020년 4월 최초 제시된 개념으로서 말 그대로 2개의 순환, 즉 국내적 순환과 국제적 순환을 서로 연계한다는 전략입니다. 글로벌 가치사슬을 적극 활용하던 기존의 국제적 순환 전략을 지속하기 어려운 상황이므로 국내의 경제적 순환을 기반으로 상호 간에 도움을 주면서 지속적인 성장을 추구한다는 의미입니다.

쉽게 말해서 그동안 중국경제가 너무 대외 의존적이었으니 앞으로는 이를 줄이고 거대한 내수시장을 기반으로 새로운 성장동력을 찾자는 것입니다. 예를 들어 중국 국내의 내수시장을 활용하여 중국의 첨단산업 관련 기업들에게 테스트베드(testbed) 공간을 제공하고, 이를 통해 축적된 기술 노하우와 산업자본으로 국제시장에 진출하는 방안을 들 수 있습니다.[14] 말하자면 국내 대순환을 위주로 하고 국내와 국제 순환이 상호 촉진되는 새로운 발전 구조를 만들어가겠다는 전략입니다.

이 개념은 2022년 10월 개정된 중국공산당 당정(黨程)에도 포함되면서 향후 추진해나갈 확고한 전략임을 재확인했습니다. 물론 이와 같은 시도가 말처럼 쉬운 것은 아닙니다. 그동안 외자 유치와 해외 기술 흡수 등을 통해 글로벌 가치사슬 내에서 빠르게 위상을 높여온 성장 경로 전반이 현재 어려움에 처해 있기 때문입니다. 당장 2019년 이후 미국의 반도체 설비 수출 제한 및 관련 기업 거래 금지 등에 직면한 중국 IT 산업의 어려움이 가중되고 있는 현실입니다. 이를 극적으로 보여주는 사례가 중국의 대표적인 IT 기업 화웨이입니다.

화웨이는 미국의 수출 및 거래 금지 제재 조치 등으로 인해 2020년과 2021년은 거의 제자리 내지 역성장하면서 기업 규모와 실적이 4년 전으로 퇴보한 상황입니다.[15] 중국 입장에서 선진국의 견제가 초래할 수 있는 위험은 단순한 수출시장의 위축만이 아닙니다. 이보다는 중국이 선진 기술과 자본을 흡수하기 어려워짐에 따라 산업 고도화 및 혁신이 지연될 수 있다는 점이 훨씬 큰 위험으로 다가올 것입니다. 중국경제가 자체의 기술력만으로 선진국 경제를 뒤쫓아가기는 아직 쉽지 않은 상황이기 때문에 그 위험은 간과할 수 없는 심각한 문제입니다.

◆ 일대일로(BRI) ◆

중국이 2013년부터 야심차게 추진한 국가정책 사업 중 하나가 일대일로(一帶一路, BRI, Belt and Road Initiative)입니다. 새로운 경제성장 동력을 얻고자 하는 노력의 일환이었는데, 최근에는 약간 주춤한 상황입니다. 이 사업이 중국과 글로벌 경제에 어떤 의미일까요?

우선 일대일로의 뜻부터 알아보겠습니다. '하나의 띠'를 뜻하는 일대(一帶)는 중앙아시아와 유럽을 연결하는 육상 실크로드를 지칭합니다. '하나의 길'을 뜻하는 일로(一路)는 중국에서 동남아-아프리카-유럽을 잇는 해상 실크로드를 뜻합니다. 2013년 시진핑 주석이 관련 구상을 밝힌 후 2015년 비전과 행동계획을 발표하면서 구체화되었습니다.

그런데 이것은 사실 본질적으로 미국의 대중 압력에 대응하기 위해 탄생한 정책입니다. 2012년 오바마 대통령은 아시아 회귀 전략(Pivot to Asia)과 환태평양동반자협정(TPP)을 추진하면서 중국에 대한 압박을 강화하기 시작했습니다. 환태평양 지역에 높은 수준의 표준에 기반한 자유무역지대를 형성하여 중국을 배제하려고 한 것이지요. 그러자 중국은 자국에 유리한 표준으로 유라시아 지역에 자유무역지대를 형성하고자 일대일로를 추진했던 것입니다.16) 일대일로 정책은 중국이 미국에 대항하여 추진한, 무역과 투자 중심의 네트워크 형성을 통한 자국 세력 확장 전략이라고 할 수 있습니다.

물론 이외에 중국이 일대일로 정책을 추진한 배경에는 여러 가지 복합적인 요인들이 깔려 있습니다. 우선 글로벌 금융위기를 극복하는 과정에서 적극적으로 경기부양 정책을 펼쳤던 중국은 당시 인프라 산업의 과잉 설비와 생산 과다 문제가 심각한 상황이었습니다. 대규모 인프라 사업이 필요한 유라시아 지역에 눈독을 들이게 된 이유이지요. 또 하나는 에너지 안보를 확보하기 위한 목적입니다. 석유와 가스 등의 안정적 수송로를 확보하는 동시에 공급 경로의 다변화가 필요한 상황에서 해상 실크로드의 확보는 필수적인 과제였습니다.

2022년 말 기준으로 중국은 일대일로 사업과 관련해 150개 국가 및 32개 국제기구와 200여 개의 양해각서 및 협정서를 체결했습니다. 상당히 광범위한 지역과 범위에 걸쳐 있습니다. 특히 아프리카, 동남아시아, 중부 유럽의 신흥국들이 대거 포함되어 있죠. 이는 참가국 비중이 전 세계 국가의 74%에 이르는 데 반해, GDP 비중은 27%에 불과하다는 데에서도 잘 나타납니다.[17] 자원이 많거나 전략적 요충지에 있지만 여러 가지 이유로 개발되지 않고 낙후되어 있는 국가들이 일대일로 사업의 주요 참가국이라는 의미입니다.

중국과 일대일로 국가들 간의 교역액은 2013년의 1조 달러에서 2021년 1.8조 달러로 증가하였으며, 중국의 대외 직접투자에서 이들 국가들이 차지하는 비중은 13%에서 18%로 상승하였습니다. 중국 기업들이 2013~2021년 이들 국가에 투자한 금액도 480억 달러를 넘어섰지요. 중국이 일대일로 국가들에 상당한 공을 들이고 있다는 점을 잘 알 수 있는 수치들입니다.

가장 많은 관련 프로젝트가 진행된 나라는 파키스탄, 인도네시아, 카자흐스탄 순입니다. 중국은 이 사업을 매우 전방위적으로 추진한 경우가 많았습니다. 예를 들어 어느 국가에서 인프라 사업을 추진한다고 할 때 중국이 자금 대출[18], 기술 지원, 노동자 공급 등 일련의 과정을 모두

일대일로 사업 중 하나인 중국-태국 철도 연결 사업
중국이 2013년부터 적극적으로 추진하고 있는 일대일로는 참여국들에게 지나친 채무 부담을 지운다는 비판을 받고 있다.

책임지는 겁니다. 해당 국가는 비록 채무에 대한 부담이 생기지만 자본이나 기술이 없는 상황에서 도로, 철도, 항만 등의 대규모 인프라 건설을 쉽게 할 수 있는 방안입니다. 세계은행에 의하면 중국의 신흥국에 대한 연간 대출 규모가 2010년 348억 달러에서 2020년은 무려 1,565억 달러로 급증했는데, 상당 부분이 일대일로 사업에 의한 것입니다.

문제는 인프라 사업이 수행되는 국가의 채무 부담입니다. 주요 선진국들은 중국의 일대일로 사업이 참여국에 과도한 채무 부담을 지운다고 비판합니다. 2018년 아시아태평양경제협력체(APEC) 회담에서 마이크 펜스 당시 미국 부통령이 공개적으로 일대일로 정책을 비판한 것이 대표적입니다. 일대일로 사업은 신흥국을 '부채의 늪 내지 함정(debt trap)'에 빠뜨리고 있다는 지적입니다. 대표적인 사례가 스리랑카의 '함반토타(Hambantota) 항구' 건설입니다.

이 사건을 요약하면 이렇습니다. 함반토타 항구는 중동과 아프리카를 출발한 에너지 수송선이 동북아시아로 가는 인도양 항로의 중요 거점입니다. 스리랑카 정부는 함반토타 항구 건설 과정에서 중국에 약 14억 달러에 이르는 대규모의 빚을 지게 되었습니다. 그러나 수익성 부족과 과도한 이자(연 6%) 부담으로 이 항구를 더 이상 운영할 수 없었습니다. 결국 중국의 국영항만공사인 자오상쥐(招商局) 그룹은 원리금 상환 대신 이 항구에 대해 99년간의 운영권을 확보하게 되었습니다.

스리랑카가 함반토타 항구 운영권을 빼앗기게 된 것은 중국의 과도한 탐욕 때문일까요? 꼭 그렇지는 않습니다. 스리랑카를 포함하여 일대일로 참여국들 상당수는 중국의 지원을 받기 이전에 이미 심각한 부채 문제를 겪고 있었습니다. 스리랑카는 1980년대 이후 여덟 차례나 구제금융을 받았습니다. 중국 대출의 상당 부분이 이와 같은 대외 취약국을 대상으로 행해진다는 점에서 부채 문제가 심각해질 가능성이 이미 높은 상황이었습니다.

그럼 왜 이들은 중국으로부터 돈을 빌려야 했을까요? 답은 간단합니다. 일대일로 참여국들의 상당수가 신용등급이 낮아 국제금융시장에서 자금 조달이 쉽지 않기 때문입니다. 이들은 경제 발전에 필요한 인프라 건설을 위해 자금이 필요하지만 국제금융시장에 접근하기 어려운 상황입니다. 또한 세계은행 등 국제기구의 원조도 적극적이지 않습니다. 소위 부채의 늪 내지 부채 함정은 어쩔 수 없는 측면이 있습니다. 자금 조달이 어려운 국가가 무리하게 사업 추진을 했기 때문입니다.

2022년 기준으로 스리랑카 전체 외채 중 함반토타 항구 건설 관련은 10%에 불과합니다. 파키스탄의 '과다르(Gwadar) 항구'도 마찬가지입니다. 파키스탄도 1980년대 이후 열다섯 차례 구제금융을 받을 정도로 부채 문제가 심각한 상황이었습니다. 스리랑카와 유사한 이유로 과다르

항구에 대한 43년간의 운영권이 중국[19]에 넘어갔습니다. 이 항구 역시 중국이 아프리카, 유럽, 중동에서 구입한 상품과 에너지를 운반하는 중요 길목에 위치해 있어 전략적 중요성이 매우 큰 지역입니다.

그렇다면 일대일로는 중국의 주장처럼 기본적으로 문제없는 것일까요? 꼭 그렇지는 않습니다. 중국 기업이 중국인 노동력을 이용하여 신흥국의 인프라를 건설하고 필요한 자금은 중국 은행들이 빌려주는 것은 앉아서 돈을 버는 구조입니다. 그 과정에서 불투명성 문제도 따르겠지요. 이런 이유로 중국의 일대일로 사업은 예전 제국주의 열강의 식민지 침탈과 비슷한 신제국주의가 아니냐는 비판을 받고 있습니다. 미국 연구기관의 조사에 의하면 일대일로 사업 프로젝트의 약 35%가 부패, 노동조건 위반, 환경 침해, 현지 국민 항의 등의 문제를 일으킨 것으로 나타났습니다.[20]

일대일로 사업에 대한 비판이 점점 커지자 중국 정부도 사업 방향을 수정할 할 필요성을 느꼈습니다.[21] 2021년 3월 발표한 제14차 5개년계획(2021~2025년)에서 일대일로 사업의 수정 방향을 언급한 것입니다. 앞으로 일대일로 사업을 추진할 때는 국제적 관행과 채무의 지속가능성 원칙을 존중하고 사업 위험 관리 시스템을 갖추겠다고 강조했습니다. 다만 선언적인 표현에 불과한 이 규정이 어떻게 투자 대상 국가들에게 실질적으로 도움이 되는 방향으로 구현될지는 좀 더 지켜봐야 할 것입니다.

이상의 이야기를 요약한다면 다음과 같습니다. "일대일로 사업은 중국이 미국의 압력에 대응하기 위해 시작했다. 물론 중국이 새로운 성장 동력을 찾기 위해 추진한 측면도 분명 있다. 한편 참여국들의 부채가 증가하게 된 것은 불가피한 측면이 있지만, 사업 전개 과정에서 참여국들의 국익에 손해를 미치는 약탈적인 부분도 분명히 있었다. 이에 중국이 사업의 방향 전환을 언급했으나 아직은 불확실하다."

13장

고령화
부유해지기도 전에 늙어버린 사람들

중국에서 30년 넘게 시행되었던 한 자녀 정책

1980년 산아제한을 위해 시작된 중국의 '한 가구 한 자녀 정책'은 2016년 폐지될 때까지 무려 37년간 시행된 악명 높은 인구정책이었다.

◆ 중국의 인구 감소와 고령화 ◆

중국 최고의 국경일인 10월 1일 '국경절(國慶節)' 전후로 일주일은 황금연휴 기간입니다. 중국의 유명 관광지는 모두 국내외 여행객들로 그득한 시기이죠. 중국을 조금 안다 하는 사람들은 모두 이 기간을 '중국 여행하기에 최악의 시기'로 꼽는 데 주저함이 없습니다. 필자는 이 무모한 시기에 무협소설의 무대로 자주 등장하는 그 유명한 화산(華山)을 여행한 적이 있습니다. 화산논검(華山論劍)의 현장을 한 번 보고 싶다는 희망 때문이었습니다.

2007년이었습니다. 내심 "사람들로 붐빈다고 하지만 그래도 버틸 만하겠지? 이래 봬도 서울 만원 지하철에 단련된 사람이야" 하는 순진한 생각이 자리 잡고 있었습니다. 화산으로 가는 기차를 타기 위해 베이징역에 도착한 순간부터 그 거대한 인간의 물결에 기가 질려버렸습니다. 기차역이 마치 고등어로 꽉 찬 통조림처럼 인산인해로 움직일 수 없었죠. 조금 높은 곳에서 바라보니 온통 검은 머리만 물결치는 장관(?)이 연출되었습니다. 중국에 사람이 많다 많다 하지만 수천수만의 사람들이 그 좁은 공간에 들어차 있는 광경은 공포심을 주기에 충분했습니다. 인구대국1) 중국의 진면목을 깨닫게 된 경험이었지요.

그런데 인구대국 중국이 최근 변하고 있습니다. 신생아는 급감하고 고령 인구는 늘어나면서 중국경제의 활력이 떨어지고 있다는 우려의 목소리가 점점 커지는 상황입니다. 그렇다면 실제로는 얼마나 심각한 것일까요?

그동안 독보적으로 엄청난 인구수를 자랑하던 중국이 빠르게 변화하고 있는 것은 출생률과 사망률 추이를 보면 알 수 있습니다. 구체적인 숫자를 한번 살펴볼까요? 1990년에는 인구 1천 명당 21.1명이 탄생하고 6.7명이 사망하여 순 인구 증가는 14.4명이었습니다. 그럼 약 30년 후인 2022년은 어떠했을까요? 인구 1천 명당 6.8명 탄생, 7.4명이 사망하면서 인구 감소세로 전환되었습니다. 사망률이 거의 변하지 않은 반면 출생률은 1/3로 줄어든 결과입니다. 2021년에 이미 중국의 31개 성 중 후베이, 지린 등 13개 성의 인구가 감소세로 돌아선바 있습니다만 전국적으로 인구가 감소된 것은 2022년이 최초였습니다.[2] 2023년은 중국이 인도에게 세계 제1의 인구대국 자리를 물려주는 원년이 될 것이 확실합니다. 이는 매우 상징적인 분기점이 되는 사건이라 할 수 있습니다.

사실 인구 증가세의 둔화는 출산율 저하로 이미 예견된 사실입니다. 대표적인 출산율 지표에는 2가지가 있습니다. 먼저 합계출산율(TFR, Total Fertility Rate)로, 여성 1명이 평생 낳을 것으로 예상되는 평균 자녀 수를 말합니다. 한편 대체출산율(RR, Replacement Rate)은 현재의 인구 수준을 유지하기 위해 필요한 출생아 수를 의미하는데, 통상 2.1~2.3명으로 간주됩니다. 이보다 적으면 장기적으로 인구가 감소한다는 의미입니다. 중국은 어떨까요? 중국은 1992년부터 합계출산율이 대체출산율을 밑돌기 시작했으며 2021년 현재 1.3명 수준까지 하락한 상태입니다.[3] 이에 따라 가구당 평균 인원수도 급격히 감소하고 있는 중입니다. 2010년 3.1명에서 2020년 2.6명으로 감소했습니다.

이처럼 인구가 감소하는 것 못지않게 눈에 띄는 변화 중 하나는 빠른 고령화입니다. 요즘은 의료기술의 발전과 생활환경의 개선 등으로 전반적인 건강 상태가 좋아지면서 노인 연령 기준을 상향해야 한다는 의견이 많습니다. 일부에서는 현재 연령에 0.7~0.8을 곱한 정도의 연령과 40~50년 전의 연령이 신체적 건강상으로 비슷한 수준이라는 주장도 있습니다. 현재 50세는 1960~1970년대로 치면 35~40세 정도의 건강 상태라는 의미입니다. 다만 유엔을 비롯해 대부분의 기관에서는 노인의 기준 연령을 65세로 보았습니다. 인구고령화도 전체 인구 대비 65세 이상의 인구 비중이 얼마나 되느냐로 측정합니다. 65세 이상 인구 비중이 7% 이상이면 고령화사회(aging society), 14% 이상이면 고령사회(aged society), 20% 이상이면 초고령사회(super aged society)로 분류합니다. 이 기준으로 볼 때 중국은 2000년 고령화사회로, 2021년에 고령사회로 접어들었습니다. 2021년 중국 인구 14.1억 명 중 65세 이상 인구는 2억 명을 돌파하며 총인구의 14.2%였습니다. 더불어 기대수명도 크게 증가했습니다. 2021년 기준 중국의 기대수명은 78.2세입니다. 1981년에 67.8세였으니 40년 만에 10년 이상 늘어난 셈입니다.

◆ 중국 인구고령화의 특징 및 시사점 ◆

사실 우리나라와 일본의 급속한 고령화는 커다란 경제·사회적 문제로 지적되고 있습니다. 엄밀히 말하면 중국보다 더 심각한 상황이지요. 이와 관련해 '고령화지수(Aging Index)'라는 것이 있습니다. 14세 이하의 유소년 인구 대비 65세 이상 인구의 비율을 말하는데요, 2020년 기준으로 우리나라가 129.3, 일본이 248.3이었습니다. 중국은 75.4입니다. 14세 이하 인구보다 노인 인구가 훨씬 많은 우리나라와 일본에 비해 중

국은 아직 젊은 인구가 더 많다는 의미입니다. 다만 고령화 속도가 매우 빨라지고 있습니다.[4]

그럼 중국의 고령화 및 인구 감소 추세에서 관찰할 수 있는 특이한 점과 시사하는 점은 무엇일까요? 크게 다음 3가지를 생각해볼 수 있습니다.

우선 중국의 고령화는 소위 '부유해지기 전에 늙는(未富先老, aging before affluence)' 특징을 보이고 있다는 점입니다. 고령사회로 들어선 대부분의 국가가 1인당 국민소득이 최소 2만~3만 달러 이상의 선진국인 데 반해 중국은 이제 막 1만 달러를 넘어선 신흥국입니다. 중국이 고령사회로 들어선 2021년 1인당 국민소득은 1만 2,500달러에 불과했습니다. 반면 우리나라가 고령사회로 변화된 2017년 1인당 국민소득은 2만 9천 달러였습니다. 중국은 국민소득이 우리의 절반이 안 되는 수준에서 이미 고령사회로 진입한 것입니다. 이러한 상황에서 고령화 진전에 따르는 연금 및 의료비 급증 등의 재정적 부담을 중국이 과연 감당할 수 있을지 불확실한 상황입니다.

중국의 가장 기초적인 사회보험으로 우리의 국민연금에 해당하는 양로보험의 경우 2027년이면 규모가 정점에 이르렀다가 2035년이면 고갈될 것으로 추정됩니다.[5] 이런 상황에서 중국 국민들의 노후 생활에 대한 염려도 커지고 있습니다. 한 연구에 의하면 노후 준비를 위한 저축 시작 연령이 2018년 38세에서 2022년 35세로 낮아진 것으로 나타났습니다.[6] 또한 저축 금액도 소득의 평균 21%에서 27%로 높아졌습니다. 중국 정부는 개인들의 노후 대비를 돕기 위해 2022년 11월 개인연금제도를 도입했습니다.[7] 연간 1만 2천 위안의 개인연금 납입액까지는

10위안 지폐 속의 노인
중국이 1988년 발행했던 10위안짜리 지폐의 모델 중 한 명은 한족(漢族) 노인이었다.

소득공제를 해주고 투자수익에 대해 잠정적으로 소득세를 부과하지 않는 것 등이 주요 내용입니다.

둘째, 중국의 고령화는 중국경제의 성장세가 둔화되는 결정적인 원인 중 하나로 작용할 것이라는 점입니다. 고령화 진전이 경제 성장을 저해한다는 것은 중국에만 해당하는 이야기가 아닙니다. 하지만 중국이 특히 문제가 되는 이유는 40여 년의 장기간 동안 놀라울 정도로 높은 성장을 지속해왔기 때문입니다. 이와 관련해서 자주 등장하는 개념이 '인구 보너스(demographic dividend)'라는 말입니다. 또 생소한 용어가 튀어나왔습니다. 간단히 말해 생산활동에 종사할 수 있는 15~64세의 생산가능 인구가 증가하면서 노동력과 소비가 늘고 이에 따라 경제 성장이 촉진되는 것을 의미합니다. 한마디로 노동인구의 공급이 증가하는 동시에 이들이 벌어들인 소득과 소비도 늘어나 경제가 성장함에 따라 창출되는 이익을 가리킵니다.

그러나 생산 가능 인구가 감소하고 고령인구가 늘면 노동비용이 상승함과 동시에 소득도 줄어들어 유효수요가 부족해짐에 따라 경제 성장도 지체될 겁니다. 이를 가리키는 용어가 앞서 이야기한 '인구 보너스'의 반대말인 '인구 오너스(demographic onus)'입니다. 사실 중국의 생산 가능 인구는 2013년 10.1억 명, 인구 비중으로는 2010년 74.5%에서 정점을 찍은 이후 지속적으로 하향 추세입니다. 이와 같은 상황에서 현재의 인구 추세라면 중국에서 신규 주택에 대한 수요는 2035년까지 연간 약 3%씩 감소할 것으로 유엔은 추정하고 있습니다.[8] 직간접 연관 산업을 포함할 경우 부동산이 GDP의 25% 내외를 차지한다는 점을 감안하면 인구 감소가 성장세 둔화에 얼마나 큰 영향을 줄지 미루어 짐작할 수 있습니다. 현재 중국경제는 이전의 인구 보너스 시대에서 인구오너스 시대로 전환되는 중대한 기로에 서 있는 것입니다.

중국 정부도 이런 상황을 잘 알고 있지요. 그래서 2018년에 새롭게 제시한 개념이 소위 '인재 보너스(talent dividend)'입니다. 생산 가능 인구가 감소한다 해도 교육 및 기술혁신을 통해 인력자원의 생산성을 높인다면 경제 성장을 촉진할 수 있다는 개념입니다. 중국경제의 성장동력이 기존의 인구 보너스에서 인재 보너스로 변하고 있음을 강조하는 것이지요. 그러나 이것은 정치적 수사(修辭)의 성격이 짙다는 생각이 듭니다. 중국에서 고등교육 진학률이 높아지고[9] 대졸 이상의 학력을 지닌 인구 비중이 증가[10]하는 등 인력자원에 대한 투자가 늘어나는 것은 사실입니다. 하지만 그만큼 생산성 증가로 이어질지, 기존의 인구 보너스를 보완할 정도로 강력한 효과를 가질지는 아직 의문입니다.

마지막으로 중국의 인구 감소와 고령화로 인한 노동력 공급 부족은 세계의 공장 역할을 수행하던 중국경제의 변화를 의미하므로 글로벌 상품시장의 커다란 변수로 작용할 거라는 점입니다. 글로벌 경제는 2000년대 초반 이후 중국이 저렴한 노동력에 기초한 대규모 저가 상품을 공급하면서 인플레이션 걱정 없이 비교적 안정적인 성장을 구가할 수 있었습니다. 그러나 경제 성장과 노동력 공급 부족이 초래한 인건비 상승[11] 등으로 중국은 더 이상 저렴한 상품을 세계에 공급하지 못할 겁니다. 이는 글로벌 인플레이션을 초래하는 원인으로 작용할 수 있습니다. 단적으로 말해 중국의 노인 인구가 증가함에 따라 내가 슈퍼마켓에서 구입하는 생필품 가격이 올라갈 수 있다는 의미입니다. 중국의 인구 고령화 문제가 결코 남의 나라 일만이 아니라 내 생활에 직접적인 영향을 준다는 말입니다.

◆ 중국의 인건비 문제 ◆

인구 감소 및 고령화는 중국의 인건비와 직결되는 문제입니다. 그럼 중국의 인건비는 얼마나 많이 오른 것일까요? 저렴한 인건비를 바탕으로 만들어진, 품질은 조금 떨어지지만 값싼 제품! 수십 년간 중국 제품 하면 떠올랐던 이미지입니다. 그러나 이제는 더 이상 그렇지 않습니다. 중국의 인건비가 빠르게 올라가고 있는 상황입니다.

최저임금을 예로 들어보겠습니다. 중국은 지방정부 차원에서는 1993년부터, 전국적으로는 2004년부터 최저임금제도를 시행하고 있고, 최소 2년에 한 번 최저임금을 정하게 되어 있죠.[12] 우리나라와 가장 큰 차이라면 생활비와 노동 여건 등을 감안해 최저임금을 지역별로 다

상하이 노동자
중국은 지역별로 최저임금이 다르다. 상하이가 가장 높은데, 2022년 월 최저임금은 2,590위안(약 50만 원)이었다.

르게 책정한다는 점입니다. 또한 시간당 임금과 월 임금을 각각 구분하여 발표한다는 점도 특징입니다.[13] 최저임금이 가장 높은 상하이의 경우를 살펴볼까요? 2010년 상하이 노동자의 최저임금은 월 1,120위안이었습니다. 10여 년이 흐른 2022년은 얼마일까요? 2,590위안입니다. 2배 조금 넘게 오른 것입니다. 이를 연간 상승률로 계산하면 약 7%입니다. 시간당 임금은 어떨까요? 2010년이 9위안이었던 반면 2022년은 23위안이었습니다. 약 3배 올랐고, 연간 상승률은 8%입니다 급속한 경제성장 과정에서 최저임금도 그에 필적할 정도로 올랐습니다.[14]

한편 중국의 최저임금제도와 관련해 비판도 적지 않습니다. 우선 현재 2년에 한 번 조정되는 최저임금은 매년 조정될 필요가 있다는 의견이 있습니다. 그리고 현재 최저임금제도의 적용을 받지 못하는 농민공이나 겸직자 등에게도 이 제도가 적용되어야 한다는 주장이 있습니다.

모두 일리 있는 지적이라고 생각합니다. 이런 비판들이 어느 정도 수용된다면 중국의 인건비는 앞으로 더 오를 가능성이 큽니다. 국제적으로 비교해봐도 이미 중국의 인건비는 더 이상 저렴하다고 할 수 없는 수준이라는 점을 감안하면, 생산기지로서 중국의 경쟁력은 점차 감소하고 있다는 점을 명심해야 할 것 같습니다. 2020년 기준으로 시간당 제조업 노동비용은 중국이 6.5달러였던 반면, 멕시코가 4.8달러, 베트남이 3.0달러 수준입니다.

◆ 인구정책의 변화 ◆

앞에서 이야기했듯이 중국의 인구감소세가 지속됨에 따라 총인구에서 중국은 2023년 인도에 추월당할 것이라고 예측됩니다. 성장동력도 떨어지고 있다는 평가가 많습니다. 그런데 중국의 인구는 인구정책에 따라 변화해왔습니다.

중국은 사실 악명 높은 산아제한 정책으로 유명한데, 처음부터 이 정책을 실시한 것은 아닙니다. 1949년 건국 이후 1953년까지는 오히려 아이 낳는 것을 격려하는 단계였지요. 당시에는 오히려 낙태와 인공유산을 제한했습니다. 마오쩌둥은 '사람이 많아야 국력도 강해진다(人多力量多)'며 다산을 적극적으로 권장했습니다. 그러나 인구 급증에 따라 여러 가지 문제가 발생하자 1973년부터 산아제한 정책을 시작했으며 1980년부터 '한 가구 한 자녀 정책'을 실시했습니다.

이 정책은 그야말로 가혹하게 실시되었습니다. 강제 불임 수술과 낙태는 물론이고 두 번째 자녀를 출산할 경우에는 가혹한 벌금, 살고 있던 마을 공동체에서 추방, 공직에서 승진 제한 등 비인간적인 조치들이 뒤따랐습니다. 이때 태어난 아이의 상당수가 호적이 없는 소위 '검은 자녀'가 되었습니다. 이들은 각종 사회보장제도의 혜택을 받지 못하는 것은 물론 학교에도 갈 수 없는 신세였습니다. 2010년 중국 정부가 호적이 없는 사람들의 자진 신고를 권유하며 호적에 올려주는 조치를 취했을 때 집계된 검은 자녀 수만 1,300만 명에 달했습니다. 국가의 대의를 위한다는 명목으로 행해지는 사회적인 폭력이 얼마나 잔인할 수 있는지를 보여준 사례입니다.

그 거대한 규모로 인해 마냥 증가하기만 할 것 같았던 중국의 인구가 2000년대 들어서면서 변화의 조짐이 나타납니다. 그 배경에는 무엇보다 국민들의 달라진 가치관이 있습니다. 우리나라도 마찬가지이지만, 결혼을 필수라고 생각하는 중국의 젊은이들이 줄어들고 있습니다. 또한 학업과 취업, 개인주의 성향의 확대 등으로 인해 결혼 연령도 점차 높아지고 있습니다. 2020년 기준 중국의 평균 초혼 연령은 28.7세입니다. 남성이 29.4세, 여성이 27.9세였습니다. 10년 전과 비교하면 무려 네 살이나 높은 수준입니다.[15] 결혼이 늦어지다 보니 출산 연령이 늦춰지고 설령 출산한다 해도 1명으로 그치는 경우가 많습니다.

이와 함께 자녀 양육을 위한 제반 여건들도 출산을 기피하게 만드는 요인으로 작용했습니다. 주택, 취업, 교육 관련 부담이 급격하게 증가한 것이 대표적입니다. 예를 들어 중국의 엄청난 입시열과 사교육 부담은 오랫동안 사회문제로 지적되어 왔습니다. 2022년 현재 자녀 1인당 교육비 지출액을 매월 1천 위안(약 18만 원)까지 소득공제를 해주고 있다는 것은 역설적으로 교육비 부담이 얼마나 큰지를 말해줍니다.

중국 전통결혼식
2020년 중국인 평균 초혼 연령은 28.7세다. 10년 전인 2010년보다 무려 네 살이 늘어난 수준이다. 가치관의 변화, 교육 연한의 증가 등이 복합적으로 작용한 결과이다.

2021년 중국 도시가계의 월평균 가처분소득이 약 4천 위안(약 70만원)이었던 점을 감안하면 더욱 그렇습니다. 심지어 교육비 등을 포함해 자녀 양육에 드는 비용이 급증하면서 소위 '아이들의 노예(孩奴)'라는 말까지 생겨났습니다. 이는 대부분의 수입을 자식에게 지출하면서 제대로 생활을 영위하지 못하는 부모 세대를 일컫는 신조어입니다. 우리나라도 비슷한 상황이라는 점은 안타까운 일이라 할 수 있습니다.

한편 출산과 관련된 한 가지 재미있는 연구 결과가 있습니다. 대기오염이 개인의 건강과 인적자본의 발전에 부정적인 영향을 미친다는 것은 상식인데요, 출산율에도 영향을 준다는 것입니다. 대기오염이 자녀 건강과 교육에 필요한 비용을 높이면서 자녀 수 결정에 영향을 미친다는 이야기입니다.[16]

2010년대 들어 중국은 급격한 인구 감소를 걱정해야 하는 상황에 처합니다. 그 결과 2016년에는 30년 넘게 유지되던 '한 가구 한 자녀 정책'을 폐지하고 '한 가구 두 자녀 정책'을 시행합니다. 초기에는 반짝 효과가 있는 듯했습니다. 2015년 1,655만 명까지 내려갔던 연간 출생아 수가 2016년 1,786만 명으로 늘었고 2017년에도 1,723만 명이었습니다. 그러나 정책의 효과가 지속되나 하는 생각도 잠시, 2018년은 다시 1,523만 명으로 급감했습니다. 이후로도 출생아 수 감소는 지속되었고 급기야 2021년에는 1,062만 명, 2022년은 956만 명까지 감소하였습니다. 이는 1990년대 초반 2,200만 명 내외에 이르렀던 신생아 수를 감안하면 30년 만에 절반 이하로 줄어든 규모입니다. 엄청난 감소세인 것이죠. 중국 정부는 심지어 2022년부터 '한 가구 세 자녀 정책'을 시행하기 시작했습니다.

 '두 자녀 정책'이 큰 영향을 미치지 못한 점을 감안할 때 세 자녀 정책도 그리 미덥지 못하기는 마찬가지이지만 어찌 되었든 중국 정부는 다양한 노력을 기울이고 있습니다. 특히 대부분의 국민들에게 가장 큰 경제적 부담이 되고 있는 주택과 관련한 정책을 쏟아내고 있습니다. 자녀 수에 따른 임대주택 배정 시의 차등, 보조금 지급, 모기지대출 금리우대 등은 모두 출산을 기피하는 가장 큰 이유 중 하나가 경제적 문제라는 판단에서 나오는 정책들입니다. 심지어 일부 지역에서는 두 번째나 세 번째 자녀 출산 시 만 3세까지 매달 일정액의 보조금을 지급하는 정책을 펴고 있죠.[17] 하지만 이 정도 지원으로 이미 급격하게 추세가 바뀐 출산율이 다시 오를지는 조금 더 두고 봐야 할 것 같습니다.

◆ 정년 문제 ◆

인구고령화가 가속화되면서 우리나라에서도 정년을 연장해야 한다는 목소리가 커지고 있습니다. 국민연금 수급 개시 연령 인구가 점차 늘어나자 퇴직과 연금 수급 시기 간의 틈을 줄이는 동시에 양호한 노동력을 계속 고용하여 사회적 효율을 높인다는 명분으로 말입니다. 다만 이 것은 청년층 고용 문제와 얽혀 사회적 갈등이 커질 수 있는 매우 논쟁적인 주제이기도 합니다. 어쨌든 본질적으로 정년 연장은 국가의 재정 부담을 줄이는 동시에 노동참여율을 높이기 위한 노력의 일환입니다.

중국의 경우는 어떨까요? 대부분 국가의 정년이 남녀가 동일한 데 반해[18] 중국은 남녀 차이가 있습니다. 2022년 현재 정년은 남성이 60세, 여성이 55세입니다. 중국인의 기대수명이 1981년 67.9세에서 2021년 78.2세로 열 살 이상 늘어났음에도 불구하고 관련 규정은 1978년 제정 이후 지금까지 변함이 없습니다. 정년을 연장하는 동시에 현재의 차별적인 남녀 정년을 동일하게 조정한다는 기본 방침은 이미 2018년 수립되었습니다. 그러나 2022년 말 현재 아직 시행되지 않고 있는 상황입니다.

2022년 2월 국무원은, 제14차 5개년계획 기간(2021~2025년) 중 점진적으로 법정 퇴직연령을 연장할 것임을 다시 한 번 발표했습니다. 이와 같은 점을 반영하여 일부 지역에서는 이미 시범 조치가 실시되고 있습니다. 대표적으로 산둥성(山東省)은 2022년부터 일부 기술직 공무원을 대상으로 정년 연장 관련 시범 조치를 실시하고 있습니다. 정년에 이른 직원이 1~3년 정년 연장을 신청하면 심사하여 더 일할 수 있는 제도입니다.

다만 우리와 마찬가지로 중국도 정년을 연장할 경우 청년층의 취업
난 가중이라는 부작용이 우려된다는 목소리가 적지 않습니다. 2022년
12월 기준으로 20~24세 인구 중 전문대 이상을 졸업한 청년층의 실업
률이 21%에 이를 정도로 높은 상황입니다. 또한 지금은 정년퇴직한 부
모 세대가 손주를 양육하는 경우가 많은데 정년이 연장되면서 노동 기
간이 늘어날 경우 손주 양육 기회가 감소하고 자녀의 부담이 커진다는
이유로 정년 연장 정책 추진에 반대하는 고령층도 적지 않습니다. 사회
적 합의를 이루기 위해서는 우리나라나 중국이나 상당한 시간이 필요할
것으로 예상됩니다.

◆ 실버산업 이야기 ◆

인구고령화에 따라 새롭게 각광받는 산업 분야도 있습니다. 소위 실
버산업이라고 하는데, 중국어로는 은발(銀髮)산업입니다. 건강관리, 양로,
여가, 관광 등의 분야가 대표적입니다. 이미 중국 정부도 2021년 3월
발표한 '국민경제사회발전 제14차 5개년계획 및 2035년 중장기 목표'
에서 실버경제 발전, 노화 적응 기술과 제품 개발, 스마트 노후 관련 부
문 육성 등을 명확히 언급하며 중요성을 강조한 바 있습니다.[19] 고령인
구가 늘어나고 연금 수급 등으로 소비 여력도 증가하면서 이들을 대상
으로 한 산업이 확대되고 발전할 것임은 누구나 짐작할 수 있는 부분입
니다. 실제 중국의 실버산업 규모는 2016년의 2.9조 위안(약 515조 원)에
서 매년 10% 이상 증가하여 2021년 5.9조 위안(약 1,048조 원)으로 성장

천혜의 자연경관을 지닌 신장
중국 서쪽에 자리 잡은 신장(新疆)은 천혜의 자연경관을 지닌 청정지역이다. 관광산업으로서 잠재력이 무한하다는 의미이다. 그러나 우리에게는 신장위구르족과 무슬림에 대한 탄압으로 더 잘 기억되는 마음 아픈 땅이기도 하다.

했다는 분석도 있습니다.[20] 여기에서는 중국 실버산업에 관심이 있거나 진출하려는 업체 등이 유의할 점을 알아볼까요?

우선 실버산업의 대상 연령 폭이 매우 광범위하다는 점입니다. 중국에서는 일반적으로 45세 이상을 실버산업의 대상으로 봅니다. 중국인의 기대수명이 78세를 넘긴 현재 30년 이상의 연령 차이가 있는 다양한 대상군이 존재한다는 의미입니다. 이것은 곧 매우 세분화해서 마케팅 목표를 정하지 않으면 실패하기 쉽다는 말이기도 하지요. 예를 들어 "노인들은 나이가 들수록 의료 및 보건 수요가 많을 수밖에 없으니 이 분야는 확실한 시장이야"라고 말하기 쉽지만, 꼭 그렇지는 않습니다. 보통 40세가 넘어서면서 의료비 지출이 늘어나는 것은 맞지만, 55~64세는 일종의 정체기가 온다고 합니다. 그리고 65세 이후에 다시 늘어나기 시작하는데, 75~79세가 의료비 지출의 최절정기인 것으로 알려져 있습니다. 의료비 지출이 단순히 선형적으로 계속 늘어나는 것만은 아니라는 의미입니다.

둘째, 실버산업의 대상은 분명 노인이지만 마케팅 대상이 노인인 것만은 아닙니다. 여유가 있든 없든 자녀의 의사에 따라 상품이나 서비스를 구입하는 경우도 있습니다. 여유가 없는 노인들은 전적으로 자녀에게 의존하죠. 이는 자녀가 상품 구입을 결정한다는 뜻으로, 마케팅 지역, 상품 및 수단 등을 잘 선택해야 함을 시사합니다. 예를 들어 반려형 로봇이나 움직임 감지 안전 CCTV 등의 상품은 연로한 부모님이 외지에서 홀로 사는 것을 걱정하는 자녀들의 우려를 덜어주기 위한 대표적인 상품이라 할 수 있습니다.

셋째, 실버산업의 범위가 기존의 생존형 상품·서비스에서 점차 취미형 상품·서비스로 확대되고 있다는 점입니다. 건강한 노인이 점차 늘어나면서 교육, 사교, 오락, 여행 등에 대한 욕구가 늘어나고 있습니다. 기존에 사용하던 '실버용품'이라는 용어가 더 이상 의미 없다는 뜻이죠. 실제로 노인들도 이 용어를 싫어하는 것으로 알려져 있습니다. 아직 정착된 용어는 아닌 것 같지만 최근에는'노인 복지용품'이라는 말이 종종 쓰이고 있습니다.

마지막으로, 노인 세대 또한 디지털 능력을 갖춘 정보화 세대가 점점 다수가 되어가고 있다는 점입니다. 2021년 말 기준 중국의 60세 이상 노인은 2.7억 명인데, 이 중 인터넷을 사용하는 인구가 1.2억 명에 달합니다. 44% 이상의 노인이 인터넷을 통한 상품 구입에 거리낌이 없다는 의미입니다. 이들 소위 '시니어 엄지족'은 모바일 쇼핑 등에 이미 익숙한 집단입니다. 노인에 대한 기존의 막연한 이미지만 가지고 시장에 접근하면 큰 낭패를 겪을 수 있음을 시사합니다. 디지털 노인 세대를 겨냥한 다양한 아이디어가 필요합니다. 시니어 모델이 진행하는 라이브커머스, 글자 크기를 확대한 모바일 쇼핑몰 앱 등을 예로 들 수 있을 것입니다.

14장

조사실업률
노력해도 소용없는 자포자기의 시대

중국의 대표적인 명문대학, 칭화대학교

1949년 신중국 건국 이후 중국의 교육 방향이 인문교양인의 양성에서 기술자 양성으로 바뀌면서 대부분의 종합대학이 사라졌다. 칭화대학교도 당시 인문학과 사회과학 등의 교육을 중단하면서 공과대학으로 규모가 축소된 바 있다. 원래 칭화대학교는 의화단 사건 이후, 중국이 미국을 상대로 과도한 배상금 반환을 요구하여 일부 돌려받은 금액을 재원으로 설립된 학교다. 미국 유학생 프로그램의 예비과정으로 1911년 설립되었으며 청의 황실정원인 칭화원(淸華園)에서 그 명칭이 유래했다.

◆ 고용지표의 변화 과정 ◆

인간이 행복해지기 위해 필요한 요소 중의 하나가 바로 '자신이 하는 일이 의미가 있고 그 일이 사회에 도움이 된다는 보람을 느끼는 것'이라고 합니다. 우리가 비자발적으로 일을 못 하게 될 때 얼마나 무기력해지는지를 떠올려보면 이 말이 진리임을 알 수 있습니다. 그만큼 일, 즉 고용은 매우 중요한 우리의 생존 조건이며, 따라서 고용 관련 지표는 핵심적인 경제지표 중 하나입니다.

그런데 고용과 관련된 경제지표는 중국의 통계 수치 가운데 가장 신뢰성이 떨어짐과 동시에 거의 공개되지 않는 지표입니다. 중국이 사회주의국가로 출발한 데에 그 근본 원인을 찾을 수 있습니다. 1949년 건국 이후부터 개혁개방 이전까지 중국은 기본적으로 직업과 직장을 국가에서 배분하는 제도였습니다. 능력이나 적성을 떠나 개인은 취업 걱정을 할 필요가 없었습니다. 정부에서 지정해주는 직장에서 지정된 일을 하면 되었으니까요. 이러한 역사적 유산을 지금도 찾아볼 수 있는 곳 중의 하나가 중국의 대학들입니다.

지금은 종합대학이 많지만 이전에는 베이징대학교를 제외하고 종합대학이 거의 없었습니다. 신중국 성립 이후 중국 정부가 실용적인 분야에서 기술자들을 배출하는 데 교육의 중점을 두었기 때문입니다. 정부 고위직을 위한 광범위한 인문교양인의 양성에서 기술자 양성으로 교육 방향이 전환된 것입니다.[1] 이에 따라 특정 직업군을 양성하는 대학들이 다수 설립되었습니다. 예를 들어 ○○경제무역대, ○○교통대, ○○사범대, ○○철도대 등입니다. 이곳을 졸업한 학생들은 각각 상무부, 교통부, 교육부, 철도부 등의 정부기관에 배치되어 관련 업무를 하는 시스템이었지요. 1960년 이후 중국 정부는 고등학교와 대학 졸업생 가운데 95%를 직장에 배정했으며, 1978년까지 자발적인 사직이나 해고는 실질적으로 존재하지 않았습니다.[2]

그러나 1979년의 개혁개방 이후 시장의 기능이 확대되면서 정부의 기능을 점차 시장이 담당하게 되었습니다. 시험을 치르든 인맥을 동원하든 각자 구직활동을 통해 직업과 직장을 스스로 찾아야 한다는 뜻입니다. 당연히 실업자가 나올 수밖에 없었지요. 그러나 실업률 지표는 여전히 매우 제한적이었습니다.

중국은 2017년까지 '도시지역 등록실업률'이라는 지표를 공식적인 실업률 지표로 사용했는데, 현실의 실업 상황을 표현하기에는 여러 가지로 부족한 점이 많았습니다. 이 지표는 실업자를 '농촌 지역 외에 호적이 있는 남성 16~60세, 여성 16~55세 인구 중 노동 능력과 취업 의사를 가지고 1개월 이상 구직활동을 했으나 취업하지 못해 노동행정기관에 실직자로 등록한 자'로 정의했습니다. 이 실업률의 정의를 보면 '호적', '행정기관에 등록' 등의 제한 사항이 눈에 띕니다. 대단히 협소한 정의라는 의미입니다.[3] 당연히 실제 고용 상황을 나타내지 못하는 한계가 있었지요. 2008년 금융위기 당시 기업 도산이 속출했음에도 불구하고 도시지역 등록실업률은 4% 내외를 유지하며 거의 변하지 않은 것을 보면 알 수 있습니다.

결국 국제노동기구(ILO)나 여타 국가에서 작성하는 실업률 지표와 비슷한 기준으로 작성해야 한다는 비판이 지속적으로 제기되었습니다. 그리고 마침내 2018년부터 국제 기준의 서베이 실업률 지표와 큰 차이 없는 '도시조사실업률'이 작성되기 시작했습니다. 이 지표에서는 실업자를 '조사 기간 내에 수입이 있는 일을 1시간 이상 하지 못했으며, 3개월 간의 적극적 구직 행위에도 불구하고 일자리를 찾지 못한 16세 이상인 자'로 정의하고 있습니다. 현재는 이 도시조사실업률이 중국의 실업률 지표로 거의 정착된 것 같습니다. 취업 상황을 비교적 잘 파악하고 있다고 판단되니까요. 예를 들어 16~24세 청년실업률 지표가 2022년 3월 이후 7월까지 매월 최고치를 경신한 바 있습니다. 당시 중국경제의 부진 상황[4]을 반영하면서 7월 청년실업률은 무려 19.3%에 달했지요.

◆ 고용 전망 ◆

2022년 중국 대학 졸업자 수는 사상 처음으로 1천만 명을 돌파하며 1,076만 명을 기록했습니다. 불과 10년 전인 2012년 졸업자 수가 625만 명이었던 점을 감안하면 70% 이상 급증한 수치입니다. 반면 경제 성장률은 점차 하락 추세에 있어 대졸자들의 구직 자체가 갈수록 어려워지고 있습니다. 대졸자의 취업은 경기 상황과 매우 밀접하게 연계되어 있으니까요. 우리나라도 지난 10년간 연평균 30만 명 수준이던 대졸자 수가 코로나19로 경기가 악화된 2020년과 2021년은 24만 명 수준으로 급감했습니다.[5] 대학 졸업을 유예하는 학생이 그만큼 많았다는 의미입니다.

이렇게 대내외 환경이 어려울 때 취업자들이 선호하는 직장은 어떤 곳일까요? 네, 그렇습니다. 우리나라도 한동안 공무원 시험 열풍이 불었듯이 중국도 마찬가지입니다. 공무원 시험의 인기가 갈수록 치솟고 있

상하이 최고 명문 상하이교통대학
2022년 5월 기준으로 전문대 이상의 중국 대학 수는 모두 2,759개에 달한다. 4년제 대학만 1,270개이다.
2022년 대학 졸업생 수가 사상 처음으로 1천만 명을 돌파하면서 이들의 취업 문제가 크게 대두되었다.

습니다. 2019년 160만 명이던 공무원 시험 응시자는 2021년 최초로
200만 명을 돌파했으며 2022년에는 260만 명까지 급증했습니다. 평
균 경쟁률은 70:1에 달했습니다. 부처별, 직위별로 따로 선발하는 중국
공무원 시험에서 2021년도에 가장 경쟁률이 높았던 부문은 1명 모집에
2만 명이 넘게 지원하기도 했습니다.[6]

 공무원 이외에 대졸자들의 지원이 급증한 또 하나의 분야가 바로 군
대입니다. 중국은 병역법(제3조)상으로는 모병제와 징병제가 결합되
어 있지만 지원자가 많아 실질적으로는 모병제라 할 수 있습니다. 취업
이 갈수록 어려워지면서 대학생들이 찾은 활로 중의 하나가 군대입니
다. 입대와 제대 시의 장려금, 학비보조금 등의 금전적인 이유 외에 제대

후 취업할 때 우대 조치 등의 다양한 혜택이 있기 때문입니다. 2013년에 20만 명 수준이었던 대학생 군대 지원자는 2021년에 무려 122만명으로 증가했습니다. 이런 이유로 2022년 상반기 현재 중국인민해방군 사병의 약 80%는 대학생 및 대학 졸업생으로 구성되어 있습니다.[7] 4~5년 전만 해도 이 비중이 60% 수준이었음을 감안하면 요즘 대학생들의 취업에 대한 압박감이 얼마나 심한지 짐작할 수 있습니다. 조금이라도 취업 가능성을 높이기 위해 노력하고 있는 것이죠.

사회안정을 중시하는 중국 정부 입장에서 고용은 매우 중요한 이슈입니다. 이와 관련하여 2022년 6월 〈파이낸셜 타임즈〉는 중국 IT 기업의 임금 삭감 및 대규모 해고 소식을 전하면서 청년층 취업의 어려움을 분석한 기사를 실은 바 있습니다.[8] 중국 정부의 사교육 억제 조치로, 중국의 5대 온라인 교육업체에서 2022년 2월까지 해고된 인력만 17.5만 명에 달한다는 내용이었습니다. 이 기사에서 소개한 신조어 중 하나가 '바이란(擺爛)'입니다. 우리말로 '자포자기' 정도로 해석할 수 있습니다. 아무리 노력해도 소용없다는 것을 알게 된 중국 젊은이들이 노력하는 것 자체를 포기하는 현상을 일컫는 말입니다. 비슷한 말로 중국 인터넷상에서 많이 쓰인 것이 '탕핑(躺平)'입니다. '평평하게 눕는다', 즉 누워서 아무것도 하지 않는다는 의미입니다. 극도로 지나친 경쟁사회에서 모든 것을 포기하고 시도하지 않으려는 중국의 젊은 세대를 표현한 말입니다.[9]

이와 같은 신조어들이 생겨나고 있다는 것은 지금 중국경제가 어떤 상황으로 변화하고 있는지를 잘 보여주는 하나의 단면이라고 할 수 있습니다. 개혁개방 이후 중국은 역동적인 경제·사회적 변화 속에 일약

신분 상승을 이룰 기회가 무궁무진한 곳이었습니다. 실제 자수성가한 백만장자들이 많이 쏟아지기도 했죠. 그러나 현재 중국은 변하고 있습니다. 기득권의 세력은 갈수록 공고해지고 빈부 격차는 더 심해지면서 젊은이들의 패기와 의욕이 점차 사라지고 있습니다. 또한 AI의 발전, 글로벌 공급망 변화에 따른 생산기지로서 중국의 위상 변화 등을 감안하면 고용시장의 전망이 그리 밝다고만은 할 수 없습니다.

이처럼 경기불황, 불안한 고용 및 암울한 미래 등으로 인해 중국 젊은이들은 소비에서도 극도의 절제된 생활을 보이고 있습니다. 중국 소셜 커뮤니티 사이트에서도 서로 돈을 아끼는 노하우나 최소한의 소비로 생활하는 방법 등을 공유하는 소모임이 인기라고 합니다.[10] 우리나라 MZ 세대 사이에 유행하는 '무소비·무지출 챌린지'도 같은 성격입니다. 고물가와 불경기에 대응하는 몸부림이지요. 결국 젊은이들이 살기 팍팍한 것은 우리나라나 중국이나 마찬가지라는 이야기입니다. 최근 우리나라 웹툰이나 드라마 등에서 환생과 귀환 모티브가 유행하는 것도 '이번 생은 망했다'는 생각이 저변에 깔려 있으며 인생을 다시 세팅하고 싶은 욕망이 작용한 것이라는 분석입니다.[11]

중국의 2023년 대졸 예정자는 전년보다 80만 명 이상 증가한 1,158만 명입니다. 경제 성장률이 하락 추세인 중국에서 당연히 취업 전쟁은 더 치열해질 것이고 젊은이들의 고민은 더욱 커질 겁니다. 고용으로 대변되는 젊은이들의 좌절을 해결하기 위해 어떤 특단의 대책을, 꾸준히 추진할 필요성이 점차 커지고 있는 시기입니다.

◆ 비자발적 비혼 ◆

고용 문제는 특히 중국 젊은 남성들에게 더 절박한 문제입니다. 여성에 비해 남성의 숫자가 더 많음으로 인해 결혼 적령기에도 비자발적으로 결혼하지 못하게 된 소위 '남겨진 남성(剩男, left male)' 문제와 연관되기 때문입니다. 우리나라 못지않게 강했던 남존여비 사상에 더해 오랫동안 시행된 한 자녀 정책으로 중국의 남녀 성비가 깨지면서 발생하게 된 현상입니다. 보통 자연적인 출생남녀 성비는 여성 100명당 남성 103명~107명으로 봅니다. 그런데 중국의 경우 2000년 118명, 2016년 113명, 2021년 111명이었습니다. 점차 감소하면서 자연 성비에 가까워지고 있으나 문제는 향후 10~20년 사이에 비자발적인 미혼 남성이 3,600만 명에 달할 것이라는 점입니다.[12]

남성이 결혼하기 위해 최소한 갖춰야 하는 것이 여유 있는 밥벌이라는 점에서 고용 문제는 우리가 생각하는 것보다 훨씬 더 큰 위력을 끼칠 수 있는 핵폭탄이라는 생각이 듭니다. 비자발적 비혼에 처하게 될 남성들의 불만을 해결하기 위해 과연 중국 정부는 어떤 대응책을 고민하고 있을까요? 특히 농촌지역의 노총각들이 쏟아질 것으로 보이는데, 해결하기 쉽지 않은 과제입니다.

15장

피그플레이션
돼지고기에 '진심'인 사람들

중국의 대표적인 돼지고기 요리 중 하나인 꿔바로우

꿔바로우(鍋包肉)는 납작한 찹쌀 탕수육으로 우리나라 중국음식점에서도 쉽게 찾아볼 수 있는 음식이다. 전체 육류 소비 중 돼지고기가 60%를 차지할 정도로 중국인들의 돼지고기 사랑은 압도적이다. 중국에서 고기(肉)라고 하면 이는 곧 돼지고기를 의미한다. 중국에서 돼지고기 관련 산업 종사자 수는 남북한 인구를 합친 것보다 많을 것으로 추정되고 있다.

◆ 중국 물가의 안정성 ◆

2022년에는 글로벌 인플레이션이 매우 심각한 문제였습니다. 주요국 중앙은행이 연속해서 금리를 올린 가장 큰 이유 중 하나가 바로 급등하는 물가였습니다. 미국을 비롯해 대부분 국가의 소비자물가가 몇십년 만에 최고치를 기록했지요. 예를 들어 2022년 6월 미국의 소비자물가 상승률은 9.1%였는데 이는 1981년 11월 이후 최고치였습니다. 우리나라는 2022년 7월 소비자물가 상승률이 6.3%를 기록하며 1998년 11월 이후 최고치를 경신했습니다. 이에 따라 각 국가는 연달아 긴축 통화정책을 시행했지요. 우리나라도 예외가 아니었습니다. 2022년 초에 0.25%였던 한국은행 기준금리는 2023년 1월 말 현재 3.50%까지 인상되었지요.

그러나 주요국 가운데 중국은 비교적 안정적인 물가 수준을 나타냈습니다. 2022년 소비자물가 상승률이 2.0%였는데, 이는 정부 목표치인 3%를 크게 밑도는 수준이었습니다. 어떻게 이럴 수 있었을까요?

우선 2020년과 2021년 코로나 팬데믹 기간에 통화정책의 완화 정도가 다른 국가에 비해 상대적으로 약했던 점을 들 수 있습니다. 중국은 코로나19 발생 초기의 강력한 통제 조치로 감염병 확진자 및 사망자 수가 그 어느 국가보다 적었습니다. 공급망과 관련한 타격도 거의 입지 않았지요. 글로벌 공급망이 교란되자 중국의 수출이 오히려 급증한 이유가 바로 여기에 있습니다. 2021년 중국 수출증가율은 29.9%에 달했습니다. 글로벌 전체 수출에서 중국이 차지하는 비중도 2021년 15.1%에 달하며 사상 최고치를 경신했습니다.[1] 경제 성장률도 8.4%에 이르렀지요. 경기부양의 필요성이 거의 없었던 것입니다. 미국 등이 대규모 양적완화로 막대한 자금이 풀리면서 물가 상승 압력을 발생시킨 반면 중국은 그런 상황을 피할 수 있었던 것이지요.

두 번째는, 중국의 수입 의존도가 크지 않아 글로벌 인플레이션의 영향을 덜 받는다는 점입니다. 중국은 30%대에 머무르는 원유를 제외하면 대부분의 원자재 자급률이 높습니다.[2] 천연가스는 60%를 넘고, 곡물도 대두를 제외하면 자급률이 90%를 넘는 수준입니다. 또한 중국 스스로 글로벌 생산기지 역할을 하다 보니 대규모로 수입하는 소비재도 적은 편입니다. 이는 상당수의 원자재와 곡물 등을 수입에 절대적으로 의존하는 우리나라와 다른 상황입니다.

마지막으로는, 중국 소비자물가 구성 항목의 비중을 들 수 있습니다. 중국은 8개 소비자물가 구성 항목의 비중을 발표하지는 않지만 많은 연구자들은 특히 식료품의 비중이 높은 것으로 추정합니다. 대략 1/3 정도로 보고 있지요. 10%에 미치지 못하는 미국과 대비되는 부분입니다. 그런데 중국은 2022년 상반기에 특히 식품 부문의 가격이 매우 안정적이었습니다. 가장 중요한 식품 중 하나인 돼지고기 가격이 낮았던 것이 가장 큰 이유입니다. 돼지고기 가격 하락은 사육두수 증가로 인한 공급 급증이 원인이었습니다. 이외에 교통 및 주거 관련 비중이 낮았던 점도 미국과 다른 물가 추세를 나타낸 원인으로 지적할 수 있습니다.

◆ 피그플레이션 ◆

여기에서 돼지고기 이야기를 하지 않을 수가 없네요. 아마 언론 등에서 '애그플레이션(agflation)'이라는 말은 들어본 적이 있을 겁니다. 이는 농업(agriculture)과 인플레이션(inflation)의 합성어로 국제 곡물 가격 인상 등 농업 부문의 가격 상승으로 인한 인플레이션 현상을 일컫는 용어입니다. 그런데 중국경제에는 '피그플레이션(pigflation)'이라는 용어가 있습니다. 돼지(pig)와 인플레이션(inflation)의 합성어로 돼지고기 가격의 상승이 초래하는 인플레이션 현상을 말합니다. 돼지고기 자체는 소비자물가지수를 구성하는 항목 중 약 3% 내외를 차지하는 데 불과하지만 곡물 등 관련 상품을 포함하면 최대 약 20%의 항목에 영향을 주는 것으로 추정되고 있습니다. 중국인의 식생활에서 돼지고기는 그야말로 절대적이라고 할 수 있지요. 중국에서 그냥 고기(肉)라고 하면 바로 돼지고기(猪肉, 저육)를 가리킵니다 우리가 즐겨 먹는 제육볶음이 바로 이 돼지고기(저육) 볶음에서 온 단어입니다. 반면 우리나라는 전통적으로 소고기를 고기로 보았습니다. 예를 들어 개장국이란 개고기를 고아 끓인 국을 말하는데, 여기에 개고기 대신 소고기, 즉 고기(肉)를 넣어 끓인 것이 바로 육개장입니다.

중국은 전 세계 돼지고기 생산과 소비의 절반을 차지하는, 슈퍼 생산자 겸 소비자입니다. 돼지고기 관련 산업 종사자 수도 남북한 인구를 합친 것보다 많을 것으로 추산[3]됩니다. 또 국내 육류 소비에서 차지하는 비중이 약 60%일 정도로 중국인들은 돼지고기를 절대적으로 많이 소비합니다.[4] 1인당 연평균 소비량이 글로벌 평균의 3배 수준인 40kg에 달한다고 합니다. 중국 최대의 양돈기업 무위엔(牧原)의 2021년 매출액은 약 14조 원에 달했습니다. 무려 283만 두의 돼지를 사육하고 있는 기업이죠.[5] 이는 우리나라 전체 돼지 사육두수(100~110만 두)의 거의 3배에 달하는 규모입니다.

그러면 실제로 피그플레이션 현상이 나타난다고 할 수 있을까요? 2020년 소비자물가상승률은 2.5%로 비교적 안정적이었습니다. 그러나 식품 가격 상승률은 8.3%로 비교적 높았는데, 이는 돼지고기 가격 상승률이 49.7%에 달했기 때문입니다.[6] 이에 반해 2021년 소비자물가 상승률은 0.9%로 매우 낮았습니다. 식품 가격 상승률이 –0.3%에 그쳤고 특히 돼지고기 가격 상승률이 –30.3%로 하락했기 때문입니다. 이는 주로 돼지고기의 과잉 공급이 초래한 현상입니다.[7] 돼지고기 가격의 등락이 식품 가격에 절대적인 영향을 미치고 이것이 다시 전체 소비자물가의 오르내림에 영향을 주는 구조입니다. 그래서 생긴 용어가 '양돈주기(猪週期, pork cycle)'입니다. '돼지고기 가격 상승 → 양돈 농가의 양돈 확대 → 공급 증가 → 가격 하락 → 양돈 농가 퇴출 및 공급 축소 → 돼지고기 가격 상승'으로 나타나는 현상을 일컫습니다. 통상 4년 내외의 주기로 되풀이되죠. 중국인민은행은 2006년 이후 중국경제는 총 네 번의 양돈주기를 겪었다고 판단합니다.[8] 최근 돼지고기 가격의 저점은 2018년 5월과 2022년 4월 전후였습니다.

이러한 구조를 잘 알고 있는 중국 정부는 돼지고기 가격 안정을 위해 다양한 노력을 기울이고 있습니다. 그중 하나가 우리나라의 추곡수매제도와 비슷한 제도입니다. 돼지고기 가격과 사료비를 비교하여 일정 비율을 기준으로 돼지고기를 수매하거나 아니면 비축분을 방출하는 제도입니다. 기준이 되는 것은 돼지고기 가격과 사료비의 비율입니다. 이 비율이 8.5가 넘으면 비축한 돼지고기를 방출하고, 6 미만이면 수매를 확대합니다. 이 비율이 4~5에 불과했던 2022년 상반기에 중국 정부는 총

돈가스의 원형인 커틀릿
돈가스는 일본에서 돈카츠로 불리는데, 카츠의 발음이 '이기다'라는 단어와 발음이 같아서 수험생들이 시험 전날 먹는다고 한다. 중국에서도 과거시험 급제와 관련된 단어와 발음이 비슷하다는 이유로 시험을 앞두고 돼지족발을 먹는다.

열세 차례에 걸쳐 52만 톤의 돼지고기를 수매했습니다.[9] 물론 이 정도는 중국 국민들의 4~5일 소비분에 불과한 매우 적은 양입니다. 다만 정부가 돼지고기 가격 안정을 위해 언제라도 개입할 수 있다는 신호를 주는 기능을 수행한다는 점에서 충분히 의미 있는 제도입니다. 돼지고기 가격의 불안정은 인플레이션과 직결될 수 있는 예민한 문제입니다. 그런데 중국 정부는 인플레이션 및 이에 따른 민심 동요가 정부 존립에 위협을 가할 수 있는 핵심 문제라는 점을 지난 1989년의 톈안먼사건 등을 통해 이미 절감한 바 있습니다. 1988년 18.8%, 1989년 18.0%에 달했던 소비자물가상승률은 당시 민심 이반을 부추긴 핵심 요인 중 하나로 지적됩니다. 중국 정부가 물가 안정에 특별한 노력을 기울이고 특히 돼지고기 가격 변화에 민감한 이유입니다. 이런 이유로 돼지고기 가격이 급등할 경우 앞에서 언급한 돼지고기 방출 제도 이외에도 전 부처 차원의 다양한 정책이 동원되고는 합니다. 예를 들어 양돈 농가에 대한 보조금 및 대출 지원, 돈육 운반 차량의 고속도로 통행료 면제 조치 등입니다.

◆ 돼지고기와 수험생 ◆

마지막으로, 돼지고기가 중국과 일본에서 모두 수험생의 합격 기원 음식이라는 흥미로운 사실을 소개합니다. 중국은 돼지족발이 예로부터 합격 기원 음식이었습니다. 이는 당(唐) 시절 과거시험에 합격한 사람의 이름과 시 제목을 장안(長安)의 대안탑(大雁塔)에 붉은 글씨로 새기는 전통에서 유래했다고 합니다. '붉은 글씨로 제목을 적는다'는 뜻의 '주티(朱題)'가 돼지족발을 뜻하는 '주티(猪蹄)'와 발음이 같다고 해서 생긴 주술적 풍습입니다. 이처럼 동일하거나 비슷한 발음으로 뜻을 전달하는 것을 해음(諧音) 현상이라고 합니다. 예를 들어 잉어가 그려져 있는 연하장을 보신 적이 있을 겁니다. 1년 내내 풍유롭고 여유가 있으라는 의미의 '니엔니엔요우위(年年有余)'를, 물고기를 그려 넣은 '니엔니엔요우위(年年有鱼)'로 표현한 것입니다.

일본은 돈가스가 바로 수험생과 관련이 있습니다. 원래 돈가스는 영어의 커틀릿(cutlet)을 말합니다. 소, 돼지 등의 고기를 납작하게 썰거나 다져서 빵가루를 묻혀 기름에 튀긴 요리이죠. 일본에서는 초기에 이 커틀릿을 카츠레츠로 발음하다가 줄여서 카츠로 부르고 돼지고기를 뜻하

는 돈(豚)을 앞에 붙였습니다. 그런데 '카츠'는 '싸움 등에 이기다'라는 뜻의 일본어 '카츠(勝つ)'와 발음이 같습니다. 이것 또한 해음으로, 일본의 수험생들은 시험 전날 돈가스를 먹고 합격을 기원한다고 합니다.[10] 여러 가지로 돼지고기는 우리의 생활과 밀접하다는 생각이 듭니다.

16장

식량안보
곡물 자급자족이 가능한 국가

곡물 자급률이 높은 중국에서 거의 유일하게 대부분을 수입하는 대두

중국은 쌀, 밀, 옥수수 등 주요 곡물의 자급률이 95% 내외인 국가이다. 그러나 중국이 대부분을 수입하는 곡물이 딱 하나 있으니, 바로 대두(大豆)이다. 2021년 기준으로 자급률이 14%에 불과했으며 수입액은 535억 달러에 달했다. 이 많은 양을 어디에 사용할까? 콩기름과 돼지 사료인 대두박(大豆粕)을 생산하는 데 사용한다.

✦ 식량위기의 대두 ✦

"인류에게는 하나의 커다란 약점이 있다. 바로 자주 배가 고프다는 것이다." 중국의 대문호 루쉰(魯迅)이 남긴 명언입니다.[1] 인류에게 먹는 일의 중요성을 이처럼 간명하게 나타낸 표현도 흔치 않을 것입니다. 원자재와 곡물 관련 위기가 전 세계를 휩쓸면서 생존과 직결된 식량문제가 다시 대두되고 있는 상황입니다. 기후변화에 따른 자연재해가 갈수록 심각해지는 가운데 전염병과 전쟁 등의 악재까지 겹쳤기 때문입니다. 이에 따라 각국의 자원 보호주의 및 식량안보 의식은 갈수록 높아지고 있습니다. 중국은 이와 같은 상황에 어떻게 대응하고 있을까요?

중국은 예로부터 땅이 넓고 물자가 풍부했습니다. 무엇이든 많고 크다고 보면 됩니다. 그 많은 인구를 먹여 살리고 있다는 이유 하나만으로도 중국 정부가 칭찬받아 마땅(?)하다는 평가가 나오는 배경이기도 합니다.

2020년 이후 코로나19 팬데믹으로 인한 이동제한 조치가 취해지면서 전 세계적으로 식량의 생산, 가공 및 유통에 차질이 발생했습니다. 2021년에 곡물 수출을 제한한 국가만 30개가 넘었습니다.[2] 여기에 2022년 초 발발한 러시아-우크라이나 전쟁으로 곡물 가격이 급등하면서 글로벌 곡물시장의 위기가 더욱 심화되었습니다. 유럽의 곡창지대로 불린 우크라이나의 곡물 수출이 중단되었고, 에너지 가격 폭등으로 식량 생산원가도 급등했습니다.

2022년 5월 유엔세계식량계획(WFP, World Food Programme) 등이 공동으로 작성하여 발표한 보고서는 글로벌 경제가 제2차세계대전 이후 최대의 식량난에 직면했다고 경고한 바 있습니다.[3] 이 보고서에 따르면 2021년 기준으로 53개 국가와 지역에서 총 1억 9,300만 명이 위기 수준의 불안정한 식량 상황에 처해 있다고 합니다. 한편 세계 식량위기의 근본적인 원인으로는 분쟁, 기후위기, 가난과 불평등에 따른 경제위기를 꼽을 수 있습니다.

◆ 식량안보의 중요성 ◆

이처럼 많은 국가들이 식량위기 사태를 겪는 가운데서도 중국은 상대적으로 별 영향을 받지 않았습니다. 왜 그런 것일까요? 중국은 기본적으로 식량, 그중에서도 특히 곡물의 자급자족이 가능한 국가이기 때문입니다. 쌀, 밀, 옥수수 등 주요 곡물의 자급률이 95% 내외입니다.[4] 전체 곡물 생산량에서 중국은 2012년 이후 줄곧 세계 1위를 지키고 있습니다.[5] 다만 예외 품목이 하나 있습니다. 바로 대두입니다. 2021년 대두의 자급률은 14%에 불과했습니다. 중국이 2021년 해외에서 수입한 대두의 양이 9,652만 톤으로 금액은 535억 달러(약 60조 원)에 달했습니다. 전 세계 대두 생산량의 28%에 해당하는 어마어마한 양입니다.

중국은 이렇게 많은 대두를 어디에 쓸까요? 바로 식용유 생산과 가축 사료입니다. 중국이 콩기름을 많이 사용하는 것은 익히 아는 사실이지만 가축 사료는 뭘까요? 여기서 다시 등장하는 것이 앞에서 말한 돼지입니다. 세계 최대의 돼지고기 생산국인 중국이 주요 사료로 사용하는 것이 대두박(大豆粕)이라고 하는 콩깻묵을 가공한 것입니다. 식물성 사료의 왕으로 불릴 정도로 영양이 풍부하여 돼지 사육에 없어서는 안 된다고

팜벨트 지역인 네브래스카의 평원
2018년 미·중 무역전쟁이 시작되었을 때 중국은 트럼프를 지지하던 팜벨트 지역에 타격을 주기 위해 대중국 주요 수출품인 대두에 고율의 관세를 부과했다.

하죠.

이렇게 필수적인 곡물인 대두 수입과 관련해서 중국이 절대적으로 의존하는 국가가 브라질과 미국입니다. 각각 전체 수입 물량의 65%와 25% 정도를 차지하지요. 그런데 이 대두가 미국과 중국의 2018년 통상 갈등 과정에서 큰 이슈가 된 적이 있습니다. 미국 농산물 중 가장 많이 수출하는 곡물이 대두입니다. 연간 200억 달러가 넘습니다. 이 중 약 2/3를 중국에 수출합니다. 중국은 대두 수입의 상당 부분을 미국에 의존한다는 말이죠. 뒤집어 말하면 미국 대두 생산 농가의 생존이 상당 부분 중국에 좌우된다는 의미이기도 합니다.

2018년 7월 미국이 340억 달러 상당의 중국산 제품에 25% 관세를 추가 부과하며 무역전쟁을 시작했을 때 중국도 같은 규모로 맞대응했습

중국 식량안보의 첨병 신젠타그룹
2016년 중국화공그룹은 440억 달러를 들여 스위스의 세계적인 농화학기업 신젠타를 인수했다. 이로써 중국은 종자 및 농약 관련 원천기술을 다수 확보하게 되었다.

니다. 바로 이때 대두가 포함되었죠. 주요 이유는 트럼프를 지지하던 팜벨트(farm belt) 유권자에게 타격을 주기 위해서였습니다. 팜벨트는 미국 중부 대평원에 터를 잡은 네브래스카, 미주리, 아이오와 등 10개 주를 의미합니다. 미국에서 수확하는 대두의 95%가 이곳에서 경작됩니다. 당시 중국의 고율 관세 부과로 수출길이 막힌 팜벨트 농민들에게 미국 정부는 120억 달러의 보조금을 지급하는 등 큰 어려움을 겪은 바 있습니다. 대두로 대표되는 곡물이 국제정치에서 어떤 영향을 미칠 수 있는지를 극명하게 보여준 사건이었습니다.

그럼 곡물 이외에 다른 식량의 상황은 어떨까요? 의존도가 조금 더 높습니다. 예를 들어 설탕의 대외 의존도는 35%, 유채유(카놀라유)는 37% 수준입니다. 대두를 포함하여 2021년에 중국이 해외에서 수입한 식량이 1억 6,454만 톤으로 748억 달러였습니다. 그해 중국의 자체 식량 생산량이 6.85억 톤이었으므로 중국은 전체 소비 식량의 약 19%를 해외에 의존하고 있는 셈입니다. 식량자급률이 81%라는 의미입니다. 10여 년 전인 2008년 식량자급률이 93%였던 점을 감안하면 거의 매년 1%p씩 떨어지고 있습니다. 먹는 문제에 있어서만큼은 자립도가 높았던 중국도 점차 식량안보 문제를 걱정해야 하는 시대로 접어들고 있다는 의미입니다. 참고로 2020년 기준 우리나라의 식량자급률은 46%, 곡물 자급률은 20%에 불과하므로 중국보다 훨씬 심각한 상황입니다.

◆ 식량안보 확보를 위한 노력 ◆

춘추전국시대의 사상서인 《관자(管子)》에는 "곡물 가격이 백성의 운명을 결정하는 주인"이라는 표현이 여러 번 등장합니다.[6] 고대부터 식량 확보와 가격 안정이 국가 경영에 얼마나 중요한지를 나타내는 표현입니다.

현재 중국경제에서 식량자급률의 지속적인 하락 문제는 식량안보 차원에서 대응할 필요성이 높아졌습니다. 2021년 3월 시진핑 주석도 "식량안보는 국가의 대사(大事)로 조금이라도 경계를 늦추거나 소홀히 해서는 안 된다"고 강조하며 중요한 과제임을 시사했습니다. 예를 들어 2016년 중국화공그룹(ChemChina)이 440억 달러(약 50조 원)를 들여, 식물 종자와 농약 등을 판매하는 스위스 농화학기업 신젠타(Syngenta, 先正達)를 인수한 것이 대표적입니다. 이후 2019년 6월 중국화공그룹의 농화학 부문이 또 다른 거대 국유 화학그룹인 중화그룹(Sinochem)의 농화학 부문과 합병되면서 신젠타그룹이 출범했습니다. 신젠타그룹은 2020년 총매출이 1,520억 위안에 달했으며, 2021년에는 상하이판 나스닥이라 할 수 있는 과학혁신판거래소에 상장 신청했습니다.

이외에도 중국 정부는 식량안보를 위해 다양한 노력을 기울이고 있습니다. 우선 2013년 이후 '18억 무(畝)[7]의 경작지 최저한도'를 설정하고 매년 준수 여부를 엄격히 감독하고 있습니다. 18억 무는 1.2억 헥타르로 중국 전체 국토 면적(9.6억 헥타르)의 12.5%에 해당합니다. 2022년 현재 경작지 면적은 19.2억 무입니다. 한반도 전체 면적의 약 6배에 해당하죠. 이렇게 경작지 면적을 통제하는 것은 중국이 인구수에 비해 경작지가 부족하기 때문입니다. 중국의 1인당 경작지 면적은 941제곱미터(m^2)로 글로벌 평균의 1/3 수준에 불과합니다. 이는 미국(4,876m^2)의 1/5, 러시아(8,456m^2)의 1/9 수준입니다.[8] 이미 부족한 경작지가 과도한 개발로 더 이상 줄어들지 않게 하기 위한 조치입니다.

두 번째로, 최근에는 비상시를 대비한 곡물 비축에도 신경 쓰는 모습입니다. 이것은 최근 몇 년간의 곡물 수입량 급증을 보면 잘 알 수 있습니다. 곡물 사재기라는 비판을 받을 정도로 중국은 곡물 수입을 늘렸습니다. 2021년에 옥수수, 밀, 보리 등의 곡물 수입이 2019년 대비 3배 이상 급증했습니다.[9] 이와 같은 노력은 중국이 원자재시장에서 사용하는 '2개의 시장과 2개의 자원(two markets, two resources) 전략'과 유사합니다. 적극적인 해외시장 진출이나 수입을 통해 얻은 자원을 먼저 소모한 뒤, 국내 자원은 안보 등을 위해 아끼고 보호하면서 자국의 이익을 극대화하는 전략입니다.[10]

마지막으로 외국계 기업들이 중국 곡물시장을 통제할 수 있다는 우려 때문에 외국의 유전자 변형 및 유전자 편집 기술의 중국 내 사용을 오랫동안 금지[11]하고 있습니다. 사실 이는 우려가 아니라 어느 정도는 사실입니다. 4대 곡물 메이저(ABCD)가 글로벌 곡물 교역량의 80%를 장악하고 있는 현실이기 때문입니다. 4대 메이저는 아처-대니얼스-미들랜드(ADM), 벙기(Bunge), 카길(Cargill), 루이 드레퓌스(Louis Dreyfus)입니다. 한 가지 우려스러운 점 중의 하나는 중국 정부가 식량안보라는 대의 명분을 앞세워 농민들의 경작 선택권을 제한하는 것입니다. 예를 들어 기존에 원예작물 재배를 통해 고수익을 올리고 있던 농가에게 쌀이나 밀 등의 곡물을 심으라고 강요하는 사례가 빈번하다는 지적이 대표적입니다.[12]

〈이코노미스트〉가 2012년부터 발표하고 있는 '식량안보지수(GFSI, Global Food Security Index)'가 있습니다. 2021년 이 지수에서 중국은 113개국 중 34위에 그쳤습니다. 식량안보 차원에서 중국이 많이 취약하다는 의미입니다. 한편 우리나라는 중국보다 겨우 2단계 높은 32위였습니다. 코로나19와 무역 갈등에 따른 글로벌 가치사슬의 변화와 함께 급격한 기후변화가 이어지고 있는 상황에서 향후 식량안보 문제는 더욱더 중요해질 것입니다. '백성은 먹는 것을 하늘로 삼는다(民以食爲天)'[13]는 말이 있습니다. 어느 나라도 이 문제에서 자유롭지 않다고 할 수 있죠. 중국 정부가 이 문제에 어떻게 대응해나갈지, 그리고 식량자급률이 중국보다 훨씬 떨어지는 우리나라는 어떤 방법으로 슬기롭게 대처해나갈지 앞으로도 계속 지켜봐야 합니다.

식량안보는 장기적인 시계를 가지고 전략적으로 접근해야 할 매우 중요한 과제입니다. 그러나 시급하다고 생각되는 다른 과제들에 밀려 후순위로 밀려날 가능성이 있습니다. 특히 정권의 변동에 따라 기존의 중장기 국가정책 과제들이 조변석개(朝變夕改)하는 경우가 빈번한 우리나라는 특히 더 우려되는 부분입니다.

17장

회색코뿔소
'평안할 때 위기를 생각하라'

대표적인 부동산개발기업 비구이위안 본사

1992년 설립된 비구이위안은 중국의 대표적인 부동산개발기업이다. 2022년 <포춘> 선정 글로벌 500대 기업 중 138위를 차지했다. 그러나 2020년부터 시작된 중국 정부의 강도 높은 규제로 부동산개발기업들의 어려움이 가중되었다. 비구이위안도 2019년 매출액이 7,715억 위안(약 136조 원)이었던 데 반해 2021년은 5,580억 위안(약 98조 원)으로 크게 감소했다.

◆ 블랙스완과 회색코뿔소 ◆

언제부터인가 경제 뉴스에 동물이 가끔 등장합니다. 블랙스완(black swan), 회색코뿔소(grey rhino), 화이트스완(white swan), 방 안의 코끼리(elephant in the room) 등입니다. 가장 자주 언급되는 것이 앞의 두 동물입니다.[1]

블랙스완이란 '전혀 예상할 수 없거나 불가능한 것으로 인식되었던 상황이 실제 발생하고 일단 발생하면 엄청난 충격과 파급력을 미치는 리스크 요인'을 의미합니다. 사실 이 용어의 역사는 오래되었습니다. 2세기 로마 시인 유베날리스의 시에서 희귀함을 강조한 표현으로 처음 등장했고, 16세기 영국에서 '불가능성'을 의미하는 단어로 사용되었다고 합니다.[2] 이후 17세기 말 호주에서 검은 백조를 목격한 이후로 '불가능하다고 잘못 알려진 고정관념'으로 쓰이다가, 2000년대 나심 탈레브(Nassim N. Taleb)가 금융시장에 관한 책에 사용하면서 일반화되었습니다.

코로나19 전염병 사태도 블랙스완의 한 예라고 할 수 있습니다. 2022년 말 현재 전 세계적으로 코로나19 확진자 수는 6.6억 명, 사망자 수는 670만 명에 달합니다. 중국 우한에서 첫 코로나19 감염자가 발생하기 직전인 2019년 10월만 해도 전염병이 2년 이상 전 세계를 휩쓸 것이라고 예측한 사람이 과연 있었을까요? 물론 사스나 메르스 같은 전염병이 중국에서 다시 발생할 가능성이 높다는 것은 중국 과학자들도 예견했습니다.[3] 하지만 전 세계로 퍼져서 거대한 후폭풍이 이렇게 오래 지속될 것이라고는 누구도 예상하지 못했습니다.

회색코뿔소는 '발생 가능성이 높아 충분히 예상할 수 있지만 간과하는 리스크 요인'을 의미합니다. 코뿔소는 멀리서도 눈에 잘 띄지만 막상 코뿔소가 공격해올 때면 그 엄청난 체구와 속도에 놀라 아무것도 하지 못하게 되므로 아예 코뿔소가 없는 것처럼 무시해버리는 점에서 착안된 용어입니다. 세계정책연구소(World Policy Institute)의 미셸 부커(Michele Wucker)가 2013년 1월 다보스포럼에서 처음 언급한 이후로 널리 사용되고 있습니다. 중국 정부는 2017년부터 중국경제가 처한 여러 가지 잠재적 리스크 요인들을 회색코뿔소에 비유하면서 적절한 관리가 필요하다고 강조했습니다. 그렇다면 중국경제의 회색코뿔소로 무엇을 꼽을 수 있을까요? 부동산 버블, 미·중 갈등, 그림자금융 및 부채 등이 대표적입니다. 여기에서는 다른 곳에서 설명하지 않은 그림자금융 및 부채 문제를 이야기해볼까 합니다.

◆ 그림자금융 ◆

그림자 하면 어떤 이미지가 떠오를까요? 은밀하게 숨어서 활동하는 은자(隱者) 내지는 배후의 사람 또는 사물이 떠오르지 않나요? 그림자금융(shadow banking)도 마찬가지입니다. 금융의 뒤에서 활동하는 금융 정도라고 할 수 있습니다. 좀 더 엄밀하게 정의하면 '은행의 예금이나 대출 업무를 경유하지 않는 금융활동 내지 비공식적인 경로를 통한 자금융통'을 의미합니다. 제도권 금융의 규제를 회피하기 위해 이용하는 다양한 금융활동 및 사채 등을 포괄적으로 지칭하는 용어입니다.

중국에서 그림자금융이 문제가 되는 것은 부동산, 지방정부 재정, 금융기관 건전성 등과 밀접하게 연결되기 때문입니다. 이 구조를 간단히 설명하면 다음과 같습니다. 지방정부투자공사는 자금을 조달할 때 은행에서 대출받거나 채권을 발행합니다. 그런데 은행대출은 실질적으로 비은행 금융기관에서 차입하는 것과 같습니다. 은행은 은행업에 대한 규제를 회피하기 위해 지방정부투자공사에 대한 대출채권을 신탁회사에 매각하고, 신탁회사는 이를 자산관리 상품으로 유동화해서 투자자에게 판매하는 사례가 많기 때문입니다. 역시 설명이 복잡하므로, 규제를 회피하기 위한 금융활동이 자금 배분을 왜곡하고 금융시장의 리스크를 증가시킬 수 있다는 정도로 이해하면 됩니다.

　그럼 중국의 그림자금융은 어느 정도 규모일까요? 중국 금융 당국의 2020년 보고서에 의하면 2019년 기준으로 약 85조 위안이었습니다.[4] GDP의 86%에 해당하는 엄청난 규모입니다. 예를 들어 부동산 경기 부진이 지속되면서 지방정부투자공사가 대출을 상환하지 못하고 망할 경우 이 대출채권을 사들인 신탁회사와 여기에 투자한 투자자들이 손해를 떠안게 됩니다. 그러면 중국 금융시장은 큰 혼란에 빠지겠죠. 그림자금융이 중국경제의 핵심적인 잠재 리스크 요인 중 하나로 간주되는 이유입니다.

◆ 중국의 부채 수준 ◆

　코로나19 사태에 대응하기 위해 세계 각국 정부는 다양한 부양 정책으로 경기 부진에서 벗어나고자 노력해왔습니다. 코로나19 진단 및 치료 등 방역 관련 지출을 포함하여 자영업자들에 대한 보상금 등 천문학적인 비용이 들어가는 재정·통화 정책이 실시되었지요. 문제는 이러한 비용을 어디에서 조달할 것이냐 하는 것입니다. 단순하게 생각하면 비용 조달 통로는 크게 2가지입니다. 세금 아니면 차입이죠. 그리고 차입은 다시 2가지로 나눌 수 있습니다. 미래 세대로부터 차입하는 국채 발행과 다른 나라에서 차입하는 차관입니다.

정치적 부담으로 인해 세금을 올리기가 쉽지 않다는 점을 감안하면 결국 늘어난 비용은 누군가에게 빌리는 것 외에 다른 방법이 없습니다. 이 과정에서 필연적으로 빚이 늘어납니다. 부채가 증가한다는 것이지요. 그런데 가계와 국가의 부채가 증가하는 것은 결코 바람직한 현상이 아닙니다. 건전성을 해치고 결국 안정적인 생활과 성장을 할 수 없기 때문입니다. 부채 문제가 심각해지면 개인이나 국가나 결국 파산으로 내몰리는 것은 정해진 수순이겠지요.

그렇다면 한 국가의 부채 수준이 적절한지는 어떻게 판단할까요? 단순히 부채 금액이 과다한 정도로는 평가할 수 없습니다. 예를 들어 월급이 1천만 원인 사람이 1천만 원의 빚을 지고 있는 것과 월급 200만 원인 사람이 1천만 원의 빚을 지고 있는 것은 당사자들이 느끼는 부담이나 돈을 빌려준 사람의 입장에서 다르게 평가하기 때문입니다. 국가의 경우도 마찬가지입니다. 그래서 흔히 사용하는 방법이 그 나라의 GDP 대비 얼마만큼의 부채를 지고 있느냐를 기준으로 합니다. GDP 대비 부채비율은 경제 규모에 비해 얼마만큼의 빚을 지고 있는가를 평가하는 것이라고 할 수 있습니다. 그리고 한 국가의 경제는 가계, 기업, 정부 세 부문으로 구성된다는 점에서 각각의 GDP 대비 부채비율을 세부적인 지표로 사용하고 있습니다.

중국의 GDP 대비 총부채비율은 2021년 말 기준으로 286.6%입니다. 이를 가계, 기업, 정부로 나누면 각각 61.6%, 152.8%, 72.2%입니다. 그대로 해석하면 중국은 GDP의 약 3배에 해당하는 빚을 지고 있으며, 그중 약 절반이 기업의 빚이라는 의미입니다. 그럼 이게 많은 것일까요, 적은 것일까요? 언뜻 와 닿지 않습니다. 그래서 다른 나라와 비교해보면 어느 정도 짐작할 수 있습니다.

우선 우리나라와 비교해볼까요? 같은 시기 우리나라의 총부채비율은 267.0%였습니다. 중국이 우리보다 조금 높지만 비슷한 수준입니다. 그럼 신흥국 전체와 비교하면 어떨까요? 신흥국 전체는 227.8%였습니다. 중국보다 크게 낮은 수준입니다. 따라서 중국의 총부채비율은 조금 높은 수준으로 리스크가 따른다는 것을 추측해볼 수 있습니다. 이를 실제 금액으로 환산해보면 조금 더 실감이 날 것 같습니다. 앞에서 중국의 가계부채비율이 GDP 대비 61.6%라고 했는데, 이를 중국 국민 1인당 부담액으로 환산하면 약 1,400만 원입니다. 신생아부터 100세 넘는 노인들까지 전체 국민들이 이만큼의 빚을 지고 있다면 결코 적지 않은 부담입니다. 다만, 가계부채비율이 높은 우리나라에 비하면 상대적으로 적은 수준입니다. 우리나라는 국민 1인당 부담액이 약 4천만 원에 달합니다.[5]

◆ 중국의 부채 평가 시 유의 사항 ◆

한편 중국의 부채비율을 해석할 때 다음 2가지를 유의해야 합니다. 첫째, 우리나라와 신흥국 전체에 비해 기업부채의 비중이 상대적으로

중국 최대 휴양지 중 하나인 싼야
중국 최남단 하이난성의 싼야는 최대 휴양지 중 하나이다. 그러나 싼야의 별장 구역에는 부동산개발기업들의 과도한 개발로 인해 판매되지 않고 황폐화되어가는 별장들이 쌓이고 있다. 건물만 있고 사람이 살지 않는 대표적인 유령도시(鬼城) 중 하나로 지적된다.

높다는 점입니다. 중국은 기업부채가 전체 부채의 53%를 차지하는 데 반해 우리나라는 43%, 신흥국 전체는 49%입니다.[6] 이는 수출 및 인프라 투자 중심의 중국경제성장 과정에서 기업, 특히 국유기업들이 핵심적인 역할을 수행한 결과입니다. 또한 부동산시장 등 실물자산시장이 급팽창하는 과정에서 기업들이 수익을 위해 과도한 레버리지를 이용하면서 나타난 현상이기도 합니다. 지렛대를 뜻하는 레버리지란, 타인의 자본, 즉 빚을 지렛대처럼 이용하여 자기자본의 이익률을 높이는 것입니다. 중국 정부가 2020년부터 부동산개발기업의 과도한 레버리지를 억제하는 정책을 펴자 기업부채비율 증가율이 억제된 것은 그동안 기업들이 얼마나 레버리지를 많이 이용했는지를 잘 보여줍니다.[7]

나머지 하나는 정부부채비율의 해석 문제입니다. 2021년 말 중국 정부의 부채비율은 GDP의 72.2%로 신흥국 전체(65.5%)보다 조금 높은 수준입니다. 금액으로는 82.5조 위안입니다. "금액이 크기는 하지만 비율로 봐서는 크게 문제되지 않을 것 같은데요?"라는 의문이 들 겁니다. 그러나 여기에는 숨겨진 함정이 있습니다. 정부부채는 크게 중앙정부부채와 지방정부부채로 나눌 수 있는데, 중국의 경우 그 비율은 약 6:4입니다.[8] 문제는 지방정부부채입니다. 공식적으로 잡히지 않는 부분, 즉 암묵적인 지방정부부채의 규모가 상당하다는 점입니다.

지방정부투자공사가 갚아야 하는 부채가 대표적입니다. 한 연구에 따르면 2022년 현재 지방정부투자공사가 발행한 채권의 이자로만 연간 5,500억 위안(약 98조 원)이 지급되는 것으로 추정되고 있습니다.[9] 또한 국유기업이 핵심적인 역할을 수행하는 중국에서 기업부채의 상당 부분은 사실상 정부부채로 봐야 한다는 점도 주의해야 합니다. 중국의 정부부채는 공식적인 수치보다 훨씬 더 클 수 있고, 이는 중국경제의 부채리스크가 실제 상황보다 상당히 과소평가될 수 있음을 시사합니다.

'거안사위(居安思危)'라는 말이 있습니다. 《좌전(左傳)》에 나오는 표현으로 '편안할 때 위태로울 때를 생각한다'는 의미입니다.[10] 지금 중국경제의 부채 문제와 관련하여 다시 한 번 상기해야 할 표현입니다. 표면상으로는 중국경제의 부채 문제가 잘 드러나지 않습니다. 그렇지만 숨겨진 리스크 요인을 고려할 때 마냥 안심하고 있을 단계는 아닙니다. 특히 정부의 통제력이 강한 중국경제는 쉽게 리스크가 표출되지 않는다는 점에서 더욱 위험을 간과하기 쉽습니다. 그러나 내부적으로 점점 증대되는 불안정 요인들이 어느 한계를 넘어서면 중국의 금융시장, 아니 중국경제 전체가 큰 어려움에 처할 수 있음을 명심해야 합니다. 중국의 부채 문제가 핵심적인 회색코뿔소인 이유가 바로 여기에 있습니다.

18장

중국기회론과 중국위협론

'애국소비'와 '화평굴기'의 나라

중국 영화 역대 최고 흥행 기록을 세운 <전랑2>

2017년 개봉된 중국영화 <전랑2>(战狼, Wolf Warriors II)는 56.8억 위안(약 1조 원)의 수익을 올리며 중국 영화 사상 최대 흥행 기록을 달성했다. 이 영화는 중국판 람보 그 이상도 그 이하도 아니다. 2020년부터 일부 언론에서 사용되는 전랑외교라는 말이 바로 이 영화에서 파생되었다. 급성장한 경제력과 군사력을 바탕으로 중국에 대한 여타 국가의 외교 공세에 공격적으로 대응하는 것을 의미한다.

◆ 중국기회론 ◆

중국 고전인《좌전(左傳)》에 '종현부종중(從賢不從衆)'이라는 말이 나옵니다. 권위와 근거를 가진 현명한 사람의 말을 따르고 맹목적으로 다수의 의견을 따르지 않는다는 의미입니다. 대중의 판단에 대한 불신의 의미도 조금 내포되어 있습니다. 이런 태도를 유지하는 것이 말로는 쉬워도 실천하기는 쉽지 않습니다. 주변 사람들의 이야기나 주장에 휩쓸리는 것이 인지상정이니까요. 또 다수를 따르지 않을 때 자신에게 쏠리게 될 눈초리가 두렵기도 합니다. 더구나 편향된 정보만을 취하기 쉬운 오늘날의 언론과 인터넷 환경에서 뚜렷한 주관을 가지고 판단하기 쉽지 않습니다. 중국에 대해 말할 때도 마찬가지입니다.

중국을 어떤 시각으로 볼 것인가는 어떤 척도를 가지고 판단할 것이냐 하는 문제입니다. 정치, 경제, 역사, 문화, 이데올로기 등 판단의 근거로 삼을 수 있는 분야도 많습니다. 다만 거칠게 양분한다면 중국기회론과 중국위협론으로 나눌 수 있습니다. 두 주장이 모두 나름 일리 있지만 과장되거나 근거가 명확하지 않은 측면도 존재합니다. 바로 여기가 앞에서 이야기한 객관성과 현명함이 필요한 부분입니다.

우선 중국기회론은 그동안 중국경제가 이룩해온 눈부신 경제 발전을 나열하면서 앞으로 이러이러한 부분은 이렇게 저렇게 발전할 것이고, 따라서 그 기회를 잘 잡으면 큰 이익을 얻을 수 있다는 시각입니다. 1980년대 이후 40여 년간 중국은 연평균 9%대의 경제 성장률을 달성했습니다. 같은 기간 글로벌 평균 경제 성장률이 3% 내외였음을 감안하면 중국경제가 얼마나 경이로운 성장을 이뤘는지 알 수 있습니다.[1] 글로벌 경제성장 기여도에서도 1980년대 중국은 미국의 1/18 수준에 불과했으나 2010년대는 1.4배로 미국을 추월했습니다.[2)]

세계은행에 의하면 2013~2021년 중국경제의 글로벌 성장기여율은 평균 38.6%에 달했습니다. 같은 기간 미국경제의 기여율은 18.6%였습니다. 글로벌 GDP에서 차지하는 비중도 중국은 미국을 무섭게 따라잡고 있는 상황입니다. 1980년 중국의 GDP 비중은 1.7%로 미국(25.3%)의 1/15에 불과했습니다. 그러나 2020년은 17.4%로 미국(24.7%)의 70% 수준까지 올라왔고, 2021년은 미국의 77% 수준까지 다시 상승했습니다. 중국의 경제 규모는 일본의 3.6배, 인도의 5.6배 수준입니다.[3)]

중국의 1인당 GDP도 급격하게 성장했습니다. 현재 가치로 중국의 1인당 GDP는 1980년 195달러에서 2020년 1만 500달러로 상승했습니다. 중국의 1인당 GDP를 세계 평균 1인당 GDP로 나눈 비율로 보면 1980년 7.6%에서 2020년 96.1%로 상승했습니다. 글로벌 하위 10%의 소득수준에 머물렀던 중국이 지금은 글로벌 평균 소득수준으로 성장한 것입니다. 특히 중국은 세계 최대의 인구를 보유한 국가입니다. 이렇게 많은 인구가 평균 1만 달러가 넘는 소득을 올린다는 것은 그 시장이 엄청나다는 의미입니다. 더구나 중국 정부는 여기에 만족하지 않고 2035년까지 경제 규모와 1인당 GDP를 2020년 기준으로 각각 2배 증대시킨다는 목표[4)]를 세우고 있습니다.

수치로 나타나는 중국경제의 압도적인 규모는 중국시장을 무시할 수 없는 핵심 요인입니다. 여러 가지 문제점에도 불구하고 중국을 대체할 생산지나 소비시장이 나오기 어려운 이유이기도 하지요. 설령 가능하다고 해도 상당한 시간이 걸릴 겁니다. 경쟁이 치열해서 쉽지 않다고 하지만 일단 중국시장을 장악하는 기업은 그 부문에서 글로벌 정상에 오를 정도로 세력을 키울 수 있으니 도전해볼 만하다고 생각하는 것도 당연합니다. 그런 면에서 중국시장은 엄청난 기회의 땅인 셈이지요.

◆ 중국의 유망 소비시장 ◆

그럼 여기에서 중국기회론의 핵심 논거인 동시에 글로벌 유수의 기업들이 눈독 들이는 중국의 소비시장에 대해 한번 이야기해볼까요?

중국의 새로운 소비 행태나 판매망과 관련하여 2015년 최초로 제시된 개념이 '신형소비(New Consumption)'입니다. 기존의 소비 행태인 구소비와 대응되는 개념으로 온라인 소비와 친환경 소비 등을 포괄하는 폭넓은 의미로 사용되고 있습니다. 그렇다면 경제 상황과 선호의 변화 등을 다양하게 감안할 때 중국 소비시장에서 향후 유망한 신형소비 분야로 꼽을 수 있는 것이 무엇일까요?

첫째, 온라인 소비가 확대되는 가운데, 온-오프라인 소비의 결합 및 라이브커머스 시장을 통한 소비 확대 등이 주목할 분야입니다. 2021년 전체 소매판매 중 온라인 판매는 10.8조 위안에 달해 24.5%를 차지했습니다. 이 비중은 2022년에는 27.2%로 상승했지요. 이 말은 즉, 소비자가 구입하는 서너 개의 상품 중 최소 한 개 이상은 온라인을 통해 구입하고 있다는 의미입니다. 또한 관련 플랫폼도 진화 발전하고 있습니다. 소비자와 제조업자가 플랫폼을 통해 직접 거래하는 C2M(Customer to Manufacturer) 플랫폼이 대표적입니다. 예를 들어 알리바바 산하의 타오바오(淘寶)는 2020년 C2M 전용 플랫폼 타오터(淘特)를 출시했으며

2년 만에 2.4억 명의 사용자, 200만 개 이상의 상점과 50만 개 이상의 공장이 입주한 대형 플랫폼이 되었습니다. 한편 라이브 스트리밍 서비스 이용자 수가 2022년 6월 현재 4.7억 명에 달할 정도로 라이브 커머스 시장도 급팽창하고 있습니다.

둘째, 애국소비(國潮消費)5) 관련 분야입니다. 중국 Z세대의 특징 중 하나로 꼽히는 것이, 가성비가 높은 중국산 제품에 대한 인식 제고와 함께 관련 소비가 많아졌다는 점입니다.6) 흔히 2018년 발발한 미·중 무역분쟁을 애국소비 열풍의 시발점으로 봅니다. 2020년 이후 코로나19의 진원지로 각국이 중국을 비난하면서 전 세계적으로 반중 감정이 고조되자 이에 따른 반발 심리가 작용한 것으로 해석할 수 있습니다.

소비자들은 특히 중국의 기술이나 문화를 기반으로 중국의 특색이 드러난 제품을 선호하는 것으로 알려져 있습니다. 화장품의 화시즈(花西子), 스포츠 브랜드 리닝(李寧) 등이 대표적입니다. 리닝은 기업의 명칭과 성격부터 다분히 중국적입니다. 창업주가 1984년 LA올림픽 3관왕 출신의 체조 영웅 리닝입니다. 2008년 베이징올림픽 최종 성화주자로 공중을 날아다닌 바로 그 인물입니다. 물론 기술력과 디자인 등이 뒷받침되었겠지만, 적어도 초창기에는 이름 덕을 무시할 수 없었습니다.

셋째, 외모 관련 분야입니다. 비주얼을 중시하는 젊은 층을 겨냥한 화장품 시장이 대표적입니다. 성형 시장도 마찬가지입니다. 화장품 시장을 예로 들어볼까요? 글로벌 시장조사 기관인 유로모니터(Euromonitor) 자료에 의하면 2021년 글로벌 화장품 시장 규모는 5,249억 달러에 달합니다. 가장 큰 시장은 어디일까요? 모두가 예상하는 대로 미국이 17.6%로 1위를 차지하고 있습니다. 2위는 중국(16.8%)이고, 뒤를 이어 일본

애국소비의 대표적인 수혜 상품인 리닝
2018년의 미·중 무역분쟁 이후 나타난 중국의 새로운 소비 흐름 중 하나가 애국소비의 증가이다. 국산품
애용 운동과 비슷한 성격인데, 스포츠 브랜드 리닝은 대표적인 수혜 상품으로 꼽힌다.

(7.3%), 프랑스(2.9%), 한국(2.7%) 순입니다.[7] 그런데 중국인 1인당 화장품 소비량은 미국과 우리나라 등의 약 20% 수준에 그치고 있습니다. 중국 화장품 시장의 잠재력이 어마어마하다는 것을 알 수 있는 부분입니다.

넷째, 건강 관련 분야입니다. 기존의 중의약품이나 의료기기뿐만 아니라 식이요법을 선호하는 소비자들이 늘어나면서 건강보조식품 시장도 급성장하고 있습니다. 2021년 기준으로 중국 건강보조식품 시장 규모가 2,708억 위안(약 50조 원)에 이르는 것으로 조사되었습니다. 일반식품 시장도 변화하고 있는데, 비만과 당뇨병에 대한 관심이 높아지면서 큰 인기를 얻고 있는 제로슈거(zero-sugar) 식품이 대표적입니다. 단맛이 나지만 설탕이 들어가지 않는 제로슈거 음료 시장은 2017년 이후 연평균 36% 성장하면서 2021년 시장 규모가 143억 위안(약 2.5조 원)에 달했습니다.[8] 또한 인구고령화와 관련된 케어푸드도 매우 유망한 건강식품 관련 시장입니다. 케어푸드는 환자 또는 몸이 약한 노인 등을 위한 건강식을 말합니다.

다섯째, 반려동물 관련 분야입니다. 여기에서 잠깐! 예전에는 우리 사회에서 인간의 즐거움을 위한다는 의미로 애완동물이라는 말이 더 많이 쓰였습니다. 그러나 지금은 반려자로서 대우한다는 의미로 반려동물이라고 표현합니다. 사실 반려(companion)의 라틴어 어원은 '쿰-파니스(cum-panis)'로 '빵을 함께 나눈다'는 뜻입니다.[9] 식사를 함께하는 가까운 관계를 의미하죠. 개인주의가 진전될수록 유대를 강화하기 위한 장치로서 반려동물의 필요성은 더욱 커질 것입니다.

2023년 중국의 반려동물 시장 규모는 5,900억 위안(약 100조 원)을 넘을 것으로 전망[10]됩니다. 또한 반려동물을 키우는 가구 비중이 23%로 미국(67%), 영국(44%) 등에 비해 아직 낮은 수준이라는 점도 향후 잠재적 성장 가능성이 크다는 것을 시사합니다. 현재 반려동물 시장은 사료, 간식, 의료 및 미용 서비스 시장 등으로 확대되고 있는 추세입니다. 한편 2020년 플랫폼 업체 '요우양(友陽)'은 온라인 플랫폼을 통해 수의사가 직접 진료하고 관련 의약품 구매가 가능한 온라인 반려동물 진료 시스템을 출시했습니다.

여섯째, 여행 관련 분야입니다. 소득수준이 높아지면서 중국인들은 점점 생활의 질을 추구하고 있습니다. 가계의 전체 지출 중 식품의 비중을 나타내는 엥겔지수(Engel's coefficient)가 하락하고 있는 것을 통해서도 알 수 있습니다. 2021년 중국의 엥겔지수는 29.8%로 사상 처음 30% 이하를 기록했습니다.[11] 아무래도 먹고살 만해지면 문화생활과 여가생활을 즐기려는 욕구가 높아지는 것은 당연하겠지요. 이에 따라 중국의 관광산업이 급속히 성장하고 있습니다. 예를 들어 국내 여행객 수는 2017년 50.0억 명, 2018년 55.4억 명, 2019년 60.1억 명으로 지속해서 최고치를 기록했습니다. 2020년은 코로나19로 인해 28.8억 명으로 급감했으나 2021년은 32.5억 명으로 조금 회복되었습니다. 해외여행은 코로나19 발생 전인 2019년에 1.55억 명이 출국했으며 이들이 해외에서 소비한 금액만 1,338억 달러에 이르는 것으로 나타났습니다.[12]

마지막으로, 독신경제 관련 분야입니다. 중국도 우리나라처럼 독신인구가 늘어나면서 관련 산업이 급성장하고 있습니다. 중국의 독신인구는 2022년 현재 이미 2억 명을 넘어섰으며 이 중 9,200만 명 이상이 1인 가구입니다. 이들은 심리적 만족과 편리함을 추구하는 경향이 있습니다. 1인 식사가 가능한 식당 등이 널리 확산되는 배경이기도 합니다. 또한 인터넷을 통한 소비가 활발하다는 점도 특징입니다. 사이버 연인이나 AI 친구 등이 이들에게는 낯선 개념이 아닙니다. 한편 독신경제와 함께 등장한 새로운 용어가 '자기사랑(悅己) 소비'입니다. 자신의 만족을 위해 고급 음식, 미용, 명품 등에 아낌없이 지출하는 경향을 일컫는 말입니다. 여기서 위에지(悅己)는 바로 중국의 《전국책(戰國策)》에 나오는 "선비는 자기를 알아주는 사람을 위해 목숨을 바치고, 여인은 자기를 기쁘게 하는 사람을 위해 용모를 가꾼다(士爲知己者死 女爲悅己者容)"는 구절에서 나온 말입니다.

◆ 중국위협론 ◆

중국기회론과 대척점에 서 있는 견해가 중국위협론입니다. 중국이 이러이러한 점에서 글로벌 경제에 큰 위협이 될 것이며 따라서 중국을 견제해야 한다는 주장입니다. 소위 중국위기론이나 중국붕괴론과는 조금

결이 다른 주장입니다. "중국이 이런저런 문제점으로 위기를 겪을 것이고 이로 인해 중국경제가 붕괴될 것이다"라는 주장이 중국위기론 또는 중국붕괴론입니다. 중국경제가 외견상으로는 급성장하고 있지만 그 과정에서 발생한 리스크 요인을 감안하면 안정적이고 지속적인 성장을 이루기 어렵다는 것입니다.

중국경제가 지닌 대표적인 문제점으로 지적되는 것들이 공산당 일당독재, 지역 간 발전 불균형, 소득 격차, 환경문제 등입니다. 이것은 중국경제가 반드시 실패할 것이라는 주문과도 같은 주장인데, 아직까지는 비교적 견조한 성장세를 보이고 있습니다. 최근에는 기존의 중국위기론 또는 붕괴론보다 중국위협론이 더 많이 언급되고 있습니다. 중국이 위기를 겪으며 급격히 붕괴될 가능성이 적다는 것을 받아들이고 앞으로 중국의 부상이 초래할 부정적인 결과들을 강조하는 주장입니다. 물론 다분히 미국과 유럽 국가들의 시각이지요. 이 주장이 구체화되면서 중국을 두려워하는 '차이나포비아(China-phobia)', 중국을 의도적으로 배제하는 '차이나 배싱(China Bashing)' 등으로 나타납니다.

'차이나포비아'는 몇 년 전 우리나라 증권시장에서 크게 유행한 용어입니다. 당시 부실회계 및 허위공시 등으로 인해 우리나라 증시에 상장되어 있던 중국 기업들이 잇따라 상장폐지되면서 우리 금융시장에 중국 기업에 대한 투자 회피 현상이 퍼진 것을 일컫는 말이었습니다. 2007~2020년 우리나라 증시에 상장된 외국 기업은 총 39개였으며 이 중 14개가 상장폐지되었는데, 무려 12개가 중국 기업이었습니다. 이 정도면 포비아라는 말이 붙을 만합니다.

중국위협론은 중국경제가 부상하기 시작한 1990년대부터 등장했으며, 1995년 리덩후이(李登輝) 대만 총통의 미국 방문을 계기로 확산되었습니다.[13] 그리고 오바마 행정부의 '아시아 회귀 정책'으로 본격화되었다고 할 수 있습니다. 일방주의, 보호주의, 패권주의 시대라고 일컬어지는 오늘날 중국위협론은 다양한 형태로 나타나고 있습니다. 중국 자본과 경쟁 관계에 있는 미국과 영국을 중심으로 금융자본 국가들의 프레임이라 할 수 있는 '부채의 늪 내지 함정(debt trap)'이 대표적입니다. 중국이 신흥국을 부채의 덫에 빠뜨려 착취한다는 의미입니다.[14] 중국이 2017년 스리랑카 함반토타 항구의 99년 조차권을 얻은 일이나 2011년 타지키스탄으로부터 파미르고원 일부(1,100㎢)의 토지를 양도받은 것 등을 예로 들고 있죠.

정말 그럴까요? 스리랑카의 부채외교는 중국의 고의적인 전략이 아니고, 현지 정부의 무리한 정치, 경제적 이익 추구가 주된 원인이라는 분석이 있습니다.[15] 중국의 부채외교에 대한 일부 정치인과 학계의 비판은 근거 없는 신화라는 지적도 있습니다.[16] 문제는 우리 언론에는 주로 서구 언론의 주장만 실린다는 것입니다. 자극적이기도 하고 신식민주의와 유사인종주의가 결합된 한국의 특수한 중국 인식 체계가 작동하기 때문이라는 해석도 있습니다.[17]

중국위협론에 대응하기 위해 중국이 제기한 것이 소위 '화평굴기(和平崛起)'[18]입니다. 군사적 위협 없이 평화적으로 부상하겠다는 의미입니다. 이후에는 굴기라는 표현이 주변국들을 자극할 수 있다는 점을 들어 '화평발전(和平發展)'으로 바꿨습니다. 그러나 이상의 표현은 어디까지나 외교적 수사에 불과한 것이 아닌가 하는 의구심을 떨쳐버릴 수 없는 게 현실입니다. 서구 언론에서 제기하는 의심과 비판이 전혀 근거 없지

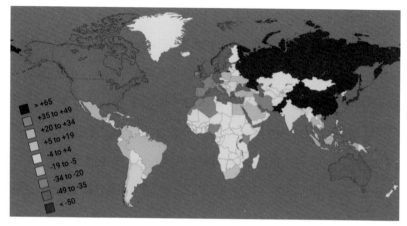

중국에 대한 글로벌 인식

2022년 3~5월 중 53개국 5만 2,785명을 대상으로 중국에 대한 인식을 조사한 결과이다. 긍정적인 응답자 비중에서 부정적인 응답자 비중을 뺀 숫자를 그림으로 나타내고 있다. 푸른색에 가까울수록 호의적이고, 붉은색에 가까울수록 비우호적이다. 아프리카와 라틴아메리카가 비교적 우호적이고, 아시아는 반반, 북미와 유럽은 비우호적이다. 글로벌 전체는 –4였다. 한편 우리나라는 –55로 조사 대상국 중 중국에 대한 인식이 가장 좋지 않았다. (출처: Alliance of Democracies, 2022)

는 않다는 것이죠. 특히 시진핑 주석 집권 이후 중국의 대외정책은 이전보다 확실히 더 거칠고 무례해진 것이 사실입니다. 외부의 눈치를 별로 안 본다고 하는 게 맞을 것 같습니다. '전랑외교(戰狼外交, Wolf Warrior Diplomacy)'라는 말도 이 시기에 등장했습니다. 이는 '늑대전사외교'라고도 합니다. 성장한 경제력과 군사력을 바탕으로 다른 국가에 대해 보복 등 공세적인 외교를 지향하는 중국의 외교 방식을 일컫는 말입니다. 우리나라를 비롯하여 많은 국가에서 반중 감정이 높아진 원인 중 하나가 바로 중국의 이런 태도 변화에 있을 것입니다.

이와 관련하여 '대등한 나라 속의 중국(China among Equals)'이라는 개념이 있습니다. 중화사상에도 불구하고 중국이 현실 체제에서는 주변국을 대등한 관계로 인정하던 시대가 있었다는 의미로 일부 영미권 연구자들이 사용하는 용어입니다. 송(宋)의 경제력과 금(金)의 군사력이 분업과 상생으로 공존하며 서로 발전하던 11세기 등을 그 예로 들고 있습니다.[19] 모든 것에서 우월하다고 느끼는 것처럼 보이는 현재의 중국이 과거의 역사적 경험을 잊고 있는 것은 아닐까 하는 걱정이 듭니다.

19장

탄소중립
대규모 전력 대란에 대비하라

푸른 구슬 지구

우주 공간에서 지구는 '푸른 구슬(blue marble)'처럼 보인다고 한다. 천문학자 칼 세이건도 일찍이 지구를 '창백한 푸른 점(pale blue dot)'으로 묘사한 바 있다. 고독하면서도 찬란한, 우리와 후손들이 살아갈 터전인 지구를 보전하기 위한 노력이 필요한 때이다.

◆ 인류세(人類世)의 등장 ◆

지구의 46억 년 역사를 1년으로 환산할 때 인류의 등장은 12월 31일 저녁이라고 합니다. 그런데 인류 없이 상당히 오랫동안 잘 지내온 지구에 뒤늦게 등장한 이 인류라는 존재가 문제를 일으키고 있습니다. 바로 기후와 생태학적 위기의 주범으로 말입니다.

기후와 생태학적 변화에 따른 위기를 일컫는 말로 인류세(人類世, Anthropocene)라는 용어가 있습니다. 1만 년 전부터 현재까지를 일컫는 정식 지질학 용어는 홀로세(Holocene)입니다. 충적세(沖積世) 또는 현세(現世)라고도 하지요. 그런데 인류에 의해 급변하고 있는 현시대를 인류세라고 부르는 것이 더 적합하다는 주장이 점차 힘을 얻고 있습니다.[1] 인류세라는 용어는 흔히 인류에 의한 환경 파괴를 강조하는 의미로 사용되고 있습니다.

중국 환경문제의 심각성은 누구나 인정하는 바입니다. 특히 중국의 이웃 국가인 우리로서는 중국의 환경문제가 직접적으로 우리 삶에 영향을 미치는 매우 중요한 요인 중의 하나이지요. 중국이 얼마나 탄소 배출을 줄일 수 있느냐는 글로벌 환경에도 절대적인 영향을 미치는 변수입니다. 왜냐하면 중국의 탄소 배출량이 압도적으로 높은 수준이기 때문입니다. 2020년 기준으로 중국은 글로벌 탄소 배출량의 32.5%인 약 116억 톤의 탄소를 배출했습니다. 이는 두 번째로 많은 배출국인 미국의 2배를 상회하는 수준입니다. 심지어 우리나라보다 약 17배 많은 탄소를 배출하고 있습니다.

◆ 탄소중립 개념 ◆

최근 등장한 인플레이션 관련 용어 중 '그린플레이션(Greenflation)'이라는 말이 있습니다. '그린+인플레이션(Green+Inflation)'의 합성어로, 탄소중립 이행 과정에서 발생하는 인플레이션 현상을 일컫습니다. 전기차 배터리 등 탄소중립 달성을 위해 사용되는 품목의 수요 급증으로 관련 연료·소재 가격이 급등하고 물가가 상승하는 현상입니다.

그렇다면 탄소중립이란 무엇일까요? 여기에서 탄소는 이산화탄소(CO_2)를 말합니다. 이 탄소를 우리가 최근 자주 접하는 미래 유망산업인 '탄소산업'에서 말하는 탄소와 헷갈리지는 않으시겠지요? 탄소산업에서 탄소는 탄소원소(C)를 의미합니다. 중립이란 배출량과 흡수량이 동일하여 순배출량이 0이 된다는 의미입니다. 탄소중립이란 국가와 기업 등이 일정 기간 직간접적으로 발생시킨 이산화탄소 배출량을 상쇄할 수 있도록 재생에너지 개발, 탄소배출권 구매 등을 통해 실질적으로 이산화탄소 배출이 0이 되도록 실현하는 것을 말합니다. 경제활동에서 이산화탄소를 배출하지 않는 것은 불가능하거나 비용이 매우 많이 드는 일이므로 이를 상쇄할 수 있는 최소한의 의무를 부과하여 억제하자는 개념입니다. 직관적으로 생각하면 나무를 심는 행위 자체도 이산화탄소를 줄이는 방법이겠지요. 탄소중립은 결국 나무 심기와 같은 활동을 좀 더 제도화하고 법규 등을 통해 강제하는 정책입니다. 탄소배출권 시장을 만들고 거래하는 것이 대표적입니다.

중국에서 탄소중립에 대한 논의가 본격화되고 국가의 정책 목표 중하나로 격상된 것은 2020년입니다. 그해 9월 시진핑 주석은 유엔총회

연설에서 중국이 '2030년 탄소배출 정점(碳達峰), 2060년 탄소중립(碳中和)'을 달성할 것이라고 선언했습니다. 소위 30·60 목표 혹은 쌍탄소(雙碳)가 공식화된 것이지요. 그다음 해인 2021년 10월 중공중앙 및 국무원에서 '탄소배출 정점 및 탄소중립 달성 업무 의견'을 발표하면서 정책을 구체화했습니다. 이는 현재 중국 정부의 핵심 어젠다 중 하나입니다.

참고로 2021년 말 현재 전 세계 136개 국가, 아시아에서는 25개 국가가 탄소중립 목표를 수립한 상황입니다. 목표 시한은 우리나라와 일본이 2050년, 중국 및 인도네시아 2060년, 인도 2070년 등으로 조금씩 차이가 있습니다.

◆ 중국의 탄소중립 정책 ◆

중국의 탄소중립 관련 정책은 구체적으로 어떻게 실현되고 있을까요? 상하이를 예로 들어보겠습니다. 환경보호 및 교통체증 예방을 위해 상하이는 연간 자동차 등록 대수를 엄격히 규제하고 있습니다. 소위 '자동차구매제한 정책'입니다. 자동차 구입을 직접 금지할 수는 없으니 다른 방법으로 규제하고 있습니다. 바로 번호판 경매제도입니다. 우리나라는 자동차 구입 후 번호판을 부착하는 데 몇만 원이면 충분합니다. 특별한 제한도 없지요. 그러나 중국은 그렇지 않습니다. 특히 대도시는 과도한 자동차 운행을 제한하기 위해 연간 발급하는 번호판 수량을 엄격히 통제하고 있습니다.[2] 그리고 한정된 번호판 배분은 철저히 시장원리에 의해 이루어집니다. 바로 경매제도를 통해서입니다. 가장 높은 낙찰금액을 쓴 사람 순으로 번호판을 부여받고 자동차를 그 지역에서 등록해야 운행할 수 있습니다. 상하이가 바로 자동차 번호판 경매제도를 시행하는 대표적인 지역입니다.

2021년 상하이에서 개인의 비영업용 자동차 번호판 경매 대수는 월평균 약 1만 1천 대로 연간 약 13만 대에 불과했습니다. 평균 경매 가격도 9.2만 위안(약 1,600만 원)에 달했지요. 2021년 중국에서 판매된 승용차 평균 가격이 16.6만 위안(약 3천만 원)이었으니 자동차 값의 절반이 넘는 수준입니다. 여기에 취득세(구입 가격의 10%)를 감안했을 때 상하이에서 3천만 원짜리 자동차를 운행하려면 실질적으로 약 5천만 원을 지출해야 한다는 이야기입니다. 큰 부담이 되는 수준입니다. 당연히 자동차 소비는 억제되겠죠.

2022년 코로나19에 따른 상하이 지역 장기봉쇄(3월 28일~5월 31일)로 경기 부진이 심해지자 지역경제 회복 방안 50개 조치 중 하나로 자동차 번호판 경매 수량을 추가 확대하는 조치가 나온 배경이 바로 여기에 있습니다. 당시 상하이 정부는 연간 경매량의 약 30%에 해당하는 4만 개의 추가 번호판 경매를 실시했습니다. 자동차 소비 촉진 정책의 일환이었지요. 광저우(3만), 선전(2만), 항저우(4만), 톈진(3.5만) 등도 경기 대응 정책의 일환으로 2만~4만 개의 추가 번호판 경매 조치를 실시했습니다.

탄소중립 정책의 효과는 서서히 나타나고 있습니다. 그동안 지속적으로 증가하기만 하던 원유 대외 의존도가 2021년 처음으로 하락한 것이 대표적입니다. 2021년 중국의 원유 대외 의존도는 72%로 전년 대비 1.6%p 하락했습니다. 높은 유가 부담도 작용했지만, 탄소피크 및 탄소중립 정책으로 화석연료 사용 비중을 낮추기 위해 중국 정부가 노력한

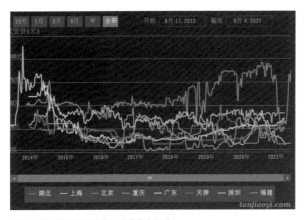

중국 8개 탄소배출권 거래소 거래가격 추이
각 거래소는 대상 기업, 거래 상품 및 거래 방식 등이 다양하여 탄소배출권 거래 가격이 모두 다르다.

결과이기도 합니다.

한편 탄소중립과 관련하여 중국이 약 10년 전부터 꾸준히 운영하고 있는 제도가 있습니다. 바로 탄소배출권 거래제입니다. 기업별로 탄소배출량을 할당한 이후에 실제 배출량이 할당량을 초과하면 배출권을 구입하고 할당량보다 적으면 남는 배출권을 판매할 수 있는 제도입니다. 중국은 2013년 이후 베이징, 상하이 등 8개 지역에서 탄소배출권거래소를 시범 운영했고, 2021년 7월에는 전국 단위의 통합 탄소배출권거래를 설립했습니다.[3]

우선 전국적인 표준화가 가능하고 탄소배출량이 많은 2,162개의 발전회사들을 대상으로 거래를 시작했습니다. 통합 탄소배출권 거래시장에서는 1년간 1.94억 톤이 거래되었으며 거래금액은 85억 위안이었습니다.[4] 통합탄소배출권거래소에서는 향후 2025년까지 기존의 발전회사 이외에 에너지 소모량이 높은 7대 산업[5]으로 거래 대상을 확대할 예정입니다. 한편 통합거래소 외에 기존 8개 거래소 또한 탄소 고배출 제조업종을 중심으로 계속 운영 중입니다. 왜 단일시장으로 즉각적인 통합을 하지 않는 것일까요? 이는 기존 거래소들이 적용 업종, 대상 기업 기준, 쿼터 배정 기준, 거래 상품, 거래 방식, 배출량 절감 목표 등이 달라 즉시 전국 거래시장으로 통합하기는 어렵기 때문입니다.[6]

　탄소중립과 관련하여 중국은 에너지 생산구조를 바꾸는 작업에도 많은 노력을 기울이고 있습니다. 2021년 총 에너지 소비 중 원자력, 천연가스, 풍력, 태양열 등 청정에너지 사용 비중은 25.5%였습니다. 이 비중이 2012년 14.5%, 2017년 20.5%였던 점을 감안하면 매년 약 1%p씩 꾸준히 상승하고 있습니다. 특히 원자력발전에서 중국은 다른 나라와 다른 방향을 추구해왔습니다. 높은 유가와 에너지 안보 등의 문제로 최근에는 원자력발전에 대한 재평가가 이루어지고 있지만 한동안 원자력발전은 기피 에너지원이었습니다. 2011년 3월에 발생한 일본 후쿠시마 원전 사고 등을 겪으면서 안전 문제가 심각하게 다가왔기 때문입니다. 상당수 국가들이 신규 원전 건설을 백지화하거나 기존 시설의 조기 폐쇄 조치를 취했던 배경입니다.

　그러나 중국은 지속적으로 원자력발전을 확대해왔습니다. 거대한 에너지 수요와 비용을 감안할 때 원자력발전 이외에는 대안이 없다고 판단했기 때문입니다. 중국은 2022년 현재 53기의 원자로를 가동 중이며, 23기를 건설 중입니다.[7] 더불어 2035년까지 4,400억 달러를 투입하여 약 130기의 원자로를 추가 건설할 예정[8]입니다. 전체 에너지 소비 중 원자력발전의 비중도 2022년 현재 약 5%에서 장기적으로 2030년 10%, 2060년 20%까지 올린다는 것이 중국 정부의 계획입니다.

◆ 탄소중립의 미래 ◆

이처럼 기후위기에 대응하기 위해 중국이 탄소중립 정책을 적극적으로 추진하면서 산업 측면에서도 변화가 예측됩니다. 탄소배출 감소를 위한 조치로 인해 에너지 다소비 업종인 철강·비철금속·석탄·석유화학 등에서 원가가 오르는 동시에 생산량이 감축되고 수출 제한 조치가 발동되는 상황이 대표적인 시나리오 중 하나입니다. 철강산업을 예로 들어볼까요? 중국 철강의 원가가 오르고 수출이 감소할 경우 우리나라 철강 수출 기업에는 기회로 작용할 수 있습니다.

반면 중국 철강에 대한 수입 의존도가 높은 일부 전방산업에는 부정적 영향을 미칠 겁니다. 이미 우리나라의 전체 철강 수입 중 중국의 비중은 2020년 기준으로 34%에 이릅니다.9) 한편 대표적인 비철금속인 알루미늄은 중국의 탄소중립 정책이 글로벌 가격 상승에 이미 영향을 미치고 있습니다. 중국은 2020년 기준으로 글로벌 알루미늄 생산의 57%를 담당하고 있습니다. 그런데 알루미늄 생산 원가의 40%를 전력이 차지하고 있기 때문에 2021년 중국의 환경 규제에 따른 전력난으로 생산이 제한되었고 결국 글로벌 공급 부족과 가격 상승이 발생했습니다.10)

탄소중립 정책은 중장기적으로 지속 가능한 경제 성장과 삶의 질 확보 차원에서 꾸준히 추진해야 할 정책입니다. 그러나 부작용 없이 순탄하게 진행될 수 있는 것만은 아니라는 것이 2021년 하반기에 발생했던 대규모 전력 대란 사태에서 여실히 드러났습니다. 가장 많은 에너지를 소모하는 발전 부문에서 에너지 사용을 줄이지 않는다면 중국의 탄소중립 목표 달성은 힘들 것입니다. 이런 이유로 중국 중앙정부는 각 지역별로 에너지 소비를 어느 정도로 어디까지 줄여야 한다는 목표[11]를 설정하고 2021년 상반기 이행 상황을 점검하고 평가했습니다. 이때 실적이 좋지 않았던 지역을 중심으로 하반기에 전력 소비와 생산을 줄이는 조치가 발동됩니다. 당시 석탄산업 구조조정을 위한 공장 폐쇄 등이 이어졌지요. 그 결과 2021년 10월 중국 전역에서 대규모 전력 대란이 발생했으며, 제조업 생산 차질 등의 부작용이 초래[12]되었습니다.

에너지 생산 및 소비에서 석탄의 비중이 여전히 높은 중국은 관련 산업의 구조조정을 진행할 경우 전력이 부족해지는 현상이 종종 발생합니다. 전체 에너지 공급원 중 석탄 비중은 2011년 70.2%에서 점차 감소하고 있지만 2021년 56%에 달해 여전히 절반을 넘습니다. 중국은 글로벌 석탄 생산의 51%를 차지할 정도로 압도적입니다.[13] 이러한 상황에서 갑자기 석탄 생산과 소비를 줄이는 조치가 부작용을 초래할 것임은 누구나 짐작할 수 있는 일이겠지요.

중장기적으로 탄소중립 정책을 실시하는 과정에서 향후에도 전력난은 언제든지 발생할 수 있습니다. 결국 중국 정부는 탄소중립 정책의 속도를 조절할 수밖에 없는 상황입니다. 2022년 3월 전국인민대표대회의 정부 업무 보고에서 '질서 있는 탄소 정점 및 탄소중립 정책 실시'를 언급한 배경이 바로 여기에 있습니다. 관련 정책의 속도 조절을 시사한 것입니다. 이는 2021년에 발생했던, 단기 탄소중립 목표 달성을 위한 각 지방정부의 무리한 정책 시행과 그로 인한 부작용은 당분간 없을 것임을 의미합니다.

중국이 시행착오를 겪기는 하겠지만 삶의 질을 추구하기 위한 탄소

수저우의 석탄발전소 모습
중국의 에너지 공급원으로서 석탄의 비중은 매년 감소하고 있지만, 이 비중을 급격히 줄여나가는 과정에서 전력난 등의 문제가 발생했다.

중립 정책은 꾸준히 추진될 것입니다. 그리고 실제 중국의 환경이 점차 나아지고 있다는 점도 수치로 나타나고 있습니다. 중국 전체의 초미세먼지 농도(PM 2.5)[14]가 2015년 $52\mu g/m^3$(세제곱미터당 마이크로그램)에서 2021년은 $34\mu g/m^3$까지 하락한 상황입니다. 베이징은 더 극적입니다. 2013년 초미세먼지 농도가 $89\mu g/m^3$에 달했으나 점차 하락하여 2021년은 $33\mu g/m^3$로 감소했습니다. 참고로 우리나라 서울은 2008년 $26\mu g/m^3$에서 2021년 $20\mu g/m^3$으로 개선되었습니다.[15]

이처럼 중국의 환경이 개선되고 있다는 점은 우리나라에서 초미세먼지가 심각한 상황을 중국 탓으로 돌리기가 점점 어려워지고 있다는 의미입니다. 실제 2019년 한 · 중 · 일 3국이 공동으로 초미세먼지 영향을 분석한 보고서에 의하면 우리나라의 초미세먼지 중 자체 요인에 기인한 것이 51%이고 중국 영향은 32%로 나타났습니다.[16]

20장

신재생에너지

에너지 안보를 위하여

헤이룽장성의 풍력발전 설비

중국에서 대표적인 신재생에너지인 태양광과 풍력이 전체 발전에서 차지하는 비중은 약 11%이다. 에너지원으로서 아직은 석탄의 비중이 압도적으로 높은 상황이다. 그러나 러시아-우크라이나 전쟁에서 다시 증명되었듯이 에너지 안보의 중요성은 갈수록 커지고 있다. 중국도 이를 잘 알고 신재생에너지의 개발과 보급에 노력하고 있다.

◆ 신재생에너지 개념 ◆

그동안 우리 인류는 그 옛날 동물과 식물의 퇴적물을 참 많이 이용해 왔습니다. 바로 석유와 석탄 이야기입니다. 무궁무진할 것 같았던 이들 에너지원도 한계가 있다는 경고는 꽤 오래전부터 있어왔습니다. 환경문제와 자원고갈 등을 감안할 때 화석에너지 비중의 축소 및 신재생에너지의 개발과 보급은 무엇보다 절실한 과제 중 하나입니다. 여기에서 말하는 신재생에너지는 신에너지와 재생에너지를 합친 것입니다. 신에너지는 수소 에너지 및 연료전지 등이고, 재생에너지는 태양광, 풍력, 수력, 지열, 바이오 에너지 등을 말합니다. 그냥 둘을 합해 신에너지 혹은 재생에너지라고 부르기도 하지요.

한편 청정에너지라는 표현도 있는데, 원자력, 천연가스, 신재생에너지를 모두 포괄하는 것입니다. 청정에너지에 원자력과 천연가스가 포함되는 것을 의아하게 생각하는 사람들도 많습니다. 이 둘을 과연 청정에너지로 볼 수 있느냐 하는 것이지요. 비슷한 용어로 비화석에너지가 있습니다. 화석에너지가 아닌 에너지를 일컫는 것이죠. 오래전 지구상에 서식했던 동식물의 잔존물로 생성된 에너지 자원인 석유, 석탄, 천연가스 등이 화석에너지이고 그 나머지를 폭넓게 비화석에너지라고 부릅니다.

그럼 현재 중국의 신재생에너지 비중은 어느 정도 수준일까요? 대표적인 신재생에너지인 태양광과 풍력발전 비중은 11.2%로 글로벌 평균 (10.3%)을 약간 넘는 수준입니다. 이는 스페인(32.9%), 독일(28.8%) 등 유럽 국가보다 낮지만 일본(10.2%)이나 우리나라(4.7%)보다는 높은 수준입니다. 한편 중국은 2021년 현재 16.6%인 비화석에너지 소비 비중을 2025년 20% 내외, 2030년 25% 내외까지 끌어올린다는 계획입니다. 여기에서 잠깐! 혹시 눈치채셨는지 모르겠지만 중국 정부는 신재생에너지보다 비화석에너지라는 표현을 더 자주 사용합니다. 바로 비화석에너지의 일종인 원자력의 비중을 높이는 정책을 중점적으로 펴고 있기 때문입니다.

◆ 에너지 안보의 현실 ◆

사실 중국이 신재생에너지와 비화석에너지를 강조하는 근본적인 배경에는 에너지 안보가 자리 잡고 있습니다. 2022년 러시아-우크라이나 사태에 따른 국제유가 급등으로 에너지 안보의 중요성을 글로벌 국가 모두 다시 한 번 깨달았습니다. 러시아의 천연가스에 상당 부분 의존하던 유럽 경제는 특히 더 막대한 피해를 입었지요. 헝가리, 오스트리아, 슬로바키아 등은 전체 에너지원 중 러시아 천연가스에 대한 의존도가 30%가 넘었습니다. 독일, 체코, 이탈리아, 라트비아 등도 20%가 넘었습니다.[1]

중국은 특히 원유에 대한 수입 의존도가 높은 편입니다. 2022년 중국의 원유 수입액은 3,655억 달러로 전체 수입액의 13.5%에 달했습니다. 수입량은 5.1억 톤이었지요. 사실 그해 중국의 원유 생산량도 적지 않았습니다. 수입량의 1/3이 조금 넘는 2억 톤이었습니다. 중국은 2021년 기준으로 미국, 러시아, 사우디아라비아, 캐나다에 이은 세계 5위의 원유 생산국입니다. 이처럼 막대한 원유를 생산하는데도 불

중국의 막대한 원유 수입
중국은 세계 5위의 원유 생산국인데도 불구하고 엄청난 수요로 인해 매년 상당한 원유를 수입하고 있다.

구하고 전체 수요에는 턱없이 부족하여 결국 상당한 금액을 원유 수입에 쓰고 있죠. 전량 수입에 의존하는 우리나라는 2022년 원유 수입에 1,058억 달러를 사용하였는데 전체 수입액에서 원유가 차지하는 비중이 14.5%였습니다. 비중 면에서 중국과 거의 차이가 없습니다. 중국경제의 원유에 대한 의존도가 얼마나 높은지를 미루어 짐작할 수 있는 수치입니다. 결국 중국으로서는 원유로 대표되는 에너지 의존도가 갈수록 높아지면서 자체적인 에너지원을 개발할 필요성이 대두되었고, 이는 신재생에너지의 개발과 원자력발전의 확대로 나타나고 있습니다.

청정하고 무한한 에너지원이라는 점에서 신재생에너지의 장점이 많은 것은 사실이지만 전혀 문제없는 것은 아닙니다. 대표적인 것이 비용 문제, 접근성 문제, 전기 생산 및 전력망의 불안정성 등입니다. 예를 들어 태양광은 간단하게 소형으로 제작할 수 있으며 수명이 길고 유지비가 거의 들지 않는 장점이 있는 반면, 에너지 밀도가 낮아 태양전지가 많이 필요하고 또 초기 설치비가 많이 든다는 단점이 있습니다. 풍력발전은 설치비가 저렴하고 설치 기간도 짧으며 관광단지로도 활용할 수 있는 반면, 연중 바람이 꾸준하게 부는 곳을 찾기 어렵고 전력 수요가 있는 곳과 접근성이 떨어지는 단점이 있습니다. 한편 바다의 풍력발전 시설은 대규모 석유 시추 플랫폼처럼 큰 소음을 일으켜 해양생물들에게 큰 영향을 미치며 생태계를 파괴하는 요인이 될 수 있다는 비판이 있습니다.[2]

◆ 신에너지차 ◆

신재생에너지의 개발과 보급이 확대됨에 따라 급속하게 성장하고 있는 것이 바로 신에너지차 시장입니다. 물론 현재 신에너지차의 주류는 전기차이고 수소차와 달리 엄밀하게 신재생에너지를 이용한 자동차라고 할 수 없습니다. 다만 자동차 운행 시 석유 연소로 인한 매연을 줄이는 차원에서 본다면 진정한 의미의 신재생에너지차로 옮겨가는 과도기 차량이라고 할 수 있습니다.

여기에서 잠깐! 전기차가 처음 등장한 시기는 우리가 생각하는 것보다 훨씬 이전입니다. 1885년 카를 벤츠가 최초의 엔진 자동차를 만든 지 3년 후인 1888년 독일의 발명가 안드레아스 플로켄이 최초로 전기자동차를 만들었습니다. 20세기 초만 해도 유럽이나 미국에 있는 모든 자동차의 30% 이상이 전기자동차였을 정도로 인기가 있었습니다.[3] 그러나 이후 엔진 자동차가 대량생산을 통해 가격 우위를 점한 데다 자주 충전해야 하는 불편함 등으로 인해 전기자동차는 점차 경쟁에서 밀려났

습니다. 그 결과 1990년대 중반까지 약 90년 동안 전기차는 시장에서 사라지게 되었던 것이지요.[4]

중국은 세계 최대 자동차 시장입니다. 생산이나 소비 모두에서 그렇습니다. 2021년 중국의 자동차 생산량은 2,653만 대, 판매량은 2,628만 대였습니다. 13년 연속 세계 1위 자동차 판매시장의 자리를 지키고 있습니다. 참고로 우리나라 자동차 생산량은 346만 대, 판매량은 173만 대였습니다. 중국이 우리나라보다 생산량에서는 약 8배, 판매량에서는 약 15배 많습니다. 중국 자동차 시장에서 최근 눈에 띄는 변화는 신에너지차 판매가 급속히 늘고 있다는 점입니다. 물론 30·60 정책과 같은 친환경 정책의 추진에 따른 변화이지요.[5]

불과 10년 전인 2011년 신에너지차 판매량은 8,159대에 불과했습니다. 전체 자동차 판매량 중 0.04%에 불과했지요. 그러나 5년 후인 2016년은 51만 대를 판매하며 비중도 1.8%로 상승했습니다. 그리고 2020년은 137만 대, 2021년은 352만 대로 전년보다 무려 158% 증가했습니다. 전체 자동차 판매에서 차지하는 비중도 13%에 달했습니다. 이런 수치들을 보면 중국의 신에너지차 시장이 얼마나 급속하게 확대되고 있는지 알 수 있습니다. 2022년에는 중국 신에너지차 시장의 확산세가 더욱 놀라웠습니다. 2022년 1~9월 전 세계에서 판매된 신에너지차는 726만 대였는데, 무려 457만 대가 중국에서 판매되었습니다.[6] 3대 중 2대가 중국에서 판매되었으니, 중국시장이 얼마나 핫한지 알 수 있습니다.

중국은 연간 출시되는 신에너지 차량의 종류만 200종이 넘는 대규모 시장입니다. 이처럼 판매가 급속하게 확대된 가장 큰 요인은 정부 지

BYD 전기버스
중국 최대의 전기차 및 배터리 기업인 BYD가 독일에 수출한 전기버스이다. 현재 독일 본에서 시내버스로
운행 중이다.

원이라고 할 수 있습니다. 신에너지 자동차 구입 시 보조금을 지급하고
판매 가격의 10%에 이르는 취득세도 면제해주었습니다. 취득세 면제
의 효과는 뚜렷하게 나타나고 있습니다. 2014년 처음 실시된 취득세 면
제 조치는 이후 2017년과 2020년에 기한이 연장되면서 2023년까지
실시될 예정입니다.[7] 한편 판매업체 중에서는 비와이디(BYD)와 테슬라
(Tesla)가 수위를 다투고 있습니다.

　수출도 괄목할 만한 성장을 했습니다. 중국은 2021년 자동차 수출이
사상 최초로 200만 대를 돌파하여 202만 대를 기록했는데, 이 중 신에
너지차가 31만 대에 달했습니다. 우리나라도 2021년 자동차 수출 대수
가 205만 대였고, 그중 62만 대가 신에너지차였음을 감안하면 신에너
지차의 비중 확대는 글로벌 공통 현상임을 알 수 있습니다. 한편 신에너
지차 관련 인프라 시설도 급속히 정비 중입니다. 2021년 말 기준 중국
에 있는 공공 전기자동차 충전기가 114.7만 개로 전년 대비 42% 증가

했습니다. 1년간 월평균 2.8만 개가 증설된 것입니다.[8]

중국은 2025년까지 신에너지차 판매 비중을 전체 차량 판매의 20% 내외까지 올리고 2030년 40%, 2035년 50%까지 높일 계획이었습니다.[9] 그런데 2022년에 이미 26%를 넘어섰습니다.[10] 이에 따라 전체 자동차 등록 대수에서 신에너지차가 차지하는 비중도 지속적으로 상승하고 있습니다. 2022년 기준으로 중국에 등록된 신에너지차는 1,310만 대에 달하며 전체 차량의 4.1%를 기록했습니다.[11]

중국이 신에너지차의 생산과 판매에 열중하는 이유가 무엇일까요? 사실 자동차산업은 전통적으로 자본 집약적인 장치산업입니다. 선진국의 중국에 대한 제재가 집중되는 분야로 중국이 해외의 시장, 기술, 자본에 접근하는 비용은 점차 높아질 것입니다. 반면 전기차로 대표되는 신에너지차는 신기술, 신산업 분야로 선진국이 기존 시장에서 확고한 우위에 있다고 볼 수 없고, 중국도 대규모 연구개발 등을 통해 기술과 생산에서 세계 최고 수준의 경쟁력을 갖추었다고 할 수 있습니다. 기술 개발 못지않게 초기 시장의 형성이 중요한 경쟁 요소로 작용하는 산업이기도 하죠. 중국은 기존의 내연기관차 산업에서는 뒤처질 수밖에 없었지만 향후 신에너지차 산업에서는 글로벌 경제를 선도해나가겠다는 목표를 가지고 일련의 정책들을 꾸준히 추진하고 있습니다.

지금은 자동차산업에 관한 한 우리가 중국을 확실히 앞서고 있지만, 신에너지차에서 우위를 유지할 수 있다고 장담하기는 어렵습니다. 경쟁력을 유지하기 위한 다방면의 고민과 노력이 필요한 시점입니다.

3부

✧ 앞으로
중국경제는
어떻게 변할 것인가?

한·중 경제 관계

변화하고 있는 메이드 인 차이나 시대

중국은 2009년 이후 글로벌 1위 수출국의 자리를 계속 지켜나가고 있다. 전 세계가 메이드 인 차이나(Made in China) 제품으로 뒤덮였다고 해도 과언이 아닐 것이다. 그러나 중국의 인건비 상승, 글로벌 공급망에서 중국을 배제하려는 미국의 압력 등으로 인해 글로벌 상품 공급자로서 중국의 위상은 점차 변화하는 중이다.

◆ 글로벌 교역에서 중국의 역할 변화 ◆

중국을 흔히 '세계의 공장'이라고 표현합니다. 전 세계 500개 주요 공산품 중 220개 품목에서 생산량 1위라고 하니 결코 과장된 표현이 아닙니다. 예를 들어 2021년 기준으로 중국은 자동차(2,653만 대), 스마트폰(16.6억 개), 소형계산기(4.7억 개) 생산량에서 모두 세계 1위를 기록했습니다.

중국은 2009년 글로벌 제1의 수출국이 되었고, 2010년에는 제1의 제조업 대국이 되었습니다. 현재 글로벌 전체 수출에서 중국이 차지하는 비중은 2000년 3.9%에서 2021년 15.3%까지 상승했습니다. 수입에서 차지하는 비중도 미국에 이어 2위로 9.4%에 이르지요. 금액으로 따지면 중국의 2021년 총 수출입액은 6.1조 달러에 달했습니다. 이는 글로벌 전체 교역액의 약 1/5 수준입니다. 수많은 교역 물품의 5개 중 하나가 중국에서 나오거나 중국으로 들어간다는 말입니다. 중국이 글로벌 교역에서 얼마나 중요한 위치를 차지하는지 알 수 있는 대목이죠.

2001년 WTO 가입 이후 중국은 글로벌 제조업 공급망에서 핵심적인 역할을 해왔습니다. 초기에 중국은 주로 조달자 역할을 담당했습니다. 중간재를 해외에서 수입해 최종 조립한 상품을 선진국을 비롯한 글로벌 시장에 공급하는 것입니다. 한국, 일본, 아세안, 독일 등이 중국에 중간재를 수출한 주요 국가입니다. 우리 수출의 상당 부분이 이런 형태로 이루어졌습니다. 중국이 글로벌 제조공장으로 성장하는 과정에서 우리나라도 덩달아 성장하고 덕을 본 셈입니다.

한편 중국은 경제가 성장하고 기술이 발전하면서 기존의 조달자 역

중국 최대 수입품목, 반도체
중국은 2022년 480조 원에 이르는 반도체를 수입했다. 동시에 176조 원에 이르는 반도체를 수출했다. 이는 초정밀기술이 필요한 고가의 반도체는 수입하고 중간기술로 생산이 가능한 저가의 반도체는 수출한다는 의미다.

할 이외에 제공자 역할도 담당하게 됩니다. 중국 제조업에서 생산한 중간재를 한국, 미국, 일본, 아세안 등의 해외에 수출하는 것을 의미합니다. 이와 함께 중국 내에서 중간재 공급망도 빠르게 성장합니다. 중국의 산업 인프라 발전과 기업투자 확대 등으로 내수시장이 확대된 결과입니다.[1]

중국은 기존의 가공무역 중심에서 중간재 생산기지로 전환하면서 글로벌 가치사슬(GVC, Global Value Chain)에 대한 의존을 줄이고, 핵심 산업의 자기 완결형 국가가치사슬(NVC, National Value Chain)을 구축하기 위한 노력을 지속하고 있습니다.[2] 쉽게 말해 중국이 원료부터 중간재 생산, 최종 조립까지 모두 담당하는 일체형 생산 흐름을 만들어 외부에 대한 의존 없이 자체적으로 생산활동을 마무리하기 위해 노력하고 있다는 의미입니다. 10여 년 전인 2010년에는 중국이 가공 후 재수출을 하기 위해 수입한 품목의 비중은 전체 수입품의 30% 수준이었습니다. 이 수치가 2022년에는 16.9%까지 하락했습니다. 가공무역을 위해 수입하는 품목이 감소했다는 것은 그만큼 자체 조달 비중이 높아졌음을 시사합니다.

또한 글로벌 교역에서 중국은 기존의 단순한 조립기지에서 점차 벗어나 중요 부품을 공급하는 생산기지로서의 역할이 중요해지고 있습니다. 예를 하나 들어보겠습니다. 중국의 가장 중요한 수입품목 중의 하나가 반도체입니다. 2022년 수입 물량이 5,384억 개로 총 수입금액은 4,156억 달러에 이릅니다. 그런데 주요 수출품목 중에도 반도체가 포함됩니다. 2022년 수출 물량이 2,734억 개, 금액은 1,539억 달러였습니다. 수입금액의 1/3이지만 역시 엄청난 수준입니다. 이와 같은 상황은 무엇을 의미할까요? 초정밀기술이 필요한 고가의 반도체를 수입하여 국내에서 스마트폰이나 컴퓨터 등을 생산해 수출하거나 국내에 판매하는 한편, 중간기술로도 생산이 가능한 저가의 반도체는 가격 경쟁력을 무기로 해외에 수출하고 있는 것입니다. 개당 수출 단가가 0.6달러인 반면, 수입 단가는 0.8달러인 것으로 추측해볼 수 있습니다.

◆ 무역대국 중국의 미래 ◆

그러면 이와 같은 중국의 지위는 앞으로 어떻게 될까요? 2022년 코로나19 팬데믹 상황에서 중국의 강력한 봉쇄 조치에 따라 글로벌 공급망이 원활하지 않았습니다. 이미 지속적으로 오르고 있는 중국의 인건비[3]에 더해 이런 사태까지 겹치자 많은 글로벌 기업들이 탈(脫)중국을 추진하고 있다는 기사를 접한 적이 있을 것입니다. 생산기지 이전 지역으로 인건비가 저렴한 동남아시아나 동유럽 등이 많이 거론되곤 하지요. 그런데 현재와 같은 글로벌 공급망 구조에서 중국을 떠나는 일, 즉 '탈중국화(De-Sinicization)'가 쉽게 이루어질 수 있을까요? 그렇게 단순하지 않습니다. 예를 들어보겠습니다. 베트남에서 만든 옷을 많이 볼 수 있는데, 베트남이 직물과 의류 생산에 필요한 섬유를 어떻게 조달할까요? 바로 60% 이상을 중국에서 수입합니다.4) 전자제품 생산도 마찬가지입니다. 중국에서 부품과 중간재를 공급받아야 베트남에서 최종 전자제품을 생산하는 구조입니다.

이와 같은 현상이 생기는 것은 그동안 중국 내 공급망이 강화되어 글로벌 공급망 구조에서 잠김효과(고착효과, lock-in effect)가 작용하기 때문입니다. 잠김효과란 '특정 제품이나 특정 시스템의 사용에 익숙해짐에 따라 여타 제품이나 서비스의 선택을 제한하는 현상'을 말합니다. 한번 발을 들이면 쉽게 이탈하지 않는 고객이나 거래처가 된다는 의미입니다. 우리는 흔히 더 뛰어난 제품이나 서비스가 나와도 기회비용이 크거나 단순히 더 귀찮다는 이유로 기존에 쓰던 제품이나 서비스를 계속 사용하는 경우가 많습니다. 우수한 제품을 개발한다 해도 시장에서 반드시 잘 팔린다는 보장이 없습니다. 중국이 저렴하고 우수한 중간재를 공급하는 상황에서 다른 공급처로 변경하는 것은 번거롭고 쉽지 않은 일입니다.

결국 글로벌 공급망에서 중국을 배제하는 재조정 과정은 쉽지 않은 일이며, 설령 가능하다고 해도 상당히 오랜 시간이 걸릴 것으로 예상됩니다. 대만 기업들의 사례를 보면 알 수 있습니다. 대만 기업들은 수출품 제조의 절반 이상을 해외 생산기지에서 생산하고 있습니다. 그중 대부

대만 수도 타이베이의 야경
중국의 인건비 상승에 따라 대만은 해외 생산기지를 중국에서 점차 동남아 등으로 이전하고 있다. 그러나
2021년 기준으로 여전히 해외 생산기지의 82%가 중국에 있는 상황이다.

분이 중국에 있죠. 2018년 해외 생산기지의 89.5%가 중국에 있었으나
2021년은 82.2%로 감소했습니다. 반면 같은 기간 동남아시아 비중은
3.1%에서 6.2%로 증가했습니다.[5] 확실히 탈중국화가 이루어지고 있으
나 그 속도가 매우 느리다는 것을 알 수 있습니다.

  그렇지만 고부가가치의 첨단기술 분야에서는 그렇지 않습니다. 중국
이 아직은 생필품 등 저부가가치 품목의 생산이나 조립 역할에 그치는
경우가 많다는 의미이기도 합니다. 2017년 기준 중국 제조업의 부가가
치율은 24.6%에 불과하여, 미국, 일본, 독일, 영국 등의 제조업 부가가
치율 45% 이상[6]에 훨씬 못 미치는 수준입니다. 이 분야에는 잠김효과
가 없으므로 이 분야를 중심으로 미국은 탈중국화를 점차 시도할 것이
라고 생각합니다.

  그럼 여러 가지를 고려해볼 때 무역대국으로서 중국의 위상과 모습
은 어떻게 변화할까요? 핵심 제조업 국가로서 글로벌 시장에서 담당하

고 있는 주요 상품의 공급자 기능은 한동안 유지될 것입니다. 다만 조금
씩 그 기능은 변화할 것입니다. 중국이 저렴하게 제공하는 막대한 상품
들로 인해 글로벌 경제는 상당히 오랜 기간 인플레이션 걱정 없이 골디
락스 경제를 유지할 수 있었다는 평가가 많습니다. 그러나 이제는 더 이
상 이런 혜택을 누릴 수 없는 시간이 다가오고 있지요. 인구 감소로 인
한 노동비용 상승, 탄소중립 추구에 따른 환경비용 증가, 고부가가치 산
업으로의 정책 변화 등이 초래한 결과입니다. 당장 중국산 제품의 생산
이 급감하면서 글로벌 공급에 문제가 생기지는 않겠지만 이 추세는 거
스를 수 없는 중장기적인 방향입니다.

　이와 같은 변화는 우리나라에도 시사하는 바가 적지 않습니다. 이전
에는 중간재를 우리나라에서 공급받아 가공해서 수출하던 중국이 자체
적으로 중간재를 공급하게 되면 우리는 이중의 압박을 받을 수 있습니
다. 중국으로 중간재 수출이 감소하는 동시에, 우리가 중간재를 수출하
던 동남아 등의 제3국에서 중국과 경쟁이 치열해질 수 있다는 의미입니
다. 한편으로는 생필품 위주로 저렴한 가격에 막대하게 제공되던 중국
산 제품의 공급이 이전처럼 원활하게 이루어지지 않을 수 있다는 측면
도 존재합니다.

　예를 들어 우리나라 자전거 시장에서 국내 제품과 수입 제품의 시장
점유율은 각각 절반 정도입니다. 고가의 프리미엄 제품은 수입산이 대
부분이고 중저가 제품은 국산이 차지하고 있지요. 그런데 국산 제품 대
부분은 주문자상표부착생산(OEM) 또는 중국 현지에서 직접 제조 방식
으로 수입하고 있습니다. 사실상 중국산인 셈이죠. 어떤 형태로든 중국
에서 생산에 문제가 생기면 우리 자전거의 가격이 크게 오르거나 아니

면 판매조차 할 수 없을지도 모른다는 것입니다. 자전거뿐만이 아닙니다. 글로벌 교역과 공급망 구조에서 중국의 역할 변화라는 거대한 물결은 우리 경제와 일상의 삶에 생각보다 커다란 파도를 일으킬 수 있습니다.

<h3 align="center">◆ 한·중 교역구조 ◆</h3>

1992년 8월 한중수교가 이루어졌으니 2022년은 양국 수교 30주년을 맞는 뜻깊은 해였습니다. 다만 코로나19 상황이 여전히 엄중한 가운데 우리나라의 새 정부 등장과 중국의 지도부 교체 직전의 어수선한 상황 등이 맞물려 이를 축하하는 행사는 거의 찾아볼 수 없었습니다.

예전에는 안미경중(安美經中)이라는 말이 유행하기도 했습니다. 정치·안보는 미국에, 경제는 중국에 의존하면서 우리의 생존을 모색한다는 의미였지요. 다만 이러한 입장이 가능했던 것은 미국과 중국의 관계가 괜찮았기 때문입니다. 양국 간 패권경쟁이 심해지고 다방면에서 갈등과 대립이 발생하는 상황에서 이러한 입장을 유지하기는 쉽지 않은 일입니다. 특히 요즘 우리나라는 점차 미국에 경도되는 경향이 나타나면서 탈중국을 외치는 목소리가 점점 커지고 있습니다. 그러나 현실은 그리 녹록지 않습니다. 탈중국이 단기간에 쉽게 이루어질 수 없기 때문입니다. 2022년에 등장한 안미경세(安美經世)라는 말은 안보는 미국, 경제는 세계와 함께 도모한다는 의미로 중국에 대한 경제 의존도를 줄여나가겠다는 의지의 표현입니다. 다만 이것이 쉽지 않은 과제인 것은 다음과 같은 이유 때문입니다.

2022년에 우리나라 상품 수출은 6,838억 달러, 수입은 7,312억 달러로 각각 사상 최고치를 기록했습니다. 우리나라는 교역액이 1.4조 달러가 넘는 세계 6위의 무역대국입니다. 우리나라보다 교역 규모가 큰 국가가 다섯 개에 불과[7]하다는 점에서 충분히 자랑스러워할 만합니다. 그런데 우리의 수출액 중 22.8%가 대중국 수출이었고, 21.1%가 대중국 수입이었습니다. 중국이 세계경제에서 차지하는 비중인 18%와 비교해봐도 꽤 높은 수준이죠. 교역에 관한 한 여전히 중국에 크게 의존하고 있습니다.

우리나라가 중국과 수교한 1992년에 양국 간 교역 규모는 64억 달러였습니다. 우리 무역에서 중국이 차지하는 비중은 4.0%였지요. 이후 점차 증가한 양국 간 교역 규모는 2022년 3,104억 달러에 달했으며, 우리 무역에서 중국이 차지하는 비중도 21.9%에 이를 정도로 확대되었습니다. 특히 우리 수출의 절반 이상을 차지하는 10대 주력 수출 제품 중 반도체, 디스플레이, 합성수지, 무선통신기기, 컴퓨터, 석유제품 등 6개 품목의 대중국 수출 의존도는 평균 30% 이상[8]입니다.

우리의 가장 중요한 수출 품목 중 하나인 반도체는 특히 중국 의존도가 매우 높습니다. 2022년 우리나라의 반도체 수출액 1,309억 달러 중 홍콩을 포함하여 중국으로 수출된 총 금액이 716억 달러였습니다.[9] 수출되는 반도체의 55%가 중국으로 흘러갔다는 의미입니다. 2022년 기준으로 우리의 수출품이 중국 전체 수입시장에서 차지하는 비중도 7.4%로, 대만(8.8%)에 이어 2위를 차지하고 있습니다.[10] 현재로서는 중국 시장이 대체 불가능할 만큼 우리 수출에 절대적인 구조인 셈이지요.

결국 중국만큼 지리적으로 가까우면서도 규모가 이처럼 기대한 시장을 찾기가 쉽지 않은 만큼, 수출 중심의 경제구조를 가진 우리나라가 중국에 대한 경제 의존도를 줄이기 위해서는 상당한 시간이 필요합니다. 중국경제와 단절하는 일이 불가능하지는 않겠지만 꽤 오랜 시간이 걸리는 데다 많은 사람들의 희생이 따른다는 의미입니다.

◆ 우리의 대중 교역 특징 ◆

그렇다면 우리의 대중 수출, 대중 수입에서 두드러지게 나타나는 특징으로는 무엇을 들 수 있을까요?

우선 앞에서 반도체를 예로 들었지만 중국은 우리나라 중간재 수요의 최대 시장인 동시에 주요 중간재를 공급하는 시장입니다. 2021년 기준 우리나라의 대중국 수출품 중 중간재 비중이 79.6%, 수입품 중 중간재 비중은 64.2%에 이릅니다. 이것은 무슨 의미일까요? 중국 기업들이 생산하기 위해 필요한 부품이나 반제품 등을 우리 기업들이 상당 부분 공급하는 동시에 우리 기업들도 제품 생산을 위해 필요한 중간재의 상당 부분을 중국 기업들에게 공급받는다는 뜻입니다. 극단적으로 말해 우리 기업들의 생존이 상당 부분 중국 기업들에 의해 좌우될 수 있다는 말입니다. 2022년 상반기에 상하이 봉쇄 조치로 인해 중국에서 자동차 부품을 공급받지 못하면서 공장을 멈추어야 했던 우리 자동차 기업들을 생각해보면 알 수 있습니다.

둘째, 우리나라 소비재 상품이 중국 수입 소비재 시장에서 차지하는 위상이 상대적으로 떨어진다는 점입니다. 2021년에 우리가 중국에 수출한 소비재 상품은 88.1억 달러로 전체 대중국 수출에서 차지하는 비중이 5.4%에 불과했습니다. 중국 기업들의 생산에 필요한 중간재 공급은 많이 하지만 중국인들이 직접 소비하는 상품의 매력도는 다른 나라 상품에 밀리고 있다는 의미입니다. 중국이 우리나라에서 주로 수입하는 소비재는 화장품, 음료·간식, 인스턴트식품, 각종 세정제와 의류·패션 용품 등입니다. 대표적인 상품이 화장품입니다. 2017년과 2018년에 한국은 중국의 수입 화장품 시장에서 연속 1위를 차지할 정도로 잘나갔습니다.11) 그러나 이후 사드(THAAD, Terminal High Altitude Area Defense, 고고도 미사일방어체계) 배치와 관련된 한한령(限韓令) 등으로 말미암아 일본에 1위 자리를 내주었고, 2021년은 3위로 내려앉은 상황입니다.12)

셋째, 주요 소재 및 원자재 등에서 우리의 대중국 수입 의존도가 지나치게 높다는 점입니다. 특히 전기차 배터리용 흑연, 리튬, 니켈을 포함한 228개 핵심 수입품 가운데 약 80%를 중국에 의존하고 있는 상황입니다.13) 우리나라 주력 제조업 생산에 핵심적인 원자재 공급이 거의 전적으로 중국에 달려 있다는 말입니다. 예를 들어 의료기기 및 반도체 생산에 활용되는 산화텅스텐, 이차전지 핵심 소재인 수산화리튬, 석유화학 핵심 소재인 초산에틸, 자동차 차체 및 항공기 부품 경량화 등의 소재인 알루미늄 합금을 생산하는 데 필수 재료인 마그네슘잉곳, 전자제품의 소형화·경량화에 활용되는 네오디뮴 영구자석 등은 모두 대중국 의존도가 75~100%에 이릅니다. 2021년 하반기에 중국에서 요소수 수입이 제한되면서 우리나라 전체가 큰 어려움을 겪었던 것과 같은 사태가 다른 상품과 관련하여 언제든지 발생할 수 있다는 의미입니다.

마지막으로 우리나라의 범용제품 시장을 저렴한 중국산 제품이 장악하고 있다는 점입니다. 보온용기, 위생용기, 우산 및 양산, 책상 등의 생

대중국 최대 소비재 수출품인 화장품

우리나라 화장품은 2017년과 2018년에 중국 수입 화장품 시장에서 1위를 차지했다. 그러나 이후 사드 배치에 따른 한한령(限韓令) 등으로 위축되면서 2021년은 3위로 내려왔다.

활필수품도 중국산 비중이 90% 이상입니다.[14] 인건비 등의 문제로 더 이상 국내에서 생산되지 않는 이러한 생활용품들이 어떤 이유로든 수입되지 못하면 우리 실생활에 매우 큰 불편을 초래할 수 있다는 것은 누구나 짐작할 수 있습니다.

이상에서 알 수 있듯이 우리나라와 중국은 매우 밀접한 교역관계에 있습니다. 언뜻 생각하면 우리의 대중 교역 의존도가 중국의 우리나라에 대한 의존도보다 크다는 점에서 우리가 훨씬 불리한 상황인 것 같습니다. 어쨌든 우리는 수출입의 20% 이상을 중국에 의존하는 반면 중국은 그 1/3에도 못 미치는 6% 내외를 우리나라에 의존하고 있기 때문입니다.[15] 또한 우리가 중국으로부터 기계, 철강, 의료용품, 비철금속 및 희토류 등과 상당수 생필품까지 수입한다는 점에서 보면 일방적으로 불리한 것 같습니다. 하지만 꼭 그렇지만은 않습니다. 중국도 4차 산업혁명 시대의 원유라고 불리는 반도체를 비롯하여 전기전자, 영상설비, 의료기기 등의 상당 부분을 우리에게 의존하고 있는 상황입니다. 이는 우리나라와 중국이 서로 멱살을 쥐고 있는 형국이라고 묘사할 수 있습니다. 어느 한쪽도 쉽게 손을 놓을 수 없는 것이지요.

다만 앞으로는 조금씩 변화할 것입니다. 중국이 과거의 저임금, 과도한 자원 소비, 고오염·저부가가치 중심의 산업구조에서 친환경 및 고부가가치 중심의 산업구조로 점차 변화하고 있기 때문입니다. 더구나 이전에는 수입에 의존하던 상당 부분의 중간재를 자체 생산하기 위해 노력하고 있습니다. 이미 많은 부분에서 자체 생산에 성공했습니다. 대표적인 것이 디스플레이 산업입니다. 현재는 적지 않은 자금을 반도체 산업에 쏟아붓고 있는 상황입니다. 이는 우리가 지금 중국으로 수출하고 있는 상당수 품목을 앞으로는 중국이 자체적으로 생산할 수 있음을 의미합니다. 물론 단기간에 가능하지는 않을 겁니다. 그러나 그쪽 방향으로 가고 있는 것만은 확실합니다. 우리의 대중국 수출이 점차 감소하게 되는 중요한 요인이라는 점에서 대비가 필요한 부분입니다.

◆ Made for China? ◆

그러면 앞으로 우리가 유의해야 할 점은 무엇일까요? 중국은 자체 내수시장이 어마어마해서 교역에 대한 의존도를 점차 줄여나갈 수 있겠지만, 수출로 먹고사는 우리는 중국 시장의 변화에 어떻게 대비해야 할까요?

우선 기존의 '중국과 함께 만들기(Made with China)' 시대에서 한 단계 도약하여 '중국을 위해 만들기(Made for China)'의 시대로 나아가야 할 것입니다. 이전에는 우리가 중국에 중간재를 공급하여 중국에서 생산한 상품이 글로벌 시장에 판매되었다면, 이제는 막강한 소비력을 갖춘 거대 중국 내수시장을 우리 제품으로 직접 공략해야 합니다. 브랜드 경쟁력을 갖춘 고급 소비재를 개발할 필요성이 바로 여기에 있습니다. 중국의 중간재 공급 능력이 상승하고 있는 상황에서 우리의 대중 수출은 기존의 중간재에서 소비재로 점차 그 무게중심을 옮겨야 한다는 것입니다. 최근 글로벌 기업들이 중국에서 펼치고 있는 'China for China' 전략도 유사한 배경입니다.16) 중국에 공장을 설립하고 조립하여 생산된 제품을 세계에 판매하기보다는, 중국 시장을 더 깊이 연구하는 연구센터를 중국에 설립하거나 부가가치가 높은 내수 제품 생산에 집중하는 전략을 말합니다.

한편 미국과 안보 외교를 강화하는 동시에 중국과는 특정 산업과 가치사슬에서 정경 분리식의 접근도 필요합니다. 중국의 경제적 보복 조치를 두려워하지 않기 위해서는 다른 방법이 없습니다. 우리가 압도적으로 우월한 기술과 노하우를 가지고 우수한 제품을 생산해내면서 계속 중국 기업과의 격차를 유지하거나 벌려나가는 것입니다. 미국, 네덜란드, 일본 기업들이 장악하고 있는 반도체 설비 제조 기업들은 이와 같은 기술적 우위를 보여주는 대표적인 사례입니다.17) 물론 말처럼 쉽지 않은 일입니다. 우리의 기업들은 정부의 막대한 지원을 받는 중국 기업들을 상대로 싸워야 합니다. 기업들이 창의력을 발휘할 수 있는 공간을 마련해주고 각종 제약을 완화하면서 필요한 지원책을 적시에 동원하는 우리 정부의 역할도 물론 필수적입니다.

미주

중국경제를 위한 첫걸음

1   이 책에서 1위안은 약 177.7원으로, 1달러는 6.4515위안 및 1,145원으로 환산하였습니다. 2021년 연평균 환율입니다.

2   2022년 11월 15일자 원-달러 매매기준 환율은 1달러당 1,312원이었습니다. 매매기준 환율은 은행이 환율을 매매할 때의 원가와 같은 것입니다. 이날 살 때 환율은 1,335원이었고 팔 때 환율은 1,289원이었습니다. 살 때와 팔 때의 가격 차이가 46원으로, 이는 매매기준 환율의 약 3.5%에 해당하는 금액입니다. 반면 같은 날 위안화 매매기준 환율은 1위안이 187원, 살 때 환율은 196원, 팔 때 환율은 177원이었습니다. 살 때와 팔 때의 가격 차이가 19원으로 이는 매매기준 환율의 약 10.2%입니다.

3   SDR은 IMF가 국제유동성 부족에 대처하기 위해 1970년 도입한 일종의 국제준비자산입니다. 글로벌 유동성 지원 등을 위해 필요할 경우 발행하며 IMF는 각국 쿼터별로 발행액을 배분합니다.

4   이는 IMF 및 지정보유기관(ECB, BIS 등)에서만 보유 및 사용하며 민간기관이나 개인은 사용할 수 없습니다.

5   2022년 7월 이전과 비교할 때 달러(종전 41.73%)와 위안화는 비중이 상승하였고 나머지 통화는 하락하였습니다.

6   2021년에 우리나라의 대중국 수출 금액은 1,629억 달러였으며 미국과 일본에 수출한 금액은 합해서 1,260억 달러였습니다.

7   한국은행 조사국, 경제전망보고서, 2022. 5.

8   김희교, 《짱깨주의의 탄생》, 도서출판 보리, 2022. 4.

9   오카모토 다카시, 《세계사 속 중국사 도감》, 이다미디어, 2021. 11.

10 여기에서 마이크로그램은 100만 분의 1그램을 말합니다.

11 김희교, 같은 책.

12 2010년대 초반부터 중국이 유라시아 지역에 추진하고 있는, 무역과 투자 중심의 네트워크 형성을 통한 중국의 세력 확장 전략을 말합니다.

13 중국이 2017년 이후 파키스탄, 스리랑카 및 아르헨티나 등 리스크가 큰 3개국에 대출해준 구제금융 규모만 328억 달러에 달한다는 추정 자료가 있습니다.(J. Kynge, J. Wheatley, China emergies as IMF competitor with emergency loans to at-risk nations, The Financial Times, 2022. 9. 11.)

14 S. Horn, C. M. Reinhart, and C. Trebesch, Hidden Defaults, AEA Papers and Proceedings 2022, 112: 531–535, 2022.

15 1956년 출범하였으며 채무불이행 위험에 처한 채무국이 지속적으로 채무이행을 할 수 있도록 채무를 재조정하는 역할을 합니다.(두산백과)

16 스리랑카가 자국의 '함반토타' 항구 건설 과정에서 중국에 빌린 14억 달러의 원리금을 상환하지 못하게 되면서 중국이 이 항구의 운영권을 99년간 획득한 것이 대표적입니다.

17 미국은 2022년 현재 지부티뿐만 아니라 한국, 일본, 이탈리아, 스페인 등 16개국에 30개 이상의 해군기지를 두고 있습니다.

18 팀 마샬, 《지리의 힘 2》, 사이, 2022. 4.

2부 중국경제를 이해하는 20개의 키워드

1장 중국공산당

1 과거에는 중국공산당 최고위 직책으로 총서기와 주석이 있었으며 지위와 역할이 혼재되었습니다. 1921~1935년에는 총서기만 있었고, 1935~1943년에는 당 주석과 총서기가 있었으나 실권은 당 주석에게 있었습니다. 다시 1943~1956년에는 총서기제가 폐지되었고 당 주석에게 실권이 있었습니다. 1956년에 총서기제가 부활하였으나 행정상 업무만을 담당했고 여전히 당 주석이 최고지도권을 가졌습니다. 1982년 이후 비로소 당 주석제가 폐지되고 총서기가 당의 최고지도자를 가리키게 되었습니다. (조관희, 《조관희 교수의 중국 현대사》, 청아출판사, 2019. 2.)

2 베이징시는 시의 서기와 시장이 분리되어 있지만 한 조직의 장이 서기를 겸하는 경우가 더 많습니다.

3 참고로 제1회 중국공산당전국대표대회는 1921년 7월에 상하이에서 13명의 대표가 참가하여 개최되었습니다. 이 13명 대표 중의 하나가 마오쩌둥입니다. 당시 중국공산당 전체 당원은 57명에 불과했습니다.

4 중국공산당의 헌법이라 할 수 있는 당정(黨程)에서는 당이 정부, 군대, 사회, 교육을 모두 이 끈다(領導)고 명시적으로 규정하고 있습니다.

5 중국의 헌법과 관련하여 특이한 점 중의 하나는 1949년의 건국 이후 5년이 지난 1954년에야 제정되었다는 것입니다.

6 1947년부터 중국인민해방군으로 불리게 되었습니다.(김정계, 《중국공산당 100년사 1921~2021》, 도서출판 역락, 2021. 3.)

7 존 킹 페어뱅크 · 멀 골드만, 《신중국사》, 까치, 2018. 3.

8 김애경 · 김영진 · 박병광 · 안치영 · 양갑용 · 유현정 · 이희옥, 'INSS 국가행동 분석─중국은 왜, 어떻게 행동하는가?', 국가안보전략연구원, 2022. 6.

9 로드릭 맥파커 등, 《중국 현대정치사》, 푸른길, 2012. 12.

10 1850~1864년에 걸친 태평천국의 난으로 적게는 2천만~3천만, 많게는 7,300만 명이 목숨을 잃은 것으로 추정됩니다.(리처드 폰 글란, 《폰 글란의 중국경제사》, 소와당, 2020. 1.)

11 주택 구입을 어렵게 하는 차원을 떠나 2주택 이상의 주택 구입 자체를 금지하는 조치를 취한 지방정부도 있었습니다.

12 존 킹 페어뱅크 등, 같은 책.

13 2021년 중에만 장관급 2명, 차관급 17명이 부정부패 혐의로 낙마하였습니다.(中央纪律检查委员会, 2021. 12. 31.)

14 뉴욕대학교의 중국법 전문가 Jerry Cohen의 말입니다.(Tom Mitchell, China's Communist party at the forefront as Xi Jinping's coronation looms, The Financial Times, 2022. 9. 28.)

15 조관희, 《조관희 교수의 중국 현대사》, 청아출판사, 2019. 2.

16 중국에서 제1차 5개년계획이 최초 입안되어 추진된 시기는 1953년 1월입니다. 이는 과거 소련에서 1927~1932년에 실시한 제1차 5개년계획과 유사합니다. 한편 우리나라도 1962~1996년 비슷한 성격의 경제개발 5개년계획을 추진한 바 있습니다.

17 Central Economic Work Conference.

2장 사회주의 시장경제

1 이에 대한 대표적인 예외가 토지에 대한 소유권을 국가가 지닌다는 점입니다.

2 로스 테릴, 《새로운 제국 중국》, 나남출판, 2005.

3 중국근현대사학회, 《중국 근현대사 강의》, 한울엠플러스, 2021. 7.

4 이는 자본주의적 요소를 경제 시스템에 도입한다 해도 최종 단계에서 항상 사회주의 이데올로기 심의를 통과해야 한다는 의미입니다.

5 딩쉐상, 《중국 모델의 혁신》, 성균관대학출판부, 2020.

6 중국공산당은 중국 건국 이전인 1947년에 이미 '중국토지법 대강'을 제정하여 지주 및 부농의 토지와 재산을 몰수하고 촌을 단위로 사람 수에 따라 균분하는 정책을 실시하였습니다. 이후

본격적인 토지개혁은 건국 이후인 1950년 '토지개혁법'이 공포된 이후 시행됩니다.(김정계, 2021.)

7 이욱연, 《루쉰 읽는 밤, 나를 읽는 시간》, 휴머니스트, 2020. 3.

8 존 킹 페어뱅크 등, 같은 책. 이 2가지가 모두 법적인 권리로서 각각 매매, 이전, 상속의 대상으로 인정받는 제도를 일전양주제(一田兩主制)라고 합니다.

9 백화점 상가 등 상업용지는 최대 40년, 공장 등 공업용지는 최대 50년, 아파트 등 주거용지는 최대 70년 등입니다.

10 원어는 '토지를 양도한 금액' 정도로 해석될 수 있는 토지출양금(土地出讓金)입니다.

11 보통 신규 주택 매매의 약 90%가 선분양됩니다.

12 2022년 하반기에 중국의 100여 개 도시에서 발생했던 주택담보대출 상환 거부 운동은 건설업체들이 공사를 중단하면서 아파트 완공 여부가 불확실해지자 분양자들의 불안감이 확산됨에 따른 결과였습니다.

13 住宅建设用地使用权期限届满的, 自动续期(주택건설용지의 사용권 만기 도래 시 자동으로 연장된다.(민법전 359조) 다만 비용을 납부할지 여부 및 얼마를 납부할지에 대해서는 법률 및 행정명령에 따른다고만 되어 있어 확실하지 않습니다.

14 프롤레타리아는 카를 마르크스의 이론에서 도시생활, 특히 서유럽의 공업화 과정에서 매우 비참한 경우가 많았던 19세기 초기의 공장노동자들과 결합되어 있는 용어입니다. 하지만 이 용어가 중국어로 번역되면서 '아무것도 가진 것이 없는 계급'이라는 의미의 무산계급(無産階級)이 되었습니다(존 킹 페어뱅크 등, 같은 책). 1966-1976년에 전개된 문화대혁명의 원래 명칭도 무산계급문화대혁명(無産階級文化大革命)입니다.

15 예를 들어 베이징시의 경우 매년 약 200억 위안(약 3.6조 원) 내외의 보조금을 버스 회사에 지급하는 것으로 알려져 있습니다.

16 2017년부터 시행 중인 '국유기업임금표준'에 따르면 국유기업 임원 연봉은 전체 직원 평균 연봉의 8배(일부 기업은 5배)를 초과하지 못하도록 되어 있습니다. 드라마나 영화에 출연하는 배우들의 출연료는 총 제작비의 40% 미만으로, 특히 주연배우 출연료는 전체 배우 출연료의 70%를 초과하지 못하도록 제한하고 있습니다.

17 중국 각 성·시 출신별 베이징대와 칭화대 합격률을 보면 지역별로 20배 이상 차이가 납니다.

18 지역별 할당제도가 중국 역사에서 완전히 새로운 것은 아닙니다. 989년 송(宋)에서는 지역별로 과거시험 합격자 수(學額)를 할당하는 제도를 실시하여 상대적으로 학문적 수준이 높은 일부 지역은 보다 많은 합격자를 내지 못하는 결과가 초래되었습니다.(존 킹 페어뱅크 등, 같은 책).

19 스콧 로젤·내털리 헬, 《보이지 않는 중국》, 롤러코스터, 2022. 4.

20 존 킹 페어뱅크 등, 같은 책.

21 홍호펑, 《차이나 붐》, 글항아리, 2021. 4.

22 텐센트의 경우 사정이 조금 낫기는 하였지만 2020년 10월 말 591홍콩달러에서 2021년 말

457홍콩달러로 역시 20% 이상 하락하였습니다.
23 미국 하버드 경영대학교의 주보프(S. Zuboff) 교수가, 소비자의 데이터를 모으고 예측하는 다국적 IT기업들이 새로운 형태의 권력인 '감시자본주의'를 가능케 했다고 비판하면서 최초로 사용한 용어입니다.(한재현, 《중국경제산책》, 박영사, 2021. 5.)
24 이상빈, '중국의 빅 브라더스와 통제의 정치경제, 비교경제연구' 제28권 제2호(2022. 1. 25.)
25 이를 담당하는 기관이 '국가안전부' 및 '공안부' 내의 '국내안전보위국' 입니다.
26 개정된 반독점법은 2022년 8월부터 시행되고 있습니다.
27 김성애, '중국 '반독점법' 개정안, 오는 8월 1일부 시행', KOTRA 해외시장뉴스, 코트라 베이징 무역관, 2022. 7. 14.
28 질리언 테트, 《알고 있다는 착각》, 어크로스, 2022. 10. 이 결과는 인텔의 연구팀이 인공지능을 둘러싼 '의미망'을 연구하면서 밝혀낸 사실입니다.
29 중국근현대사학회, 같은 책.
30 왕윤종, '중국 국가자본주의의 형성 과정과 특징: 미·중 전략적 경쟁과 중국의 미래', 비교경제연구 제28권 제1호, 2021. 6.
31 지만수, '선진국의 견제에 대응하는 중국의 경제 정책 방향과 시사점', 금융브리프 30권 19호, 한국금융연구원, 2021. 9. 11-10. 1.

3장 국유기업

1 2022년 9월 30일 기준으로 시가총액 1위는 귀주마오타이(2.35조 위안), 2위는 중국공상은행(1.46조 위안), 3위는 중국건설은행(1.04조 위안)이었습니다.
2 2021년 총자산은 귀주마오타이가 2,552억 위안, 중국공상은행이 35.2조 위안이었습니다.
3 2022년 6월 기준으로 중국 증시에 상장된 소비재산업이 1,226개인데 이 중 국유기업은 18.6%에 불과한 228개에 그쳤습니다.
4 이철·신혜리, 《중국 주식투자 비결》, 처음북스, 2022. 4.
5 OECD, The Size and Sectoral Distribution of SOEs in OECD and Partner Countries, 2017.
6 华顿经济研究院, 2022年中国上市公司百强排行榜, 2022. 8. 10.
7 한재현, 《쉽게 배우는 중국경제》, 박영사, 2020. 1.
8 国家市场监督管理总局(2022. 3. 22.)
9 2021년 말 기준 전체 기업 대출 잔액 120.4조 위안 가운데 민영기업 대출은 52.7조 위안에 불과합니다.(银保监会, 2022. 3. 22.)
10 Interbrand, Best Global Brands 2022 Rankings, 2022. 11. 3.
11 The State Advances, The Private Sector Retreats.
12 연평균 임금이 국유기업은 106,837위안, 민영기업은 62,884위안이었습니다.

4장 중국인민은행

1 건국 이후 중국은 1953년부터 제1차 5개년계획을 실시하였으며 이때 경제개발계획을 총괄하기 위한 사령탑으로 만든 부처가 '국가계획위원회'였습니다. 이 위원회는 국무원의 전신인 정무원과 동격의 위치였으며 당시 정무원 산하 20개 부처 중 8개 주요 핵심 부처를 관장하는 정부 경제팀의 수장이었습니다.(김정계, 같은 책) 이 국가계획위원회가 바로 국가발전개혁위원회의 전신입니다.

2 여타 부처의 수장은 일반적으로 부장(部長)으로 불립니다. 우리의 장관에 해당되지요.

3 로드릭 맥파커 등, 같은 책.

4 지급준비제도란 금융기관으로 하여금 지급준비금 적립 대상 채무의 일정비율(지급준비율)에 해당하는 금액을 중앙은행에 지급준비금으로 예치하도록 의무화하는 제도입니다.

5 J. P. Morgan, Understanding China's policy meetings, Asia Pacific Economic Research, 2022. 6. 13.

6 2018년 설립된 은행보험감독관리위원회는, 1998년 설립되었던 중국보험감독관리위원회와 2003년 설립되었던 은행업감독관리위원회가 합쳐친 조직입니다.

7 2022년 11월 현재 국무원 소속 직속법인은 9개가 있는데요, 두 금융감독 기구 이외에 신화통신사, 중국사회과학원, 중앙방송TV총국 등이 포함됩니다.

8 Loan Prime Rate(贷款市场报价利率).

9 中國人民銀行, 中国货币政策执行报告 2022年第三季度, 2022. 11. 16. 한편 신용도가 낮아서 대출 우대금리에 3% 이상의 가산금리가 붙는 대출 비중도 12%에 이르는 것으로 나타났습니다.

10 여기에서 중국인민은행의 정책 의도란 실질적으로 국무원의 정책 의도를 의미합니다.

11 2020년 1월부터 기준금리로서 역할을 하였지만 대출 우대금리를 최초로 발표한 것은 2019년 8월이었습니다.

12 bp는 basis point의 약어인데, 1bp는 0.01%포인트를 의미합니다. 예를 들어 50bp는 0.5%포인트입니다.

13 2000~2017년 연간 통화량 증가율 목표는 12~17%였으며 실적치는 거의 항상 그 이상을 기록한 바 있습니다.

14 중국 매체는 '시위'라는 표현을 국제 뉴스에서만 사용하고 국내 뉴스에 '군체성치안사건(群體性治安事件)'으로 순화해 표현합니다. 집단적인 성격을 지닌 치안사건이라는 의미입니다. 5명 이상 모이면 군체성치안사건으로, 500명 이상 모이면 대규모 군체성치안사건으로 분류하는 것으로 알려져 있습니다.(김창경 · 공봉진 · 이강인 · 김태욱, 《키워드로 읽는 현대 중국》, 경진출판, 2021. 2.)

15 한편 2019년 6월 말 기준으로 상장된 은행이 47개였으니 불과 3년 만에 12개 은행이 추가로 상장되었음을 알 수 있습니다.

16 中国人民银行, 中国银行保险监督管理委员, 2022年我国系统重要性银行名单, 2022. 9. 9.

5장 농민공

1 원자바오 총리는 수행했던 비서에게 즉각적인 해결을 지시했고 악덕 사장은 금방 체포되었으며 시옹더밍의 남편과 그의 동료들은 체불임금을 바로 받을 수 있었다는 훈훈한 후일담이 전해집니다.

3 2021년 기준으로 제조업에 27.1%, 건설업에 19.0%, 서비스업에 50.9% 종사하고 있습니다.(中國國家統計局, 2021年农民工监测调查报告, 2022. 4. 29.)

3 배리 노턴, 《중국경제-시장으로의 이행과 성장》, 서울경제경영출판사, 2011. 1.

4 도시가계 평균이 4만 7,412위안, 농촌가계 평균이 1만 8,931위안이었습니다.

5 스콧 로젤 등, 같은 책

6 Xiadong Zheng, ZuyiFang, Yajun Wang, Xiangming Fang, When left-behind children become adults and parents:The long-term human capital consequences of parental absence in China, China Economic Review 74(2022) 101821. '뒤에 남은 아이들' 경험이 있는 16~30세의 6,754명을 대상으로 조사한 결과입니다.

7 중국의 1인당 GDP는 2019년 이후 1만 달러를 넘었습니다. 2021년은 1만 2,551달러였습니다.

8 中國国家统计局, 新型城镇化建设扎实推进 城市发展质量稳步提升, 2022. 9. 29. 인구 200만~400만 명의 도시도 46개에 이릅니다.

6장 공동부유

1 광둥(廣東), 저장(浙江), 장쑤(江蘇), 푸젠(福建) 등 4개의 성과 상하이(上海)직할시를 말합니다.

2 《논어(論語)》, 〈季氏編〉 '不患寡而患不均(불환과이환불균)'

3 사마천, 《사기》, 사단법인 올재, 2018.

4 최하위 20% 가처분소득은 8,333위안이었으며, 최상위 20% 가처분소득은 85,836위안이었습니다.

5 2021년 기준으로 연간 평균가처분 소득은 도시가계가 4만 7,412위안, 농촌가계가 1만 8,931위안이었습니다. 한편 연간 퇴직연금 수급액은 도시가계가 4만 3천 위안, 농촌가계가 2,300위안이었습니다.

6 31개는 대만, 홍콩, 마카오가 제외된 숫자입니다.

7 구체적으로는 인프라, 민생, 산업발전 등의 분야에 288개 프로젝트를 진행하고 5,692억 위안을 투자할 계획입니다.(한국무역협회 상하이지부, 2022년 중국 소비시장을 읽는 5가지 키워드 '5C', KITA Market Report, 한국무역협회, 2022. 2. 9.)

8 2020년에 알리바바 그룹과 마윈 회장이 기부한 금액만 32억 위안(약 5,700억 원)에 달했습

니다.(Forbes China)

9 E. White, Xi Jinping's last chance to revive the Chinese economy, The Financial Times, 2022. 10. 5. 한편 OECD 국가의 GDP 대비 국내 저축 비중 평균은 22.5%입니다.

10 각 대학의 신입생 정원을 전체 대입 수험생 수로 단순하게 나눈 수치입니다. 베이징대학과 칭화대학 신입생 정원 약 7,400명, 중국 대입 수험생 수 1천만 명, 서울대학 신입생 정원 3,400명, 한국 대입 수험생 수 45만 명으로 계산하였습니다.

11 2022년 10월 말 현재까지도 20달러 내외의 주가에 그치면서 회복하지 못하고 있는 모습입니다.

7장 미·중 패권경쟁

1 유방(劉邦)이 건국한 한(漢)은 장안에 도읍지를 둔 시기인 서한(西漢, 기원전 202~8년)과 낙양으로 천도한 이후 시기인 동한(東漢, 25~220년)으로 구분됩니다. 일본의 사학자들은 이를 전한(前漢)과 후한(後漢)이라고 부릅니다.(오카모토 다카시, 《세계사 속 중국사 도감》, 이다미디어, 2021. 11.)

2 김창경 등, 같은 책

3 다만 이것은 많은 인구의 덕도 있습니다. 1820년 기준으로 글로벌 GDP에서 중국이 차지한 비중은 33%로 유럽(27%)보다 많았으나, 1인당 GDP에서는 중국이 유럽의 55% 수준에 그쳤다는 지적입니다.(리처드 폰 글란, 같은 책.)

4 훙호펑, 같은 책

5 中国国家统计局, 综合实力大幅跃升 国际影响力显著增强, 2022. 9. 30. 기타 주요국의 글로벌 경제 성장에 대한 기여율을 보면 인도 4.7%, 영국 4.5% 프랑스 3.5%, 일본 1.5%, 한국 1.4% 등입니다.

6 김애경 등, 같은 책. 예를 들어 2010년 댜오위다오(센카쿠)를 둘러싼 영토 분쟁 때 일본에 대한 희토류 수출 금지, 2012년 스카보로 암초 영유권 분쟁 때 필리핀으로부터 바나나 수입 금지 등입니다.

7 김성곤, 《김성곤의 한시산책》, (사)한국방송통신대학교 출판문화원, 2022. 1.

8 The White House, National Security Strategy, 2022. 10. 12. 원문은 "The PRC is the only competitor with both the intent to reshape the international order and, increasingly, the economic, diplomatic, military, and technological power to do it."입니다.

9 추가 관세 부과 이전에 미국이 중국으로부터 수입하는 품목의 평균 관세율은 3.8%였습니다.

10 당시 중국은 미국의 농축산물 등 수입 확대, 환율 조작 중단, 금융 서비스 시장 개방, 지식재산권 보호 강화와 기술 이전 강요 금지 등의 항목에 대해 미국과 합의하였습니다.

11 2017년 중국의 대미 수입액이 1,552억 달러였으니 중국은 합의대로라면 총 3,552억 달러를 2년간에 걸쳐 수입해야 했으나 실제 수입액은 3,115억 달러(20년 1,350억 달러, 21년 1,795억

달러)에 그쳤습니다.

12 구체적으로 관세율에 따라 2,500억 달러(25% 관세 부과) 및 1,120억 달러(7.5% 관세 부과)
    품목으로 나뉩니다.(BofA, US—China Trade Series 338: Tariff cuts not a game changer,
    China Economic Watch, 2022. 6. 24.)

13 비시장적인 관행으로 지적된 대표적인 사항들로는 대외경쟁의 장을 왜곡하는 산업정책, 대외
    경쟁의 불공정한 경쟁을 부추기는 공기업 우대, 강제적인 기술 이전, 지식재산권의 부적절한
    집행, 주요 부문에 대한 외국인 투자 제한 등입니다.(국회예산정책처, 미 · 중 무역분쟁의 현
    황 및 향후 영향 검토, 2022. 1.)

14 중국기후센터(国家气候中心)에 의하면 1951년 이후 글로벌 기온은 10년에 평균 0.15℃ 올랐
    습니다. 70년 동안 1.1℃ 오른 셈입니다. 반면 중국은 10년에 평균 0.26℃씩 올라 무려 1.8℃나
    올랐습니다.(2022. 9. 27.)

15 미국, 일본, 호주, 인도 등 4개국의 안보회담(Quadrilateral Security Dialogue)입니다.

16 2021년 9월 15일 발족한 미국, 영국, 호주 3국의 안보협의체(Australia, United Kingdom,
    United States)입니다.

17 미국, 영국, 캐나다, 호주, 뉴질랜드로 이루어진 5개국 간의 군사동맹 및 정보 네트워크로
    1956년 결성되었습니다.

18 2000년 나스닥에 상장되어 이미 20년 이상 거래가 이루어졌던 '소후닷컴'도 나스닥 상장폐
    지를 발표하였습니다.

19 毛振华, 中国人民大学经济研究所联席所长, 2022. 4. 25.

20 박춘원, '중국의 제로코로나 정책과 글로벌 공급망 재편', Bi-Weekly Hana Financial Focus
    제12권 12호, 하나금융연구소, 2022. 6. 13~6. 26.

21 화웨이는 중국의 대표적인 통신장비 및 스마트폰 제조기업이며, 중신궈지는 중국 최대의 반
    도체 위탁생산(파운드리) 기업입니다.

22 北京大学国际战略研究院课题组, 技术领域的中美战略竞争：分析与展望, 北京大学国际
    战略研究院, 2022. 1. 30. 웹사이트에 게시되었던 이 보고서는 일주일도 안 되어 삭제되었으
    며 지금은 볼 수 없습니다.

23 2025년이면 중국의 STEM(Science, Technology, Engineering, Mathematics) 분야 박사 졸
    업생이 미국의 2배에 이를 것으로 예상되지만 질적으로는 미국이 압도적 우위를 보인다는 점
    도 지적하고 있습니다.

24 Commercial Aircraft Corporation of China. 항공기 제조 전문 국유기업입니다.

25 2022년 12월 현재 32개 항공사에서 1,035대를 주문한 것으로 알려졌습니다.

26 The Economist(2022. 2. 26.)

27 더구나 항공기의 경우 생산 후 상당 기간의 비행을 통해 미비점 등을 보완하는 절차가 필수
    적이며 시스템이 안정화되기까지는 많은 시간이 필요한 것으로 알려져 있습니다.

28 자동차 자율주행 기술은 자동화 단계의 구분에 따라 레벨 0부터 5까지 6단계로 분류합니
    다. 이 중 레벨 3부터를 자율주행 자동차로 봅니다. 레벨 3은 조건부 자동화(Conditional

Automation)라고 불리며 운전자는 조향 핸들을 잡을 필요가 없고, 제어권 전환 시에만 잡으면 되는 단계입니다.

29 2012년까지 중국 최대의 수입품목은 원유였으나 2013년부터 반도체가 제1의 수입품이 되었습니다.

30 다만 227억 달러 중 중국 기업의 생산 규모는 83억 달러에 불과하고 나머지는 중국에 진출해 있는 외국 기업들이 생산하고 있습니다.

31 연원호, '미 · 중 갈등과 중국의 반도체 산업 육성 전략 및 전망', KIEP 세계경제 포커스 Vol.4 No. 39, KIEP, 2021. 7. 1. 브로드컴은 원래 미국 기업이었으나 2015년 싱가포르 아바고테크놀로지스에 인수되었으며 사명은 그대로 유지한 바 있습니다. 회장 겸 CEO 혹 탄(Tan Hock Eng)은 말레이시아계 화교로 이 기업은 범중국계 기업으로 분류됩니다.

32 강상지, '최근 반도체장비 교역 동향 및 시사점', Trade Focus 2022년 25호, 한국무역협회 국제무역통상연구원, 2022. 11. 3.

33 김기봉 · 이치훈, '글로벌 원자재 시장에서 중국의 영향력 확대와 시사점', Issue Analysis, 국제금융센터, 2022. 2. 16.

34 김양팽, '글로벌 반도체 공급망 재편 움직임과 정책적 시사점', I-KIET 산업경제이슈 제137호(2022-11), 2022. 4. 29.

35 이미혜, '미 · 중 갈등하에서의 중국 반도체산업 경쟁력', 이슈보고서 Vol.2022-이슈9, 한국수출입은행 해외경제연구소, 2022. 5.

36 칭화유니는 2016년부터 5년 연속 적자를 기록하는 등 경영에 어려움을 겪은 바 있습니다. 결국 칭화유니는 중국 정부와 밀접한 관계에 있던 사모펀드인 베이징지엔광(北京建廣)이 주도한 컨소시엄에 90억 달러(약 12조 원)에 인수되었습니다.

37 중국 언론 등에서는 이를 '목을 조른다(卡脖子)'고 표현하고 있습니다.

38 SWIFT(Society for Worldwide Interbank Financial Telecommunication). 금융거래 관련 메시지를 안전하고 효율적으로 주고받기 위해 유럽 지역 은행들이 1973년 브뤼셀에 설립한 금융통신망입니다.

39 로드릭 맥파커 등, 같은 책.

40 중국근현대사학회, 같은 책.

41 수정주의는 1956년 마오쩌둥이 소련의 니키타 흐루쇼프를 수정주의자라고 비난한 데에서 기원합니다. 마오쩌둥은 흐루쇼프의 스탈린 비판 및 이후 일련의 개혁정책을 반공산주의적이라고 비판하면서 교조주의적인 반수정주의(Anti-revisionism)라 할 수 있는 마오쩌둥주의를 주창합니다.

42 러시아는 중국 제2의 원유 및 석탄 수입국입니다.

43 두 계약의 계약금액은 합해서 5,175억 달러에 이릅니다.

44 러시아는 2020년에만 연간 41억㎥의 천연가스를 이 가스관을 통해 중국에 공급했고, 매년 양을 늘려 2025년까지는 연간 380억㎥의 천연가스를 중국에 공급할 계획으로 알려졌습니다.

45 Citi, China Equity Strategy, 2022. 10. 12.

46 박정호 · 정민현 · 강부균, '우크라이나 위기와 러 · 미 갈등: 주요 쟁점과 시사점', KIEP 세계경제 포커스 Vol.5 No.5, 대외경제 정책연구원, 2022. 2. 4.

8장 일국양제

1   허재철 · 박진희 · 오윤미 · 최재희 · 신종호, '중국의 일국양제 20년 평가와 전망', 경제 · 인문사회연구회 중국종합연구 협동연구총서 20-91-11, 대외경제 정책연구원, 2020. 12. 30.

2   김광수, '일국양제 약속에도 '중국화' 가속—亞 금융허브 지위마저 잃어', 서울경제, 2022. 6. 30.

3   人民日報, 习近平代表第十九届中央委员会向大会作报告, 2022. 10. 17.

4   2021년 역외 위안화 예금 잔액 1.54조 위안 중 홍콩에 9,268억 위안이 있고, 역외 위안화 예금 대출 잔액 5,271억 위안 중 홍콩에서의 대출이 1,636억 위안입니다. (中國人民銀行, 2022.)

5   Morgan Stanley, One Country, Two Reopening Paces, 2022. 6. 29.

6   2022년 8월 기준으로 홍콩 주식시장에 상장되어 있는 중국 기업은 총 1,383개입니다. 이는 전체 홍콩 주식시장 상장기업의 53.8%에 해당합니다.(홍콩증권거래소 홈페이지, www.hkex.com.hk)

7   GFCI(The Global Financial Centres Index)는 Z/Yen 그룹에서 2007년부터 글로벌 주요 도시의 국제금융센터로서의 여건을 평가하여 발표하고 있는 지수입니다. 2022년 순위는 뉴욕—런던—싱가포르—홍콩 순이었습니다.

8   2021년 기준 대만 교역액 중 대중국 비중의 경우 수출은 28.2%, 수입은 21.6%에 달합니다.

9   中華民國財政部

10 중국과 대만은 모두 '하나의 중국'이라는 원칙에는 동의하면서도 해석은 다르게 하고 있습니다. 중국은 대만을 자신의 1개 성(省)으로 여기면서 다만 아직 실효적인 지배가 이루어지지 않은 지역으로, 대만은 중국을 정통성이 있는 자신들이 수복해야 할 지역으로 해석하고 있습니다.

11 2021년 중국의 국방비 지출액은 2,934억 달러에 달해 미국(8,007억 달러) 다음으로 많은 군사비를 지출한 국가였습니다.(SIPRI Military Expenditure Database)

12 台湾是中华人民共和国的神圣领土的一部分.完成统一祖国的大业是包括台湾同胞在内的全中国人民的神圣职责.(2018년 수정된 中华人民共和国宪法 序言에서)

13 2022년 8~9월 중 미국의 싱크탱크인 '전략 및 구제연구센터(CSIS—Center for Strategic and International Studies)'가 미국의 양안관계 전문가 64명을 대상으로 설문조사한 결과 44%의 응답자가 2049년을 중국이 생각하는 통일의 마지노선으로 꼽았습니다.

14 카트리네 마르살, 《지구를 구할 여자들》, 부키, 2022. 9.

9장 디지털위안화

1. BIS의 2022년 5월 조사에 의하면 81개 조사 대상국 가운데 약 62%의 국가에서 중앙은행 디지털통화 관련 테스트와 검증을 실시하고 있는 것으로 나타났습니다.
2. BIS 주관하에 중국인민은행, 홍콩 금융관리국, 태국 중앙은행, 아랍에미리트 중앙은행이 참여하고 있습니다. 목표는 이들 4개 지역 간의 교역 규모인 7,500억 달러의 결제를 CBDC 플랫폼을 통해 수행하는 것입니다.
3. 中国人民銀行, 扎实开展数字人民币研发试点工作, 2022. 10. 12.
4. NFC(Near Field Communication). 13.56MHz 대역의 주파수를 사용하여 약 10cm 이내의 근거리에서 데이터를 교환할 수 있는 비접촉식 무선통신 기술입니다.
5. 조고운, '중국 디지털 위안화 추진 현황과 전망', KIEP 기초자료 21-10, KIEP, 2021. 7. 7.
6. '통화스왑'이란 원래 거래 당사자 간에 서로 다른 통화를 교환하고 일정 기간 후 원금을 재교환하기로 약정하는 거래를 말합니다. 특히 국가 간의 통화스왑은 만일의 위기에 대비한 외화 유동성 안전망 확보에 그 의미가 있습니다.
7. 우리나라의 5만 원권 제조 비용은 약 200원으로 알려져 있는데요, 다른 여타 부수 비용을 무시한다면 5만 원권 한 장을 발행할 때 한국은행은 4만 9,800원의 화폐주조차익을 얻게 된다는 의미입니다.
8. The Economist(2022. 2. 26.)
9. 한국은행, 2021년 결제통화별 수출입, 2022. 4. 22. 2021년 미 달러화는 수출의 경우 83.9%, 수입은 80.1%로 우리나라 결제통화 중 절대적인 비중을 차지하고 있습니다.
10. 달러 47.1%, 유로 38.3%, 파운드 7.9% 등의 순이었습니다.(BIS)
11. 외환거래에서 각 통화별 사용 비중은 BIS가 3년 단위로 그해 4월을 기준으로 조사하여 발표합니다.(BIS, Triennial Central Bank Survey, OTC foreign exchange turnover in April 2022, 2022. 10. 27.)
12. 中國人民銀行, 2022年人民币国际化报告, 2022. 9. 23.
13. 中國人民銀行(2022). 불과 1년 전인 2020년 말에 9.0조 위안(약 1.4조 달러)이었으니 연간 약 3천억 달러 증가한 셈입니다.
14. 中國人民銀行(2022). 직접 참가기관이 75개, 간접 참가기관이 1,184개입니다. 2015년에 비하면 거의 6배 증가한 수치입니다.
15. 런던 브렌트유 선물시장 및 뉴욕 서부 텍사스 중질유 선물시장이 기존의 원유 선물시장이었습니다.
16. 2020년 기준 이스라엘 외환보유액 구성 통화는 달러 67.4%, 유로 30.1%, 파운드 2.5%였습니다. 그러나 2022년 3월 기준으로는 달러 61%, 유로 20%, 파운드 5%, 엔 5%, 캐나다달러 3.5%, 호주달러 3.5%, 위안 2%를 나타냈습니다.(新浪財經, 人民弊國際化之中東新以站, 2022. 4. 28.)
17. IMF, COFER.

18 중국인민은행, 인도네시아 중앙은행, 말레이시아 중앙은행, 홍콩 금융관리국, 싱가포르 금융관리국 및 칠레 중앙은행입니다.

10장 토지사용권판매수입

1 보통 80m² 혹은 100m²를 사용합니다.

2 www.numbeo.com, 홍콩이 42.6으로 중국보다 높았으며 그 외에 러시아 16.9, 일본 10.5, 미국 4.6 등이었습니다. 다만 이 사이트의 자료는 조사 지역이나 시기 등에 따라 편차가 커서 신뢰성이 떨어진다는 점을 감안해야 합니다.

3 Kenneth S. Rogoff, Yuanchen Yang, Peak China Housing, NBER Working Paper Series 27697, National Bureau of Economic Research, 2020.

4 2021년 기준으로 지방정부 전체 재정수입(35.8조 위안) 중 토지사용권 판매수입이 24%(8.7조 위안), 부동산 관련 조세가 7%(2.5조 위안)를 차지하고 있습니다.

5 김수현·진미윤, 《집에 갇힌 나라, 동아시아와 중국》, 오월의 봄, 2021. 9.

6 구체적으로는 부동산개발기업들에게 1) 자산 대비 부채비율 70% 미만, 2) 시가총액 대비 부채비율 100% 미만, 3) 보유 현금 〉 단기차입금 등의 3가지 준수 사항을 지킬 것을 요구하고 있습니다.

7 가장 리스크가 크다고 생각되는 촌진은행의 경우 부동산대출은 전체 대출의 12.5%, 개인모기지대출은 전체 대출의 7.5% 이내를 준수해야 합니다.

8 Local Government Financing Vehicle.

9 주혜원·김윤경, 중국 지방정부자금 조달기구(LGFV) 리스크 점검, 국제금융센터 Issue Analysis, KCIF, 2021. 12. 7.

10 J. Kynge, Sun Yu, and T. Hale, China's property crash:'a slow-motion financial crisis', The Financial Times, 2022. 10. 4.

11 문화일보, 中 '제로 코로나' 역풍… 부채폭탄 등 경제위기 뇌관 '카운트다운', 2022. 7. 19.

12 금융투자협회, 2022 주요국 가계금융자산 비교, 2022.8. 25. 2021년 기준 수치입니다.

13 국내 부가가치세가 6.4조 위안으로 가장 큰 세입원이며 2위는 법인세(4.2조 위안)입니다.

14 엄밀히 말하면 도시지역 토지는 국가, 농촌지역 토지는 집체(지역민 공동) 소유입니다.(중화인민공화국 헌법 제10조)

15 中國人民銀行(2020. 4.)

16 贝壳研究院, 2022年中国主要城市住房空置率调查报告, 2022. 8. 11. 28개 도시를 조사한 이 연구에서 1선 도시 7%, 2선 도시 12%, 3선 도시 16%로 도시 규모가 작아질수록 공실률은 더 높아지는 것으로 나타났습니다.

17 OECD(2021. 5.). 미국 11.1%, 캐나다 8.7%, 프랑스 7.8%, 스위스 1.6%, 영국 0.9% 등이었습니다.

18 김수현 등, 같은 책

19 김필규, '중국 회사채시장 신용위험 증가의 배경과 영향', 자본시장 포커스 2021-22호, 자본시장연구원, 2021. 10. 26.~11. 8.

20 중국의 회사채 부도금액은 2017년 410억 위안에서 2020년 2,220억 위안으로 3년 만에 5배 이상 증가한 것으로 나타났습니다.(JP Morgan)

21 2021년 말 기준으로 외국인의 중국 채권 보유액은 4.1조 위안으로 전체의 3%에 그치고 있습니다. 그나마 보유 채권도 대부분 국채와 금융채로 회사채 비중은 미미한 실정입니다.

22 UBS, Could the Property Downturn Be China's Minsky Moment?, China Economic Perspectives, 2022. 9. 5.

23 Gavekal Dragnomics, When Collateral Declines, 2022. 10. 12.

11장 상하이종합주가지수

1 2022년 11월 17일 상하이 주식시장을 예로 들어보면 A주는 총 1,665개의 주식이 있으며 시가총액이 40.3조 위안, 하루 거래액이 3,144억 위안입니다. 반면 B주는 총 44개 주식에 시가총액 990억 위안, 하루 거래액은 3억 위안에 불과합니다.

2 투자금액을 승인받아야 했던 시절 평균 승인 금액은 기관당 4억 달러 내외에 불과했습니다.

3 후강통 제도는 2014년, 선강통 제도는 2016년부터 시행되었습니다.

4 전체 투자금액 제한은 없지만, 1일 총 거래금액 제한이 있습니다. 2022년 8월 현재 후강통 및 선강통 각 1천억 위안입니다.

5 2020년 상하이 주식시장을 기준으로 할 때 10위안 미만 주식이 815개로 전체 상장 주식의 51.8%에 달했습니다.(上海证券交易所统计年鉴 2021)

6 정확히 말한다면 지방소득세를 더해 4.4%를 추가 징수합니다.

7 World Federation of Exchanges

8 Morck, Randall, Bernard Yeung, and Wayne Yu, The Information content of stock markets: Why do emerging markets have synchronous stock price movement? Journal of Financial Economics, 2000.

9 이철 등, 같은 책

10 다만 2021년에는 사상 처음으로 개인투자자 거래 비중이 70% 이하로 떨어졌습니다.

11 우리나라와 중국 주식시장의 매매회전율은 미국(108.5%, 2018년), 일본(94.3%, 2020년), 글로벌(104.4%, 2018년) 등과 비교할 때 2배 이상 높은 수준입니다.(World Bank)

12 가장 먼저 생긴 거래소가 1990년 11월 설립된 상하이메인보드거래소이며, 가장 나중에 생긴 거래소는 2021년 11월에 설립된 베이징거래소입니다.

13 박연숙, '중국 베이징증권거래소 설립계획 발표, 현지정보', 한국은행 북경사무소, 2021. 9. 9.

12장 경제 성장률

1. D. A. Bell, Meritocracy Is a Good Thing, New Perspectives Quarterly, John Wiley & Sons, Ltd., 2012. 10. 30.
3. 가장 낮은 분기성장률은 코로나19가 시작되었던 2020년 1/4분기의 -6.9%였습니다.
3. 자체 개발 백신의 낮은 예방 효과와 의료 환경의 열악함은 중국 정부가 제로코비드 정책을 고수할 수밖에 없었던 주요 요인입니다. 2021년 기준으로 중국의 인구 10만 명당 중환자 병상은 4.4개로 OECD(12.0개) 및 우리나라(10.6개) 등과 비교해 크게 낮은 수준입니다.(한국은행, 중국 제로코로나 정책의 경제적 영향 및 전망, 해외경제포커스, 2022. 4. 22.)
4. 1991년 실제 성장률은 9.2%에 이르면서 목표를 크게 초과 달성했습니다. 당시 성장률 목표가 낮았던 이유는 1989년 톈안먼사건의 여파가 아직 채 가시지 않아 불확실성이 높은 해였기 때문입니다.
5. 2020년이 유일하게 경제 성장률 목표를 발표하지 않은 해였습니다. 코로나19 상황의 불확실성이 극대화되었던 시기였기 때문입니다. 역시나 이 해의 실적치는 2.2%로 개혁개방 이후 가장 낮은 수치를 기록했습니다.
6. 한국은행(2018).
7. 人民銀行調查統計司課題組,"十四五"期间我国潜在产出和增长动力的测算研究, 中国人民銀行工作论文 No.2021/1, 2021. 3. 25.
8. Thomas G.Rawski, What is happening to China's GDP statistics, China Economic Review 12, 2001 & W.Chen, X.Chen, C.T.Hsieh and Z.Song, A Forensic Examination of China's National Accounts, Prepared for the March 2019 BPEA Panel, 2019
9. Friedrich Wu, Chinese Economic Statistics-Caveat Emptor!, Post-Communist Econmies Vol.15, No.1, 2003 & J.Fernald, I.Malkin, and M.Spiegel, On the Reliability of Chinese Output Figures, FRBSF ECONOMIC LETTER, 2013. 3. 25.
10. 한재현(2020).
11. 동맹이나 우호관계에 있는 국가 간에 글로벌 생산 공급망을 구축하는 것을 프렌드쇼어링(Friendshoring)이라고 합니다.
12. 이후 중국의 내수시장이 커지면서 2021년 중국의 대외의존도는 34.5%까지 하락하였습니다. 2019년에는 32%까지 하락하였으나 코로나19로 인한 글로벌 공급망 교란 시기에 상대적으로 피해가 적었던 중국의 수출입이 늘어나면서 2020년과 2021년은 다소 증가하였습니다.
13. 훙호펑, 같은 책.
14. 이창주, 미국 바이든 행정부 시대 미·중 전략 경쟁과 한국의 선택 연구 중 제5장 중국 일대일로 전략과 미·중 경쟁, 대외경제 정책연구원, 2021. 7. 20.
15. 화웨이의 2018년 매출은 7,212억 위안으로 전년보다 19.5%, 2019년은 8,588억 위안으로 19.1% 증가하며 급성장한 바 있습니다. 그러나 미국의 제재가 시작된 2020년은 3.8% 증가에 그쳤으며(8,914억 위안), 2021년에는 28.6% 감소하면서 매출이 6,368억 위안에 머물렀습니

다. 이는 2017년(6,036억 위안)보다 조금 높은 수준에 불과합니다.

16 이창주(2021. 7.)

17 Ana Horigoshi, etc., Delivering the Belt and Road, 2022. 10. AidData

18 정책은행 및 국유상업은행이 주로 자금을 대출해주며 일부는 아시아인프라투자은행(AIIB)을 통해 조달되기도 합니다. 아시아인프라투자은행은 미국 및 일본 중심의 아시아개발은행(ADB)과 세계은행(WB)에 대항해 중국 주도로 설립된 투자은행으로 아시아 인프라 개발에 관련된 투자 재원을 지원하는 것을 주요 사업 목적으로 하고 있습니다.

19 역시 국유기업인 중국해외항구공사(中国海外港口控股有限公司, China Overseas Port Holding Company)가 운영권을 확보합니다.

20 Malik, A., Parks, B., Russell, B., Lin, J., Walsh, K., Solomon, K., Zhang, S., Elston, T., and S. Goodman. (2021). Banking on the Belt and Road: Insights from a new global dataset of 13,427 Chinese development projects. Williamsburg, VA: AidData at William & Mary.

21 지만수(2021. 9.)

13장 고령화

1 17세기 말 1.5억 명 수준이던 중국 인구는 18세기에 급증하면서 3억 명을 넘어섰으며, 19세기 중반에는 4.4억 명에 이르렀습니다.(리처드 폰 글란, 같은 책)

2 第一财经, 31省人口出生率公布：13省人口自然负增长, 多省首次转负, 2022. 11. 17.

3 이는 일본과 동일한 수준(2021년 1.30명)이며, 우리나라(2021년 0.81명)보다 높은 수준입니다.

4 고령화지수는 2000년 30.4, 2010년 53.4, 2015년 63.6이었습니다

5 中國社會科學院, 中國養老精算報告 2019–2050, 2019. 4. 10. 양로보험은 2013년부터 수입보다 지출이 많아 재정에서 보조금을 지급하고 있습니다.

6 富达国际与蚂蚁财富, 2022年中国养老前景调查报告, 2022. 11. 15.

7 人力资源社会保障部 · 财政部 · 国家税务总局 · 银保监会 · 证监会, 个人养老金实施办法, 2022. 11. 4.

8 K. Rogoff, A tale of tier 3 cities in China, CEPR VoxEU Column, 2022. 10. 4.

9 전문대 이상 학교의 진학률이 2012년 30.0%에서 2022년 57.8%로 상승하였습니다.

10 2010년 8.9%에서 2020년 15.5%로 상승하였습니다.

11 예를 들어 베이징의 최저임금은 2012년 월 1,260위안에서 2022년 2,320위안으로 84.1% 상승하였습니다.

12 세계 최초로 최저임금제도를 도입한 것은 1894년 뉴질랜드였습니다.

13 시간당 임금과 월간 임금은 각각 지역별로 다시 4개로 나뉘어 결정됩니다. 2022년 허베이성의 예를 든다면 지역별로 시간당 임금은 16위안, 17위안, 18위안, 19위안의 네 종류가, 월간 임금은 1,580위안, 1,680위안, 1,790위안, 1,900위안 네 종류가 있었습니다.

14 2010~2021년 GDP 성장률 평균은 7.3%였습니다.

15 中國國家統計局, 中國人口普查年鑒-2020, 2022. 6.

16 Xuwen Gao, Ran Song, Christopher Timmins, The fertility consequences of air pollution in China, CEPR VoxEU Column, 2022. 8. 12. 이 연구에서는 중국 100대 도시를 대상으로 1998 ~2014년의 PM 2.5 농도의 변화와 자녀 수의 변화를 조사하였습니다. 연구 결과 PM 2.5 농도가 3년에 10μg/m³ 증가하면 1년 이내에 아이를 가질 확률은 12%p 감소하는 것으로 나타났습니다.

17 쓰촨성의 판즈화(攀枝花)시나 후베이성의 이창(宜昌)시 등은 두 명 이상의 자녀가 있는 가정을 대상으로 자녀가 만 3세가 될 때까지 각각 매월 500위안의 육아보조금을 지급하는 제도를 2023년부터 시행하고 있습니다.

18 정년 연령은 우리나라가 60세, 독일 및 프랑스 등 상당수 국가는 65세이며 미국은 정년이 없습니다.

19 国民经济和社会发展第十四个五年规划和二〇三五年远景目标(2021. 3.)

20 艾媒咨询, 2016-2021年中國銀髮經濟産業規模分析, 2022.

14장 조사실업률

1 그 결과 약 200개의 고등교육기관 가운데 13개만이 교양과 인문사회과학을 포함하는 종합대학교로 남았습니다.(존 킹 페어뱅크 등, 같은 책)

2 배리 노턴, 같은 책.

3 한재현(2020).

4 2022년 2/4분기에 중국경제는 전년 동기 대비 0.4% 성장하는 데에 그쳤습니다.

5 한국경영자총협회, '신규 대졸자의 고용 특성과 시사점', 2022. 6. 14.

6 씨장자치구 우정(郵政)관리국 주임 자리였는데, 1명 모집에 총 20,813명이 지원하였습니다.

7 解放军报, 大学生报名参军人数, 100万+, 2022. 9. 27.

8 R. McMorrow & N.Liu,'Let it rot': China's tech workers struggle to find jobs, The Financial Times, 2022. 6. 16.

9 김종욱, 《중국 비즈니스 협상 A to Z》, 지식과 감성, 2022. 1.

10 중국의 소셜 커뮤니티 사이트 더우반(豆瓣)에 있는 미니멀라이프(중국명 極簡生活)', '소비주의 역행자(消費主義逆行者)', '소비 없이도 즐겁게 사는 법(如果我們可以不通過消費獲得快樂)' 등이 대표적입니다.(배인선, [특파원스페셜] 경기불황·불안한 미래… 소비주의 '역행'하는 중국 청년들, 아주경제, 2022. 9. 22.)

11 이욱연, 같은 책.

12 1980~2010년 출생한 사람을 기준으로 남성은 2.9억 명, 여성은 2.54억 명입니다. 차이가 3,600만 명입니다.

15장 피그플레이션

1 이는 2020년의 14.7%에서 0.4%p가 상승한 수치입니다.

2 철강, 석탄, 시멘트 등의 생산량이 글로벌 1위입니다.

3 이강원, 《동물 인문학》, 인물과 사상사, 2021. 6.

4 2021년 중국의 육류 소비량 8,887만 톤 중 돼지고기가 5,296만 톤으로 59.6%를 차지하였습니다.

5 Genesus, 2022 World Mega Producer, 2022. 6.

6 당시에 이렇게 돼지고기 가격이 급등했던 것은 2018년 발생했던 아프리카돼지열병(ASF) 피해로 2019~2020년 돼지고기 공급이 급감했던 것에 주로 기인합니다.

7 2019~2020년 돼지고기 가격 급등에 따라 돼지 사육이 증가하면서 2021년 말 사육 두수는 4억 4,922만 두로 증가하였습니다. 이는 2020년 말(4억 650만 두)보다 4,272만 두나 증가한 규모입니다.

8 中國人民銀行, 中国货币政策执行报告 2022年第二季度, 2022. 8. 10.

9 国家发展改革委, 2022年9月份新闻发布会, 2022. 9. 16.

10 정순분, 《소확행하는 고양이-새로운 일본의 이해》, 소명출판, 2021. 6.

16장 식량안보

1 원문은 '人类有一个大缺点, 就是常常要饥饿' 출전은 루쉰의 문집 《坟》 중의 '娜拉走后怎样' 입니다.

2 2022년 3~6월에도 인도(밀), 파키스탄(설탕), 인도네시아(팜유), 러시아(밀), 우크라이나(밀) 등의 국가에서 식량 수출 금지 조치를 취하였습니다.

3 Global Network Against Food Crisis, 2022 Global Report on Food Crisis, 2022. 5. 4.

4 2021년 기준으로 쌀 96%, 밀 95%, 옥수수 94%입니다.(Chinajci 中國匯易)

5 2021년 중국의 곡물 생산량은 6.3억 톤이었습니다.(中國國家通計局, 2022. 9.)

6 리처드 폰 글란, 같은 책

7 무(畝)는 원래 폭 1걸음, 길이 100걸음에 해당하는 면적을 지칭했습니다. 고대 중국에서는 일반적으로 한 사람이 경작하는 농지의 크기를 100무로 간주했습니다.(리처드 폰 글란, 2020) 현재 1무는 200평 즉, 666.7m²에 해당합니다.

8 韩杨, 中国粮食安全战略的理论逻辑, 历史逻辑与实践逻辑, 《改革》2022年第1期, 2022. 1.

9 옥수수의 2019년 수입량은 479만 톤, 2021년 수입량은 2,835만 톤이었습니다. 밀은 2019년 349만 톤, 2021년 977만 톤이었으며, 보리는 2019년 593만 톤, 2021년 1,248만 톤이었습니다.

10 김기봉 · 이치훈, '글로벌 원자재 시장에서 중국의 영향력 확대와 시사점', Issue Analysis, 국

제금융센터, 2022. 2. 16.

11 The Economist, The techno-independence movement, China wants to insulate itself against Western sanctions, 2022. 2. 26.

12 Tom Mitchell, Sun Yu, Eleanor Olcott, China's Xi Jinping problem, The Financial Times, 2022. 10. 13.

13 《사기(史記)》〈역생육가열전(酈生陸賈列傳)〉에 나오는 표현입니다.

17장 회색코뿔소

1 본문에서 설명하지 않은 '화이트스완'은 역사적으로 되풀이되는 금융위기처럼 충분히 예측 가능하면서도 제때 적절한 대응책을 마련하지 않아 발생하는 일상화되고 반복되는 위기를 의미합니다. 그리고 '방 안의 코끼리'는 모두 알고 있지만 누구도 먼저 말하기를 꺼리는 거대한 문제를 뜻합니다.

2 김재한, 《전략으로 승부하다-호모 스트라테지쿠스》, 아마존의 나비, 2021. 9.

3 프라우케 피셔, 힐케 오버한스베르크, 《모기가 우리한테 해준 게 뭔데?》, 북트리거, 2022. 8. 저자들이 인용한 중국 학자 연구는 Yi Fan et al.(2019):Bat Coronaviruses in China(http://www.ncbi.nlm.nih.gov/pmc/articles/PMC6466186/pdf/viruses-11-00210.pdf)입니다.

4 中國銀保監會, 中国影子银行报告, 金融監管研究 2020年第11期, 2020. 12. 4.

5 GDP 대비 가계부채 비율은 104%이며, 2021년 GDP 총액은 1.631조 달러, 인구는 5,178만 명으로 계산한 수치입니다.

6 한편 중국은 가계부채가 전체 부채의 21%를 차지하는 데 반해 우리나라는 40%, 신흥국 전체는 22%입니다.

7 2019년 말 대비 2021년 말 부채비율 증가율을 보면 가계부채가 55.5%에서 61.6%로 6.1%p, 정부부채가 57.6%에서 72.2%로 14.6%p 증가한 데 반해 기업부채는 150.1%에서 152.8%로 2.7%p 증가하는 데 그쳤습니다.

8 중앙정부부채가 52조 위안, 지방정부부채가 30.5조 위안이었습니다.

9 UBS, China Outlook 2023-24: Recovering from the Property Downturn and Covid, 2022. 11. 8.

10 전체 문장은 '居安思危, 思则有备, 有备无患(거안사위, 사칙유비, 유비무환)'으로 '편안할 때 위태로움을 생각하라. 생각하면 준비가 있게 된다. 준비가 있으면 화가 없다'는 의미입니다.

18장 중국기회론과 중국위협론

1 중국의 연평균 경제 성장률은 1980년대 9.2%, 1990년대 9.9%, 2000년대 10.4%, 2010년대 7.2%였던 데 반해 글로벌 연평균 경제 성장률은 각각 3.0%, 3.3%, 4.2%, 2.7%였습니다.(付敏杰, 中国对世界经济增长的贡献：1980-2020——新发展格局的增长史回顾和全球审视,《河北学刊》2022年第1期, 2022. 1. 19.)

2 1980년대 글로벌 경제성장 기여율은 중국 1.5%, 미국 27.1%였으나 2010년대는 중국 42.1%, 미국 31.0%로 크게 역전되었습니다.(현재 가치 미 달러 기준, 付敏杰, 2022.)

3 中国国家统计局, 综合实力大幅跃升 国际影响力显著增强, 2022. 9. 30.

4 2020년 중국의 경제 규모(명목 GDP)는 15.7조 달러였습니다. 따라서 2035년 중국 정부가 목표로 하는 경제 규모는 31.4조 달러, 1인당 GDP는 2만 1천 달러인 셈입니다.

5 여기에서 구어차오(國潮)는 애국주의 경향 정도로 해석할 수 있습니다. 차오(潮)는 조류, 조수의 뜻인데 흔히 흐름이나 트렌드의 의미로 사용됩니다.

6 예홍탁, '중국 Z세대의 소비로 본 성향 분석', KITA Market Report, 한국무역협회, 2022. 2. 15.

7 红塔证券, 化妆品行业研究报告：从产业链和估值角度解读化妆品行业, 2022. 7. 7.

8 智研咨询(2022. 5.)

9 최유미,《해러웨이, 공—산의 사유》, 도서출판 b, 2021. 6.

10 전수진, 펫미족의 등장으로 발전하는 중국 반려동물 산업, KOTRA 해외시장뉴스, 코트라 항저우무역관, 2022. 7. 12.

11 약 10년 전인 2012년이 33.0%였습니다.

12 中国旅游研究院, 中国出境旅游发展报告2020, 2020. 11. 10. 한편 코로나19가 기승을 부린 2020년은 2,033만 명으로 급감한 바 있습니다.

13 김희교, 같은 책.

14 부채외교(debt-trap diplomacy)라는 말은 인도의 첼라니(Chellaney) 교수가 2017년에 중국의 스리랑카 함반토타 항만 사례를 문제 삼으며 최초 사용한 용어입니다.(Chellaney Brahma, China's Debt-Trap Diplomacy, Project Syndicate, 2017)

15 Kratz Agatha, Allen Feng, and Logan Wright(2019), New Data on the "Debt Trap" Question, Rhodium Group Research Note. New York:Rhodium Group.

16 Brautigam Deborah and Meg Rithmire(2021), The Chinese 'Debt Trap' Is a Myth, The Atlantic, Feb 6, 2021.

17 이러한 인식체계를 소위 '짱깨주의'로 명명하면서 이는 미·중 충돌 시기 한국의 안보적 보수주의가 중국을 바라보는 시각이라는 주장이 있습니다.(김희교, 같은 책)

18 우리말 '평화(平和)'가 중국어로는 '화평(和平)'입니다. 이처럼 우리말과는 순서가 바뀌어서 사용되는 중국어가 종종 있습니다. 예를 들어 '상호(相互)'와 '호상(互相)', '소개(紹介)'와 '개소(介紹)' 등도 그러하지요.

19 오카모토 다카시, 같은 책.

19장 탄소중립

1 인류세라는 용어는 미시간대학의 생태학자 유진 스토머(Eugene Stoemer)에 의해 1980년대
   에 만들어졌으며, 2000년대 들어 노벨상 수상자 폴 크루첸(Paul Crutzen)이 그의 제안에 동
   조하면서 유명해졌습니다.(최유미, 같은 책)
2 2022년 6월 현재 상하이처럼 자동차 구매제한 정책을 실시하는 중국 도시는 7개가 더 있습
   니다. 베이징(北京), 광저우(广州), 구이양(贵阳), 스자좡(石家庄), 톈진(天津), 항저우(杭州) 및
   선전(深圳)입니다.
3 지만수, '중국의 탄소배출권 시장 실험과 향후 방향', 금융브리프 31권 03호, 한국금융연구원,
   2022. 1. 22~2. 11.
4 거래 가격의 경우 초기에는 톤당 48위안에 거래되었으며, 2022년 7월 현재는 60위안 수준으
   로 상승하였습니다.
5 철강, 건설자재, 비철금속, 석유화학, 화학, 제지 및 항공 산업입니다.
6 윤보라 · 김성애 · 조민 · 이정민, '중국 탄소배출권 거래제 추진 현황 및 시사점', Global
   Market Report 21-036, KOTRA, 2021. 11. 9.
7 中国核能行业协会,《中国核能发展报告2022》蓝皮书, 2022. 9. 15.
8 박소영, '중국의 탄소중립 정책 방향과 시사점', Trade Focus 2021년 41호, 한국무역협회 국
   제무역통상연구원, 2021. 12. 24.
9 2020년 중국의 철강 생산량은 11.6억 톤으로 글로벌 철강 생산량의 57%를 차지하고 있으며,
   중국 철강 수출량의 글로벌 비중은 10.5%로 1위입니다.
10 알루미늄 톤당 가격이 2021년 말 2,806달러에서 2022년 3월 4일 기준 3,878달러까지 상승하
   였습니다.
11 에너지 소비 감축 진전 정도가 목표 이내여야 하는 지표와 에너지 소비 총량이 목표 이내여
   야 한다는 지표의 2가지입니다.(能耗双控目標)
12 오종혁 · 이효진, '중국의 탄소중립 정책 주요 내용 및 전망', KIEP 세계경제 포커스, Vol.5
   No.2, 대외경제 정책연구원, 2022년 1월.
13 2위인 인도가 9%, 3위인 인도네시아가 7%입니다.
14 PM 2.5는 입자의 크기가 2.5μm(마이크로미터) 미만인 초미세먼지를 말합니다. 농도의 정도
   는 μg/m³(세제곱미터당 마이크로그램)으로 측정합니다.
15 서울시 기후환경본부, 2022. 1. 3.
16 국립환경과학원, 동북아 장거리 이동 대기오염물질 국제 공동연구, 2019. 11.

20. 신재생에너지

1   2020년 기준(IMF).
2   프라우케 피셔 등, 같은 책.
3   카트리네 마르살, 같은 책.
4   한치환, 생활 속 과학이야기—전기자동차의 시작, 대전일보, 2020. 9. 7.
5   30·60정책은 중국경제가 2030년 탄소배출 정점을, 2060년 탄소중립을 달성하겠다는 중국 정부의 목표입니다.
6   人民日报, 前10月新能源汽车产销均超500万辆, 2022. 11. 15.
7   2002년 8월 국무원은, 당초 2022년 말까지 예정되어 있던 신에너지차 취득세 면제 조치를 다시 2023년까지 연장하는 조치를 발표하였습니다.
8   중국 정저우무역관, '중국 신에너지 자동차 발전 동향', KOTRA 해외시장뉴스, 2022. 3. 16.
9   国家发展改革委 등(2022).
10 전체 자동차 판매 2,686만 대 중 신에너지차가 689만 대로 25.6%를 기록했습니다.
11 公安部(2023. 1. 11). 이 중 순수전기차가 80%인 1,045만 대에 달했습니다.

3부 앞으로 중국경제는 어떻게 변할 것인가?

한·중 경제관계

1   김정한, '미국의 대중국 정책 방향과 중국의 제조업 공급망', KIF 금융분석보고서 2021-07, 2021.
2   홍지상 등, '글로벌 무역통상 환경 변화와 우리의 대응 과제: NEXT 20', Trade Focus 2022년 8호, 한국무역협회 국제무역통상연구원, 2022. 4. 13.
3   중국 제조업 노동력의 연평균 임금은 2009년의 4,915달러에서 2018년 9,061달러로 상승하여 연평균 7.0% 인상되었습니다. 같은 기간 글로벌 연평균 상승률은 1%에 불과하였습니다.
4   BoFA Securities, Supply chain strains to persist on intermediate and capital goods production, China Economic Watch, 2022. 6. 15.
5   J. P. Morgan, China's supply chain and ASEAN:coping with the drags, 2022. 10. 13.
6   倪红福,田野,新发展格局下的中国产业链升级和价值链重构,ChinaEconomist2021年第5期, 2021. 11. 5.
7   중국, 미국, 독일, 네덜란드, 일본, 우리나라의 순입니다.(산업통상자원부, 2023. 1.) 우리나라는 2013년 이후 줄곧 무역순위 9위였으나 2021년 8위, 2022년 6위로 올라섰습니다.
8   전보희·조의윤, '한·중 수교 30년 무역구조 변화와 시사점', Trade Focus 2021년 38호, 한국무역협회 국제무역통상연구원, 2021. 12. 8.

9   산업통상자원부, 2022년 ICT 수출입동향, 2023. 1. 12.

10 단일 국가가 아닌 지역을 포함할 경우는 아세안(15.0%) 및 EU(10.5%)가 1, 2위의 자리를 차지하고 있습니다.

11 시장점유율이 2017년 22.2%, 2018년 23.1%였습니다.(편명선, 중국의 궈차오(애국소비) 열풍과 우리 소비재 기업의 대응전략, 한국무역협회 국제무역통상연구원 TRADE BRIEF No.3, 2022. 2. 28.)

12 2021년 기준으로 중국 수입화장품 시장은 일본 366억 위안(23.4%), 프랑스 350억 위안(22.4%), 한국 271억 위안(17.3%), 미국 163억 위안(10.4%), 영국 133억 위안(8.5%) 등의 순으로 차지하고 있습니다.

13 이재영, '미·중 공급망 경쟁과 한국의 경제안보 외교', Online Series, 통일연구원, 2022. 6. 16.

14 한국경제, '中 의존도 낮춘다지만… 5대 제조업 핵심 원자재 90%가 중국산', 2022. 7. 12.

15 2021년 중국의 총 교역액은 6.1조 달러였으며, 우리나라와의 교역액은 3,641억 달러였습니다.

16 Thomas Hale & Wang Xueqiao, Foreign companies adopt'China for China'strategy, The Financial Times, 2022. 11. 15.

17 2021년 매출액 기준으로 100억 달러가 넘는 반도체 설비 제조 선도기업은 어플라이드머티리얼즈(231억 달러, 미국), ASML(220억 달러, 네덜란드), 램리서치(146억 달러, 미국) 및 도쿄일렉트론(127억 달러, 일본) 등 4개입니다. 이들 4개 기업은 글로벌 반도체 제조장비 시장의 70.5%를 장악하고 있습니다.

참고문헌

(국문)

강상지, '최근 반도체장비 교역 동향 및 시사점', Trade Focus 2022년 25호, 한국무역협회 국제무역통상연구원, 2022. 11. 3.

국립환경과학원, '동북아 장거리 이동 대기오염물질 국제 공동연구', 2019. 11.

국회예산정책처, '미 · 중 무역분쟁의 현황 및 향후 영향 검토', 2022. 1.

김광수, '일국양제 약속에도 '중국화' 가속—亞 금융허브 지위마저 잃어', 서울경제, 2022. 6. 30.

김기봉 · 이치훈, '글로벌 원자재 시장에서 중국의 영향력 확대와 시사점', Issue Analysis, 국제금융센터, 2022. 2. 16.

김명호, 《중국인 이야기 9》, 한길사, 2022.

김성곤, 《김성곤의 한시산책》, 한국방송통신대학교 출판문화원, 2022.

김성애, 중국 '반독점법'개정안, 오는 8월 1일부 시행, KOTRA 해외시장뉴스, 코트라 베이징 무역관, 2022. 7. 14.

김수현 · 진미윤, 《집에 갇힌 나라, 동아시아와 중국》, 오월의 봄, 2021.

김아린, '한국의 중국 수입시장 점유율 하락과 우리의 대응방안', Trade Brief, 2022년 10호, 한국무역협회 국제무역통상연구원, 2022. 6. 8.

김양팽, '글로벌 반도체 공급망 재편 움직임과 정책적 시사점', I-KIET 산업경제이슈 제137호(2022–11), 2022. 4. 29.

김애경 · 김영진 · 박병광 · 안치영 · 양갑용 · 유현정 · 이희옥, 'INSS 국가행동 분석—중국은 왜, 어떻게 행동하는가?', 국가안보전략연구원, 2022. 6.

김정계, 《중국공산당 100년사 1921–2021》, 역락, 2021.

김정한, '미국의 대중국 정책 방향과 중국의 제조업 공급망', KIF 금융분석보고서 2021-07, 2021.

김재한, 《전략으로 승부하다-호모 스트라테지쿠스》, 아마존의 나비, 2021.

김종욱, 《중국 비즈니스 협상 A to Z》, 지식과 감성, 2022.

김창경 · 공봉진 · 이강인 · 김태욱, 《키워드로 읽는 현대 중국》, 경진출판, 2021.

김필규, '중국 회사채시장 신용위험 증가의 배경과 영향', 자본시장 포커스 2021-22호, 자본시장 연구원, 2021. 10. 26~11. 8.

김희교, 《짱깨주의의 탄생》, 보리, 2022.

로드릭 맥파커 등, 《중국 현대정치사》, 푸른길, 2012.

리처드 폰 글란, 《폰 글란의 중국경제사》, 소와당, 2020.

문화일보, 中 '제로 코로나' 역풍… 부채폭탄 등 경제위기 뇌관 '카운트다운', 2022. 7. 19.

박소영, '중국의 탄소중립 정책 방향과 시사점', Trade Focus 2021년 41호, 한국무역협회 국제무역통상연구원, 2021. 12. 24.

박연숙, '중국 베이징증권거래소 설립계획 발표', 현지정보, 한국은행 북경사무소, 2021. 9. 9.

박정호 · 정민현 · 강부균, '우크라이나 위기와 러 · 미 갈등: 주요 쟁점과 시사점', KIEP 세계경제포커스 Vol.5 No.5, 대외경제 정책연구원, 2022. 2. 4.

박춘원, '중국의 제로코로나 정책과 글로벌 공급망 재편', Bi-Weekly Hana Financial Focus 제12권 12호, 하나금융연구소, 2022.6. 13.~6. 26.

배리 노턴, 《중국경제-시장으로의 이행과 성장》, 서울경제경영, 2011.

배인선, [특파원스페셜] 경기불황 · 불안한 미래…소비주의 '역행'하는 중국 청년들, 아주경제, 2022. 9. 22.

운보라 · 김성애 · 조민 · 이정민, '중국 탄소배출권 거래제 추진 현황 및 시사점', Global Market Report 21-036, KOTRA, 2021. 11. 9.

사마천, 《사기》, 사단법인 올재, 2018.

스콧 로젤 · 내털리 헬, 《보이지 않는 중국》, 롤러코스터, 2022.

연원호, '미 · 중 갈등과 중국의 반도체 산업 육성전략 및 전망', KIEP 세계경제 포커스 Vol.4 No 39, KIEP, 2021. 7. 1.

왕윤종, '중국 국가자본주의의 형성 과정과 특징: 미 · 중 전략적 경쟁과 중국의 미래', 비교경제연구 제28권 제1호, 2021. 6.

예홍탁, '중국 Z세대의 소비로 본 성향 분석', KITA Market Report, 한국무역협회, 2022. 2. 15.

오종혁 · 이효진, '중국의 탄소중립 정책 주요 내용 및 전망', KIEP 세계경제 포커스, Vol.5 No.2, 대외경제 정책연구원, 2022. 1.

오카모토 다카시, 《세계사 속 중국사 도감》, 이다미디어, 2021.

이강원, 《동물 인문학-동물은 인간과 세상을 어떻게 바꾸었는가?》-인물과 사상사, 2021.

이미혜, '미 · 중 갈등하에서의 중국 반도체산업 경쟁력', 이슈보고서 Vol.2022-이슈-9, 한국수출입은행 해외경제연구소, 2022. 5.

이욱연, 《루쉰 읽는 밤, 나를 읽는 시간》, 휴머니스트, 2020.

이재영, '미 · 중 공급망 경쟁과 한국의 경제안보 외교', Online Series, 통일연구원, 2022. 6. 16.

이창주, '미국 바이든 행정부 시대 미 · 중 전략경쟁과 한국의 선택 연구 중 제5장 중국 일대일로 전략과 미 · 중 경쟁', 대외경제 정책연구원, 2021. 7. 20.

이철 · 신혜리, 《중국 주식투자 비결》, 처음북스, 2022.

전보희 · 조의윤, '한 · 중 수교 30년 무역구조 변화와 시사점', Trade Focus 2021년 38호, 한국무역협회 국제무역통상연구원, 2021. 12. 8.

전수진, '펫미족의 등장으로 발전하는 중국 반려동물 산업', KOTRA 해외시장뉴스, 코트라 항저우 무역관, 2022. 7. 12.

정숙영, 《중국이 싫어하는 말》, 미래의 창, 2019.

조고운, '중국 디지털 위안화 추진 현황과 전망', KIEP 기초자료 21-10, KIEP, 2021. 7. 7.

조관희, 《조관희 교수의 중국 현대사》, 청아출판사, 2019.

존 킹 페어뱅크 · 멀 골드만, 《新中國史》, 까치, 2018.

중국근현대사학회, 《중국 근현대사 강의》, 한울엠플러스(주), 2021.

중국 정저우무역관, '중국 신에너지 자동차 발전 동향', KOTRA 해외시장뉴스, 2022. 3. 16.

지만수, '선진국의 견제에 대응하는 중국의 경제 정책 방향과 시사점', 금융브리프 30권 19호, 한국금융연구원, 2021. 9. 11-10. 1.

_____, '중국의 탄소배출권 시장 실험과 향후 방향', 금융브리프 31권 03호, 한국금융연구원, 2022. 1. 22-2. 11.

질리언 테트, 《알고 있다는 착각》, 어크로스, 2022.

최유미, 《해러웨이, 공-산의 사유》, 도서출판 b, 2021.

카트리네 마르살, 《지구를 구할 여자들》, 부키, 2022. 9.

쿠라레, 《기묘한 과학책》, 보누스, 2020.

팀 마샬, 《지리의 힘 2-지리는 어떻게 나라의 운명을, 세계의 분쟁을, 우리의 선택을 좌우하는가》, 사이, 2022.

편명선, '중국의 궈차오(애국소비) 열풍과 우리 소비재 기업의 대응전략', 한국무역협회 국제무역통상연구원 TRADE BRIEF No.3, 2022. 2. 28.

프라우케 피셔 · 힐케 오버한스베르크, 《모기가 우리한테 해준 게 뭔데?》, 북트리거, 2022.

한국경제, '中 의존도 낮춘다지만…5대 제조업 핵심 원자재 90%가 중국산', 2022. 7. 12.

한국무역협회 상하이지부, '2022년 중국 소비시장을 읽는 5가지 키워드 '5C', KITA Market Repor't, 한국무역협회, 2022. 2. 9.

_____, '중국 제로코로나 정책의 경제적 영향 및 전망', 해외경제포커스, 2022. 4. 22.

_____, '2021년 결제통화별 수출입', 2022. 4. 22.

한국은행 조사국, 경제전망보고서, 2022. 5.

한재현, 《쉽게 배우는 중국경제》, 박영사, 2020.

_____, 《중국경제산책》, 박영사, 2021.

허재철 · 박진희 · 오윤미 · 최재희 · 신종호, '중국의 일국양제 20년 평가와 전망, 경제 · 인문사회
연구회 중국종합연구 협동연구총서'(20–91–11), 대외경제 정책연구원, 2020. 12. 30.

홍지상 등, '글로벌 무역통상 환경 변화와 우리의 대응 과제: NEXT 20', Trade Focus 2022년 8호,
한국무역협회 국제무역통상연구원, 2022. 4. 13.

홍호펑, 《차이나 붐—왜 중국은 세계를 지배할 수 없는가》, 글항아리, 2021.

(영문)

BIS, Triennial Central Bank Survey, OTC foreign exchange turnover in April 2022, 2022. 10. 27.

BoFA Securities, Supply chain strains to persist on intermediate and capital goods production, China Economic Watch, 2022. 6. 15.

Brautigam Deborah and Meg Rithmire(2021), The Chinese 'Debt Trap' Is a Myth, The Atlantic, Feb 6, 2021.

Chellaney Brahma, China's Debt–Trap Diplomacy, Project Syndicate, 2017.

Citi, China Equity Strategy, 2022. 10. 12.

E.White, Xi Jinping's last chance to revive the Chinese economy, The Financial Times, 2022. 10. 5.

Friedrich Wu, Chinese Economic Statistics–Caveat Emptor!, Post–Communist Econmies Vol.15, No.1, 2003.

Gavekal Dragnomics, When Collateral Declines, 2022. 10. 12.

Global Network Against Food Crisis, 2022 Global Report on Food Crisis, 2022. 5. 4.

J. Fernald, I. Malkin, and M.Spiegel, On the Reliability of Chinese Output Figures, FRBSF ECONOMIC LETTER, 2013. 3. 25.

J. Kynge, J. Wheatley, China emergies as IMF competitor with emergency loans to at–risk nations, The Financial Times, 2022. 9. 11.

J. Kynge, Sun Yu, and T.Hale, China's property crash:'a slow–motion financial crisis', The Financial Times, 2022. 10. 4.

J. P. Morgan, China's supply chain and ASEAN:coping with the drags, 2022. 10. 13.

_____, Understanding China's policy meetings, Asia Pacific Economic Research, 2022. 6. 13.

K. Rogoff, A tale of tier 3 cities in China, CEPR VoxEU Column, 2022. 10. 4.

Kratz Agatha, Allen Feng, and Logan Wright(2019), New Data on the "Debt Trap" Question, Rhodium Group Research Note. New York: Rhodium Group.

Malik, A., Parks, B., Russell, B., Lin, J., Walsh, K., Solomon, K., Zhang, S., Elston, T., and S.

Goodman. (2021). Banking on the Belt and Road: Insights from a new global dataset of 13,427 Chinese development projects. Williamsburg, VA: AidData at William & Mary.

Morck, Randall, Bernard Yeung, and Wayne Yu, The Information content of stock markets: Why do emerging markets have synchronous stock price movement? Journal of Financial Economics, 2000.

Morgan Stanley, One Country, Two Reopening Paces, 2022. 6. 29.

OECD, The Size and Sectoral Distribution of SOEs in OECD and Partner Countries, 2017

R. McMorrow & N.Liu, 'Let it rot': China's tech workers struggle to find jobs, Financial Times, 2022. 6. 16.

S. Horn, C.M.Reinhart, and C.Trebesch, Hidden Defaults, AEA Papers and Proceedings 2022,112:531–535, 2022.

The Economist, The techno–independence movement, China wants to insulate itself against Western sanctions, 2022. 2. 26.

The White House, National Security Strategy, 2022. 10. 12.

Thomas G.Rawski, What is happening to China's GDP statistics, China Economic Review 12, 2001.

Tom Mitchell, China's Communist party at the forefront as Xi Jinping's coronation looms, The Financial Times, 2022. 9. 28.

Tom Mitchell, Sun Yu, Eleanor Olcott, China's Xi Jinping problem, The Financial Times, 2022. 10. 13.

UBS, China Outlook 2023–24: Recovering from the Property Downturn and Covid, 2022. 11. 8.

_____,Could the Property Downturn Be China's Minsky Moment?, China Economic Perspectives, 2022. 9. 5.

W. Chen, X. Chen, C. T. Hsieh and Z. Song, A Forensic Examination of China's National Accounts, Prepared for the March 2019 BPEA Panel, 2019.

Xiadong Zheng, Zuyi Fang, Yajun Wang, Xiangming Fang, When left–behind children become adults and parents:The long–term human capital consequences of parental absence in China, China Economic Review 74(2022) 101821.

Xuwen Gao, Ran Song, Christopher Timmins, The fertility consequences of air pollution in China, CEPR VoxEU Column, 2022. 8. 12.

(중문)

經濟觀察報, 我想進國企, 2022. 7. 9.

国家发展改革委, 关于推动平台经济规范健康持续发展的若干意见, 2021. 2.

国务院第七次全国人口普查领导小组办公室, 2020中国人口普查分县资料, 2022. 10. 19.

北京大学国际战略研究院课题组,技术领域的中美战略竞争：分析与展望,北京大学国际战略
　　研究院, 2022. 1. 30.

新浪財經, 人民弊國際化之中東新以站, 2022. 4. 28.

倪红福, 田野, 新发展格局下的中国产业链升级和价值链重构, China Economist 2021年第5期,
　　2021. 11. 5.

人力资源和社会保障部, 拖欠农民工工资"黑名单"管理暂行办法, 2017. 9.

＿＿＿＿＿＿＿＿＿＿, 2021年第三批拖欠农民工工资"黑名单", 2021. 12. 12.

人民银行調查統計司課題組,"十四五"期间我国潜在产出和增长动力的测算研究, 中国人民银行
　　工作论文　No. 2021/1, 2021. 3. 25.

中共中央办公厅 & 国务院办公厅, 关于进一步减轻义务教育阶段学生作业负担和校外培训负
　　担的意见, 2021. 7.

中國国家统计局, 新型城镇化建设扎实推进 城市发展质量稳步提升, 2022. 9. 29.

＿＿＿＿＿＿＿, 综合实力大幅跃升 国际影响力显著增强, 2022. 9. 30.

＿＿＿＿＿＿＿, 中國人口普查年鑒-2020, 2022. 6.

＿＿＿＿＿＿＿, 2021年农民工监测调查报告, 2022. 4. 29.

中国旅游研究院, 中国出境旅游发展报告2020, 2020. 11. 10.

中國社會科學院, 中國養老精算报告 2019-2050, 2019. 4. 10.

中国人民银行, 扎实开展数字人民币研发试点工作, 2022. 10. 12.

＿＿＿＿＿＿, 中国货币政策执行报告 2022年第三季度, 2022. 11. 16.

＿＿＿＿＿＿, 2019中国城镇居民家庭资产负债情况调查, 2020. 4.

＿＿＿＿＿＿, 2022年二季度末我国金融业机构总资产407.42万亿元, 2022. 9. 14.

＿＿＿＿＿＿, 2022年人民币国际化报告, 2022. 9. 23.

＿＿＿＿＿＿, 中国银行保险监督管理委员, 2022年我国系统重要性银行名单, 2022. 9. 9.

中国核能行业协会,'中国核能发展报告2022'蓝皮书, 2022. 9. 15.

中华人民共和国 国务院台湾事务办公室 & 国务院新闻办公室, 台湾问题与新时代中国统一事
　　业, 2022. 8. 10.

中华人民共和国商务部, 网络直播营销管理办法, 2021. 5.

贝壳研究院, 2022年中国主要城市住房空置率调查报告, 2022. 8. 11.

澎湃新闻, 万亿大飞机市场即将起飞, 多家上市公司成供应商：预计有积极影响, 2022. 9. 15.

付敏杰, 中国对世界经济增长的贡献：1980-2020——新发展格局的增长史回顾和全球审视,
　　河北学刊 2022年第1期, 2022. 01. 19.

韩杨, 中国粮食安全战略的理论逻辑, 历史逻辑与实践逻辑, 改革 2022年第1期, 2022. 1.

华顿经济研究院, 2022年中国上市公司百强排行榜, 2022. 8. 10.

红塔证券, 化妆品行业研究报告：从产业链和估值角度解读化妆品行业, 2022. 7. 7.

이미지 출처

"HU010563" by Tommy Japan 79 is licensed under CC BY 2.0.

79p, 상하이은행
"File:塔城路 上海银行.jpg" by 白色瑰宝 is licensed under CC BY-SA 4.0.

81p, 중국 최초의 민영은행인 위뱅크
홈페이지 https://www.webank.com/

5장 농민공

84p, 중국 선전 외곽의 농민공 임시 거주지
"Migrant workers temporary Camp Shenzhen China" by dcmaster is licensed under CC BY-NC 2.0.

86p, 상하이 야경
"Shanghai Skyline" by gags9999 is licensed under CC BY 2.0.

90p, 쓰촨성의 상징 판다
"Panda" by kevin dooley is licensed under CC BY 2.0.

6장 공동부유

92p, 빅테크 기업 규제의 주된 대상이 되었던 알리바바 그룹
홈페이지 https://www.alibabagroup.com/en-US/investor-relations

94p, 선부론의 주창자 덩샤오핑
"邓小平" by fzhenghu is licensed under CC BY 2.0.

99p, 베이징대학교
"File:West Gate of Peking University original.JPG" by 維基小霸王 is licensed under CC BY-SA 3.0.

7. 미·중 패권경쟁

102p, 중국 최초의 상업용 여객기 C919
"File:COMAC C919 - Commercial Aircraft Corporation Of China AN4748979.jpg" by Ken Chen is licensed under CC BY-SA 4.0.

106p, 100달러와 100위안
"U.S. one-hundred dollar bills and Chinese one-hundred yuan bankn" by brucedetorres@gmail.com is marked with Public Domain Mark 1.0.

110p, 중국석유 엠블럼
홈페이지 www.cnpc.com.cn

114p, 중신궈지 상하이 본사
홈페이지 www.smics.com/site/about_summary

117p, ASML이 생산하는 반도체 설비
홈페이지 www.asml.com/en/company/about-asml/vision-and-mission

123p, 시베리아의 힘 노선
"File:Power of Siberia Map.png" by Khu'hamgaba Kitap is licensed under CC BY-SA 4.0.

8장 일국양제

126p, 점차 의미를 잃어가고 있는 일국양제의 대상 지역인 홍콩
"Sony A7s High ISO Test #A7s #HongKong #hk #victoriaharbour #harbour #night #sony #leica" by Studio Incendo is licensed under CC BY 2.0.

128p, 10홍콩달러 지폐
"Bank note from Hong Kong" by barbourians is licensed under CC BY-SA 2.0.

132p, 반도체 방패론의 핵심 TSMC의 반도체 기술 개발 과정
홈페이지 www.tsmc.com/english/dedicatedFoundry/technology/logic

135p, 총서기 3연임에 성공한 시진핑 주석
"File:Xi Jinping 2019.jpg" by Palácio do Planalto is licensed under CC BY 2.0.

9장 디지털위안화

138p, 20위안 지폐의 마오쩌둥과 1달러 지폐의 조지 워싱턴
"Chairman Mao and President Washington hanging out in the Liberty Bell donation bin." by Jason A. Howie is licensed under CC BY 2.0.

140p, 초상은행의 신용카드
홈페이지 http://market.cmbchina.com/MPage/online/220526165750783/bilibilipc01/index.html

146p, 상하이선물거래소의 ESG 보고서
홈페이지 www.shfe.com.cn/about/introduce/responsibility/911342065.html

149p. 디지털위안화 사용 가능 매장
"File:E-CNY Payment QR Code at C-Store Fangzhong Street.jpg" by Shwangtianyuan is licensed under CC BY-SA 4.0.

10장 토지사용권판매수입

152p. 중국에서 부동산가격이 가장 높은 지역 중 하나인 선전
"Civic Center, Shenzhen Lianhuashan Park (2018.9) Daytime" by Sparktour is licensed under CC BY-SA 4.0.

161p. 충칭의 인민대회당
"The Great Hall of the People, Chonqing" by hugh llewelyn is licensed under CC BY-SA 2.0.

166p. 중국건설은행 엠블럼
홈페이지 www.ccb.com/cn/home/indexv3.html

11장 상하이종합주가지수

168p. 상하이증권거래소의 전경
"File:Shanghai Stock Exchange Building at Pudong.JPG" by 螺钉 is licensed under CC BY-SA 3.0.

170p. 홍콩 시내 모습
"City Canyon Hong Kong." by Bernard Spragg is marked with CC0 1.0.

173p. 베이징증권거래소 엠블럼
홈페이지 www.bse.cn

12. 경제 성장률

178p. 아이폰의 원가 구성
"iPhone" by GONZALO BAEZA is licensed under CC BY 2.0.

182p. 전국인민대표대회
홈페이지 www.npc.gov.cn

187p. 뜨겁지도 차갑지도 않은 적절한 상태를 가리키는 골디락스
"Goldilocks" by Brett Jordan is licensed under CC BY 2.0.

192p. 일대일로 사업 중 하나인 중국-태국 철도 연결 사업
홈페이지 https://www.yidaiyilu.gov.cn/

13. 고령화

196p. 중국에서 30년 넘게 시행되었던 한 자녀 정책
"Wangfujing: One-child policy" by vhines200 is licensed under CC BY-ND 2.0.

201p. 10위안 지폐 속의 노인
"Chinese paper money - macros" by kevin dooley is licensed under CC BY 2.0.

204p. 상하이 노동자
"Standing Tall" by Dai Luo is licensed under CC BY 2.0.

207p. 중국 전통결혼식
"File:Traditional chinese wedding 002.jpg" by hanfulove is licensed under CC BY 2.0.

211p. 천혜의 자연경관을 지닌 신장
"Golden Kanas, Xinjiang (新疆喀纳斯)" by UU.nudi is licensed under CC BY 2.0.

14장 조사실업률

214p. 중국의 대표적인 명문대학, 칭화대학교
"Beijing QingHua University, China Aug2007" by TaQpets is licensed under CC BY-ND 2.0.

218p. 상하이 최고 명문 상하이교통대학교
"The Snow Covered Entrance Gate of Shanghai Jiaotong University" by ullrich.c is licensed under CC BY-SA 2.0.

15장 피그플레이션

222p. 중국의 대표적인 돼지고기 요리 중 하나인 꿔바로우
"鍋包肉 Crispy Fried Pork with Sweet and Sour Sauce - Original Taste" by avlxyz is licensed under CC BY-SA 2.0.

227p. 돈까스의 원형인 커틀릿
"pork cutlet / とんかつ" by Kanko* is licensed under CC BY 2.0.

16장 식량안보

230p. 곡물 자급률이 높은 중국에서 거의 유일하게 대부분을 수입하는 대두
"大豆(Daizu) soybeans" by T.Hagihara is licensed under CC BY 2.0.

233p, 팜벨트 지역인 네브라스카의 평원
"Nebraska landscape 07-25-2012" by Richard Hurd is licensed under CC BY 2.0.

234p, 중국 식량안보의 첨병 신젠타그룹
홈페이지 www.syngentagroup.cn

17장 회색코뿔소

238p, 대표적인 부동산개발기업 비구이위안 본사
홈페이지 www.bgy.com.cn/home

244p, 중국 최대휴양지 중 하나인 싼야
"Sanya / 三亚 | low seasonal unrealism" by toehk is licensed under CC BY 2.0.

18장 중국기회론과 중국위협론

246p, 중국영화 최대 흥행기록을 세운 〈전량2〉
"File:CELINA JADE with WU JING (Wolf Warrior 2).jpg" by celinahoran is licensed under CC BY-SA 4.0.

251p, 애국소비의 대표적인 수혜 상품인 리닝
홈페이지 www.lining.com

256p, 중국에 대한 글로벌 인식
by Ly.n0m CC BY-SA 4.0 WIKIMEDIA

19장 탄소중립

258p, 푸른 구슬 지구
"Blue Marble, Eastern Hemisphere March 2014" by NASA Goddard Photo and Video is licensed under CC BY 2.0.

263p, 중국 8개 탄소배출권 거래소 거래가격 추이
홈페이지 www.tanpaifang.com

267p, 수저우의 석탄발전소 모습
"File: Shuozhou coal power plant.JPG" by Kleineolive is licensed under CC BY 3.0.

20장 신재생에너지

268p, 헤이롱장성의 풍력발전 설비
"Mulan Wind Farm" by Land Rover Our Planet is licensed under CC BY-ND 2.0.

271p, 중국의 막대한 원유 수입
"Oil Industry" by Rennett Stowe is licensed under CC BY 2.0.

274p, BYD 전기버스
"File:2013 in Bonn, BYD ebus (electrical bus). Bus facing left 1. Spielvogel.JPG" by For a gallery of some more of my uploaded pictures see: here. is marked with CC0 1.0.

3부 앞으로 중국경제는 어떻게 변할 것인가?

한 · 중 경제관계

278p, 변화하고 있는 Made in China의 시대
"Made in China" by Loozrboy is licensed under CC BY-SA 2.0.

280p, 중국 최대 수입품목, 반도체
"integrated circuit chip technology credit to https://1dayreview.com" by 1DayReview is licensed under CC BY 2.0.

283p, 대만 수도 타이베이의 야경
"Taipei at night, with dreamy sky" by orange tuesday is licensed under CC BY 2.0.

289p, 대중국 최대 소비재 수출품인 화장품
"Cosmetic Department Saks Fifth Avenue Brickell City Centre" by Phillip Pessar is licensed under CC BY 2.0.